国家社会科学基金（12XFX028）最终成果

中国巨灾保险法律制度研究

Zhongguo Juzai Baoxian
Falü Zhidu Yanjiu

何　霖◇著

中国社会科学出版社

图书在版编目（CIP）数据

中国巨灾保险法律制度研究/何霖著 . —北京：中国社会科学出版社，
2017.7
ISBN 978 - 7 - 5203 - 0779 - 6

Ⅰ.①中…　Ⅱ.①何…　Ⅲ.①灾害保险—保险法—研究—中国
Ⅳ.①D922.284.4

中国版本图书馆 CIP 数据核字（2017）第 179048 号

出 版 人	赵剑英
选题策划	刘　艳
责任编辑	刘　艳
责任校对	陈　晨
责任印制	戴　宽

出　　版	中国社会科学出版社
社　　址	北京鼓楼西大街甲 158 号
邮　　编	100720
网　　址	http://www.csspw.cn
发 行 部	010 - 84083685
门 市 部	010 - 84029450
经　　销	新华书店及其他书店

印　　刷	北京明恒达印务有限公司
装　　订	廊坊市广阳区广增装订厂
版　　次	2017 年 7 月第 1 版
印　　次	2017 年 7 月第 1 次印刷

开　　本	710×1000　1/16
印　　张	16.5
插　　页	2
字　　数	252 千字
定　　价	78.00 元

目　　录

绪　　论

一　研究意义

在我国，传统的损失分担和灾后救济多以政府救助和社会捐助为主。然而，"以财政补贴为主的政府救助往往受财力所限难尽人意，社会捐助对于巨灾损失而言又是杯水车薪"①。由于对巨灾风险和巨灾保险的认识不足、巨灾保险法规缺乏，巨灾保险供需失衡，利用保险手段分散巨灾风险的能力十分有限②。

正是基于巨灾的破坏力与财政救助的低效率，党和国家高度重视巨灾保险的发展。2006 年，国务院提出"建立国家财政支持的巨灾风险保险体系"的目标；2013 年，党的十八届三中全会明确提出，我国要"完善保险补偿机制，建立巨灾保险制度"③。

在巨灾保险制度的构建中，法律制度的设计居于首要地位。研究巨灾保险法律制度，是因为需要较为完备的法律制度确定巨灾保险的运行机制和规则，为其实施提供良好的运行环境。只有充分发挥立法的引领、先行功能，对巨灾保险的相关制度进行前瞻性、创新性、可行性的设计，巨灾保险才可能从纸面走向实践；只有以法律制度提供强有力的保障，巨灾保险才能在我国巨灾风险管理体系中真正发挥

---

① 何霖：《我国巨灾保险制度构建之方向——以新西兰、日本两国为参照》，《价值工程》2012 年第 25 期。

② 何霖：《我国巨灾保险可保性及巨灾保险立法之可行性》，"Proceedings of the Third Symposium of Risk Analysis and Risk Management in Western China"，2013 年 6 月，第 197 页。

③ 胡代忍：《构建云南政策性地震保险机制问题研究》，硕士学位论文，云南师范大学，2014 年，第 3 页。

作用。①

在此，我们可以用两个主题对巨灾保险法律制度加以概括：保障与风控。所谓保障，既是保障巨灾保险制度顺利运行，为民众之基本生活资料提供保障，也是为保险机构的正常运转提供保障，更是对遭受巨灾损失后的经济秩序、社会秩序提供保障。所谓风控，即风险控制，首先是尽量通过防灾减损措施控制巨灾风险，其次是通过法律制度的约束力控制和降低巨灾给投保人和保险人所带来的损失，对巨灾保险道德风险和逆向选择的风险予以控制。

二　研究概况

（一）巨灾保险研究

1. 专著

查询中国国家图书馆等数据库得知，目前与巨灾风险、巨灾保险相关的专著有：王银成主编《中国巨灾保险制度丛书》（《巨灾保险制度研究》《国际巨灾保险制度比较研究》《中国地震保险研究》《中国洪水保险研究》《中国农业保险巨灾风险管理体系研究》《巨灾风险分担机制研究》共6册，中国金融出版社，2013年），胡政《灾害风险评估与保险》（地震出版社，1999年），谢政耀《以财务再保险、限定再保险在新兴风险、巨灾风险之沿革、融通、监理研究》（"台湾行政院金融监督管理委员会保险局"，2005年），左斐《中国巨灾保险供给能力研究》（中国金融出版社，2007年），李文娟《与巨灾风险博弈》（武汉大学出版社，2009年），埃瑞克·班克斯《巨灾保险》（中国金融出版社，2011年），卓志《巨灾风险管理与保险制度创新研究》（西南财经大学出版社，2011年），张旭升《巨灾风险保险市场失灵与运作方式创新》（吉林大学出版社，2011年），潘席龙《巨灾补偿基金制度研究》（西南财经大学出版社，2011年），谢世清《巨灾保险连接证券》（经济科学出版社，2011年），钱振伟《创新政策性农业保险模式及其巨灾风险分散机制研究》（经济科学出版社，2011年），张旭升《巨灾风险保险市场失灵与运作方式创新》

---

① 何霖：《我国巨灾保险法律制度构建初探》，《南方论刊》2010年第12期。

（吉林大学出版社，2011 年），王伊琳《中国巨灾人身伤亡保险保障研究》（西南财经大学出版社，2013 年）等。

与地震保险相关的专著有：课题组《昆明地区地震保险的科学性研究》（云南科技出版社，1992 年），陈英方《地震保险》（地震出版社，1996 年），叶民权《地震风险和地震保险研究》（地震出版社，1998 年），袁力《地震保险制度研究》（中国经济出版社，2013 年）。

与洪水保险相关的专著有：秦德智《洪水灾害风险管理与保险研究》（石油工业出版社，2004 年），吴秀君《洪水保险的数学方法与管理策略》（武汉出版社，2008 年），付湘《洪水风险管理与保险》（科学出版社，2008 年），陈少平《基于供需分析的洪灾保险研究》（中国言实出版社，2010 年），刘建芬《中国洪水灾害风险时空分析与保险研究》（河海大学出版社，2013 年）。

2. 学位论文等

笔者在中国知网，分别以"巨灾风险""巨灾保险""地震保险""洪水保险""台风保险"为主题，进行精确匹配检索。

从成果分布来看，我国对巨灾保险的研究起步较晚，2008 年以前，相关研究成果较少[1]；到 2008 年两次巨灾之后，相关成果出现"井喷"现象[2]。以主题"巨灾保险"为例，1986—2007 年文献总数为 931 篇，2008 年进入高增长期，2008—2013 年文献数分别为 811、532、446、463、423、494 篇，2014—2016 年文献数则分别达到838、686、402 篇。为方便检索，将部分代表性成果列举于下。

博士学位论文：赵领娣《中国灾害综合管理机制构建研究——以风暴潮灾害为例》（中国海洋大学，2003 年），陶正如《基于攻城地震风险评估的巨灾债券定价模型》（中国地震局工程力学研究所，2007 年），周卫东《指数巨灾债券下的最优再保险合同》（厦门大学，2007 年），邓国取《中国农业巨灾保险制度研究》（西北农林科技大学，2007 年），葛良骥《混合机制下巨灾风险公共干预模式研究》

---

① 何霖：《我国巨灾保险立法困境及原因分析》，《风险分析和危机反应中的信息技术——中国灾害防御协会风险分析专业委员会第六届年会论文集》，呼和浩特，2014 年 8 月，第 243 页。

② 何霖：《我国巨灾保险立法研究》，西南财经大学出版社 2014 年版，第 43 页。

（同济大学，2008 年），杨刚《巨灾风险度量与保险衍生品定价方法研究》（中南大学，2009 年），黄玉洁《自然灾害风险模型的矩与保险定价问题的研究》（大连理工大学，2009 年），向飞《洪水风险综合防范研究》（武汉大学，2010 年），陈彪《中国灾害管理制度变迁与绩效研究》（中国地质大学，2010 年），成正民《中国地震保险的供给问题研究》（武汉大学，2011 年），高俊《基于福利损失的中国灾害风险应对能力研究》（武汉大学，2011 年），肖玉凤《基于数值模拟的东南沿海台风危险性分析及轻钢结构风灾易损性研究》（哈尔滨工业大学，2011 年），段胜《中国巨灾指数的理论建构与实证应用——基于综合巨灾风险管理的视角》（西南财经大学，2012 年），洪文婷《洪水灾害风险管理制度研究》（武汉大学，2012 年），谢亚娟《洪水风险评估中多源信息融合及不确定性建模研究》（华中科技大学，2012 年），张岳《巨灾保险需求的影响因素研究——理论模型与经验验证》（武汉大学，2012 年），丁元昊《巨灾保险需求研究——基于需求行为的实证》（西南财经大学，2012 年），徐磊《农业巨灾风险评估模型研究》（中国农业科学院，2012 年），唐甜《巨灾风险分散二维路径研究——论再保险与风险证券化》（武汉大学，2012 年），师华《巨灾债券的发展及其在中国保险业的应用研究》（武汉理工大学，2012 年），马宗刚《巨灾风险债券定价模型及其仿真研究》（湖南大学，2013 年），郭伟萍《基于三维洪水演进模拟的溃堤洪水保险研究》（天津大学，2013 年），皮曙初《风险社会视角下的灾害损失补偿体系研究》（武汉大学，2013 年），呼唤《新中国灾害管理思想演变研究》（中国地质大学，2013 年），周志刚《地震保险购买意愿研究——基于风险感知的视角》（西南财经大学，2014 年），邝启宇《社交媒体在巨灾风险治理中的作用研究》（西南财经大学，2014 年），刘明波《中国巨灾风险融资机制设计研究——基于公私伙伴合作视角》（西南财经大学，2014 年），范丽萍《OECD 典型国家农业巨灾风险管理制度研究》（中国农业科学院，2015 年），吴军《政府参与特殊风险保险市场研究》（对外经济贸易大学，2015 年），诸宁《保险与再保险中的巨灾债券研究》（北京交通大学，2015 年），李昌珑《时间相依的地震危险性区划研究及应用》（中国地震局地球物理研究所，2016 年），等等。

"地震保险"优秀硕士学位论文：葛志杰《我国巨灾保险风险证券化研究——以地震巨灾债券为例》（吉林财经大学，2013 年），陈天敏《我国地震保险制度研究——基于政府参与地震保险制度建设的视角》（首都经济贸易大学，2013 年），王通梅《基于 DFA 的地震保险定价模型研究》（中南大学，2013 年），由新《房屋地震风险评价及其保险模式设计》（沈阳航空航天大学，2013 年），彭利《沿海建筑物地震和海啸灾害风险分析与保险管理》（大连理工大学，2013 年），吕志《我国多层次地震保险制度的构建》（西南财经大学，2014 年），刘兆框《论我国地震保险制度的建立》（苏州大学，2014 年），彭钰翔《云南省地震保险制度建设研究》（云南大学，2014 年），魏莎莎《我国地震巨灾风险债券的定价研究》（中国海洋大学，2014 年），李幸《云南省农房地震保险产品设计与费率厘定研究》（云南财经大学，2015 年），胡今朝《地震巨灾债券产品设计研究——以云南省为例》（云南财经大学，2015 年），严晨沁《云南省农房地震指数保险触发指数研究》（云南财经大学，2016 年），等等。

"洪水保险"优秀硕士学位论文：白宇《我国洪水保险经营模式选择与对策研究》（河北大学，2010 年），何超《基于建筑物易损性的洪水保险损失估计研究》（湖南大学，2010 年），刘剑《基于居民购买意愿的洪水保险需求研究》（湖南大学，2011 年），杨曦《我国洪水保险需求的实证分析》（西南财经大学，2011 年），金超群《我国洪水指数保险的触发指数测算》（湖南大学，2011 年），程婧兰《我国洪水巨灾风险债券化研究》（湖南大学，2011 年），沈志刚《我国洪水保险的最优再保险选择》（湖南大学，2011 年），王文芳《我国洪水指数保险的指数设计研究》（湖南大学，2012 年），钟妍捷《我国洪水保险研究》（广西大学，2013 年），王现敏《巨灾保险需求非理性行为研究——以美国洪水保险为例》（厦门大学，2014 年），段弯弯《我国多触发条件洪水指数保险研究》（西南财经大学，2014 年），马康尔《基于破产模型的巨灾风险可保边界研究——以我国洪水灾害为例》（东北财经大学，2014 年）。

"台风保险"优秀硕士学位论文：邬云玲《我国巨灾保险风险证

券化研究——台风灾害债券的设计》（浙江工商大学，2006 年），郝鹏飞《我国台风巨灾风险债券的定价研究》（哈尔滨工业大学，2008 年），金凌辉《基于我国台风损失分布的一种巨灾债券定价模型》（华中师范大学，2008 年），骆琦《台风损失分担机制研究——以浙江省为例》（浙江大学，2009 年），刘琼琼《构建台风灾害危机管理体系的研究》（广东外语外贸大学，2013 年），孙一梦《海洋巨灾保险承保制度研究》（大连海事大学，2014 年），朱涵铂《海洋巨灾保险的可保原理与投保制度研究》（大连海事大学，2014 年），包薇薇《巨灾保险证券化研究——基于浙江台风巨灾风险债券的设计》（浙江财经大学，2014 年），张学仁《台风巨灾风险债券的定价研究》（江西财经大学，2014 年），屠海平《跨区域型台风巨灾保险基金设计》（华东师范大学，2016 年）。

（二）巨灾保险法律制度研究

1. 现有成果

国内学界对巨灾保险法律制度的研究，始见于 2006 年李学勤《论我国巨灾保险法的构建》一文。目前巨灾保险法律制度相关的专著有：何霖《我国巨灾保险立法研究》（西南财经大学出版社，2014 年），任自力《中国巨灾保险法律制度研究》（中国政法大学出版社，2015 年）。

2016 年 9 月 4 日查询中国知网，以"巨灾/地震/洪水/台风 + 保险立法/法律"为篇名的文献有 130 余篇，其中博士学位论文 3 篇，硕士学位论文 30 篇。

博士学位论文：隋祎宁《日本地震保险法律制度研究》（吉林大学，2010 年），梁昊然《论我国巨灾保险制度的法律构建》（吉林大学，2013 年），宗宁《我国巨灾保险法律制度研究》（西南政法大学，2013 年）。

硕士学位论文：许均《我国巨灾保险法律制度研究》（华东政法大学，2008 年），郑燕《我国自然灾害救助法律制度研究》（西南财经大学，2008 年），宁晨《构建我国巨灾保险法律制度研究》（华中师范大学，2009 年），陈丽娟《我国巨灾保险法律制度研究》（华中师范大学，2012 年），郭洪海《巨灾保险法律问题研究》（黑龙江大学，2014 年），李晓彤《浅谈我国巨灾保险法律制度建设中的若干问题》（复旦大学，2014 年），张灿文《论我国强制巨灾保险法律制度的构建》（宁波大学，2014 年），王京《巨灾保险证券化 SPRV 法律问题研究》（西南政法大学，2014 年），王志文《我国巨灾保险法律制度构建研究》（华东政法大学，2015 年），李晓佩《我国巨灾保险制度立法研究》（郑州大学，2015 年），赵文婧《我国巨灾保险证券化法律问题研究》（兰州大学，2015 年），谢敬多《论我国巨灾保险法律制度的建立》（东北财经大学，2015 年），等等。

期刊、报纸、学术辑刊文章若干。

2. 重要成果介绍

本书就现有的以巨灾保险法律制度为研究内容的代表性成果作简要介绍及评述（以出版时间为序）。

隋祎宁《日本地震保险法律制度研究》（吉林大学博士学位论文，2010 年）。该文以日本地震保险法律制度为研究对象，分为"日本地震保险法律关系之基本构造""日本地震保险法律制度之形成与变动""比较法视角下之日本地震保险法律制度""损害填补原则与日本地震保险法律制度""传统地震免责条款与日本地震保险法律制度""日本地震保险法律制度之借鉴"六部分。"基本构造"一章主要从地震危险之特点及可保性、地震保险之可报利益、地震保险之强制化、地震保险与其他保险之比较予以论述，笔者以为该部分更偏重于地震保险之基本构造，对地震保险法律制度之基本构造少有涉及。"形成与变动"一章对日本地震保险法律制度之初创、全面确立、革新、再革新、特色作了较详细的介绍，重点分析了日本地震保险法律制度的特别制度——再保险制度、保险金给付限额制度、区分损害给付保险金制度及不动产分别费率制度。第三章在比较法视角下将日本地震保险法律制度与美国、新西兰、我国台湾地区地震保险法律制度进行对比分析，总结其共性与区别。第四章、第五章重点探讨损害填补原则在日本地震保险法律制度中的适用，分析传统地震免责条款之效力及其合理性。最后对日本地震保险法律制度予以评价，并提出其对我国地震保险法律制度可借鉴之处。该文是我国学界首部对日本地震保险法律制度予以全面、系统、深入研究之作，提出了我国巨灾保险须广覆盖、小保额、非营利，以家庭财产地震保险为中心、强制附加为原则、设定最高赔偿限额、涉及合理费率、政府支持再保险、加强专项研究等，虽较为简略，但构造基本到位。

梁昊然《论我国巨灾保险制度的法律构建》（吉林大学博士学位论文，2013年）。梁昊然与隋祎宁均师从徐卫东教授。该文以我国巨灾保险制度之法律构建为论述对象，分为"巨灾风险的可保性分析与巨灾保险制度的功能定位""巨灾保险制度构建的理念基础""域外巨灾保险制度的考证与评析""我国巨灾保险制度的构建"四个部分。该文在我国巨灾保险法律制度研究方面实现了三大突破。一是从价值定位、目的选择、基本理念三方面，深入研究了巨灾保险制度之理论基础；二是以大篇幅、较为详尽地对我国巨灾保险制度中风险控制规则、支持保障性规则、补偿减灾规则予以规划和阐述；三是拟定了"地震强制保险条例建议稿"。虽然立法模式、强制手段等还有待商榷，但作为首篇以我国巨灾保险法律制度构建为主题的博士论文，从形式到内容上都实现了我国巨灾保险法律制度研究新的突破。

宗宁《我国巨灾保险法律制度研究》（西南政法大学博士学位论文，2013年）。该文从"巨灾保险法律制度的理论基础""巨灾保险经营模式的法律问题""巨灾保险产品设计的法律问题""巨灾保险的销售与理赔的法律问题""巨灾保险的政策支持机制的法律问题""我国巨灾保险法律制度的完善建议"几个方面予以论述。对相关问题研究较为深入，但有些混乱，如支持综合立法，建议出台《巨灾保险条例》，又提出出台《地震保险法》，建议实施专项洪水险、台风险等，并提出采取强制投保或半强制投保模式，内在逻辑不太顺畅。总体来说，研究巨灾保险居多，法律制度谈得较少。

何霖《我国巨灾保险立法研究》（西南财经大学出版社，2014年）。分为"我国巨灾保险之现状""我国巨灾保险立法之现状""其他国家和地区巨灾保险立法之启示""我国巨灾保险立法之理念""我国巨灾保险立法之设计""巨灾保险法建议稿"六部分。该书为国内巨灾保险法领域首部专著，通过对相关理论的梳理，结合我国国情，扩展巨灾风险的可保性，突破相关理论困境，并通过立法研究，以制度设计的方式解决我国巨灾保险之可行性、我国巨灾保险立法之

可行性、我国巨灾保险立法之基本理念、我国巨灾保险立法的框架设计这些基本理论问题，极大丰富了我国巨灾保险法及巨灾保险制度的研究。但在综合立法与分类指导的结合、强制性投保的强制措施、立法层级等方面尚待进一步完善。

任自力《中国巨灾保险法律制度研究》（中国政法大学出版社，2015 年）。该著系作者所承担多个课题之最终成果，成书 28 万字，分为"巨灾保险的理论基础与价值""中国巨灾保险的发展现状与立法不足""国际巨灾保险立法经验及其对中国的借鉴""中国巨灾保险若干核心法律制度的设计""中国巨灾保险法的立法建议"五大部分。该书研究重点在于国际立法经验及其借鉴、若干核心法律制度设计两部分，通过对美国、英国、德国、法国、挪威、土耳其、澳大利亚、意大利、瑞士、西班牙、冰岛、新西兰、日本、泰国、孟加拉国、墨西哥、智利、加勒比海地区、我国台湾地区巨灾保险立法的对比分析，提出中国巨灾保险立法"应确立保险补偿优于政府救助的巨灾损失补偿理念、将巨灾保险界定为带有政策性因素的准强制型商业保险、采用专项立法模式先行出台专门的地震保险法和洪水保险法、确立公司合作的经营模式、巨灾保险保障对象限定为居民自用性财产"，并对巨灾保险的资金归集、理赔、巨灾保险基金的设立与运行、巨灾保险管理机构的设置等进行了深入系统的研究①。突破有四：一是对我国农业保险、农房保险、巨灾保险地方试点作了简要介绍和分析；二是全面罗列了世界上现有的巨灾保险制度，全面性居现有研究成果之首；三是对我国巨灾保险核心法律制度予以设计并拟有"地震保险法建议稿"；四是附录有美国国家洪水保险法、澳大利亚保险合同法、法国自然灾害保险法律、我国台湾地区地震保险相关法律规定，尤其是美国、澳大利亚、法国三国立法译文系国内首个中文译本。

3. 现有研究之不足

总的来说，目前我国巨灾保险法律体系的基础工作已经起步，但

---

① 任自力：《中国巨灾保险法律制度研究》，中国政法大学出版社 2015 年版，内容摘要第 10 页。

还十分薄弱；学界对巨灾保险法律制度的研究和开发还处于初级阶段，研究较少，重视不够，相关研究亟待进一步加强。具体表现为：

（1）成果较少。巨灾保险法律制度已有研究成果较少，目前仅有2部专著面世。另有博士学位论文、硕士学位论文、报刊文章若干。国内学者主要对国外立法例、立法的必要性与可行性、立法模式的选择、立法内容等问题给予了重点关注，为我国巨灾保险立法奠定了一定的理论基础。但与其他法律制度研究成果相比，仍显薄弱，成果少，精品更少。

（2）重视不够。学界对巨灾保险法律制度重视不足，多数研究集中于巨灾保险领域，尚需进一步认识法律制度在巨灾保险运行中的重要地位，及其在防灾减灾法与保险法的体系完善、制度革新中的作用。

（3）内容分散。既有成果对巨灾保险法律制度的研究较为分散，很少进行全面、系统的研究；研究者侧重于巨灾保险具体制度构建①，对巨灾保险法律制度的理论基础、立法理念很少进行深入的探讨；缺乏对巨灾保险法律制度历史沿革的梳理，对国外理论和立法介绍较多、评析不足；对巨灾保险法律制度的相关细则研究不够②，大多不具可操作性。

三　创新点

本书在原有研究成果基础上，对我国巨灾保险法律制度予以全面、系统的梳理，但对前期成果中研究较多且已厘清的一些基本内容，如巨灾、巨灾风险与巨灾风险管理，巨灾保险之特点、功能及缺陷，巨灾保险必要性及可行性，我国巨灾保险之现状、困境与突破，其他国家和地区巨灾保险法律制度介绍与评述，我国巨灾保险法律制度之基本理念等内容予以回避，重点关注我国巨灾保险法律制度现状与选择、制度设计，尤其在巨灾保险法律关系梳理、我国政策性农房

---

① 何霖：《我国巨灾保险法律制度构建初探》，《南方论刊》2010年第12期。

② 何霖：《我国巨灾保险法律制度研究现状及展望》，《四川文理学院学报》2012年第4期。

保险实践及评述、我国政策性巨灾保险实践及评述三方面实现突破，较有新意。

（一）巨灾保险法律关系梳理

目前，已有研究尚未对巨灾保险法律制度中法律关系作有效梳理，现有成果中所谓巨灾保险法律制度"理论基础"和"法律关系基本构造"大多名不副实，主要还是巨灾保险的理论基础和基本构造，而非法律制度之基础。因此，本书从保险人与被保险人/投保人之间的巨灾保险法律关系、巨灾保险管理运营法律关系、保险人与被保险人之间的给付法律关系、巨灾保险基金管理运营法律关系及巨灾保险监管法律关系等方面对巨灾保险涉及的主要法律关系予以梳理。

（二）我国政策性农房保险实践及评述

我国政策性农房保险自 2006 年试点以来已十年有余，但学界对之研究较少。政策性农房保险本为涉农保险，但其具有一定的巨灾保险属性，对巨灾保险有着重要参考价值，故本书整理实地调研材料，结合相关资料，对我国政策性农房保险的实施概况和发展模式予以介绍分析，并就政策性农房保险的发展前景予以探讨。

（三）我国政策性巨灾保险实践及评述

通过实地调研和资料分析，对巨灾保险深圳试点、宁波试点、潍坊试点、云南试点、四川试点、广东试点、黑龙江试点、厦门试点、张家口试点、我国台湾地区地震保险及全国城乡居民住宅地震巨灾保险制度予以介绍并作简要分析，尤其对我国政策性农房保险、巨灾保险试点与城乡居民住宅地震巨灾保险之衔接并轨予以分析，尚属首次，填补了国内研究空白。

四　结构安排

第一章：巨灾保险法律制度基本理论。简要介绍巨灾保险与巨灾保险法律制度的发展历程，以一览表的形式对世界上主要的巨灾保险法律制度的共性与个性予以呈现；分析巨灾保险法律制度的类型，阐述巨灾保险法律制度的价值；对巨灾保险法律关系作简要梳理。

第二章：我国巨灾保险制度探索与实践。简要介绍我国巨灾保险发展概况和商业巨灾保险现状；重点对我国政策性农房保险、巨灾保险实践进行分析。

第三章：我国巨灾保险法律制度现状与选择。简要介绍我国巨灾保险发展概况和商业巨灾保险现状；重点对我国政策性农房保险、巨灾保险实践进行分析；对我国巨灾保险法律制度现状进行分析评述；从立法模式、基本框架两个方面探讨我国巨灾保险法律制度的基本思路和最优选择。

第四章：我国巨灾保险法律制度设计。从巨灾保险资金归集法律制度、巨灾保险管理运营法律制度、巨灾保险基金管理运营法律制度等方面对我国巨灾保险核心法律制度予以探讨。

第五章：立法建议稿。设计有《中华人民共和国巨灾保险法》（建议稿），以供立法参考。

第一章 巨灾保险法律制度基本理论

第一节 巨灾保险法律制度概述

一 巨灾保险

(一) 巨灾保险的内涵

巨灾保险是指"通过保险手段，对可能造成巨大损失的地震、洪水、台风等巨型自然灾害风险予以分散，对巨灾造成的损失予以补偿"的风险管理机制[①]。

巨灾保险有广义、狭义之分。广义的巨灾保险是指一切涵盖巨灾风险的保险，都可以称为巨灾保险。狭义的巨灾保险是指承保特定巨灾风险的财产保险。学界所言巨灾保险一般特指带有政策性的巨灾保险，而非商业性巨灾保险。

本书主要探讨以居民住宅建筑为主要标的之政策性巨灾保险法律制度。

(二) 巨灾保险的分类

从承保风险种类来看，巨灾保险可以分为单风险巨灾保险与多风险巨灾保险。

1. 单风险

单风险巨灾保险只承保某一种巨灾风险造成的损失。如地震保险，只承保由地震所引发的相关灾害所造成的损失；洪水巨灾保险，只承保由洪涝灾害引发的损失，台风巨灾保险亦是如此。美国洪水保

[①] 姚晗：《加快构建我国巨灾保险体系的思考》，《金融会计》2012 年第 7 期。

险（NFIP）主要针对洪水风险；日本地震保险主要针对地震引发的火山爆发、海啸；加州地震保险、土耳其地震保险、我国台湾地区地震保险仅承保地震风险。

在我国《城乡居民住宅地震巨灾保险实施方案》"保险责任"中，明确了"以破坏性地震振动及其引起的海啸、火灾、爆炸、地陷、泥石流及滑坡等次生灾害为主要保险责任"。中国保险行业协会所出台的《城乡居民住宅地震巨灾保险示范条款》（征求意见稿）更为详细："保险标的因下列原因而造成的直接损失，保险人依照本保险合同的约定负责赔偿：对破坏性地震（国家地震部门发布的震级 M4.7 级（含）以上且最大地震烈度达到Ⅵ度及以上的地震）振动及其引起的海啸、火灾、火山爆发、爆炸、地陷、地裂、泥石流、滑坡、堰塞湖及大坝决堤造成的水淹。"云南、四川、张家口三地地震险试点均为单风险巨灾保险。

2. 多风险

多风险巨灾保险则承保多种巨灾事件所造成的损失。新西兰地震保险承保地震、海啸、地层滑动、火山喷发及地热等风险，并不限于地震[1]。英国洪水保险、法国自然灾害保险、挪威自然灾害保险、西班牙巨灾保险均为多风险巨灾保险制度。我国深圳、宁波、潍坊、广东、黑龙江、厦门巨灾保险试点则为多风险巨灾保险。

此外，依据保险标的之不同，可分为财产巨灾保险与人身巨灾保险。

依据强制程度之不同，可分为强制型巨灾保险（含半强制型）与自愿型巨灾保险。

依据保险性质之不同，可分为政策性巨灾保险与商业性巨灾保险。

（三）巨灾保险的功能

1. 提升灾害预防水平

巨灾保险具有较强的防灾减损功能。巨灾风险虽无法通过风险管

---

[1] 何霖：《我国巨灾保险制度构建之方向——以新西兰、日本两国为参照》，《价值工程》2012 年第 25 期。

理达到消除风险的效果,却可以通过一定的管理手段来控制巨灾风险所造成的损失。具体而言,巨灾保险制度往往通过"对巨灾保险当事人权利义务的合理配置,激励当事人积极提升财产的抗巨灾风险水平,从而降低巨灾风险,有效降低可能给投保人及保险人造成的巨灾损失"①。巨灾保险法律制度的防灾减损要求对于投保人、保险人、参与巨灾保险的政府均有着一定的激励作用。对投保人而言,巨灾保险具有基础保障与限额给付的特效,尤其是限额给付制度,往往会设置一定的赔偿限额和免赔额(自负额),这就要求投保人尽量提高保险标的的抗风险能力,在灾害到来时采取必要措施减少损失;对于保险人而言,在承保后,须加强防灾减损指导,尽量帮助投保人提升风险防御能力,以达到减少自身损失之目的;对于参与巨灾保险的政府而言,加强防灾减损工作,既是其公共管理职责之体现,也是减少其财政支出之可能途径(既减少了民政救助,又减少了巨灾保险责任承担额度)。

2. 有效分散巨灾损失

巨灾保险的首要功能在于对巨灾损失的有效分散。通过时间、地域的扩散,让某次巨灾事件所造成的损失通过多个年份、多个地域的合力来加以弥补,将不可保的巨灾风险扩展为可保性风险,并通过对巨灾保险的参与,提高民众应对巨灾风险的能力;在灾害发生后,保险人能够以最快速度,根据保险合同,给予被保险人一定的经济补偿,减轻受灾民众的经济负担和心理压力,帮助他们重建家园、恢复生产生活②。

3. 提高政府风险管理水平

在巨灾风险管理体系中,巨灾保险作为风险损失融资的重要机制,一直被认为是极为重要且行之有效的风险管理工具。巨灾保险能够充分调动社会各方面资源,有效协调政府与市场的功能,通过快速赔付以保障受灾民众基本生活,缓解政府财政压力,减少对社会经济

---

① 梁昊然:《论我国巨灾保险制度的法律构建》,博士学位论文,吉林大学,2013年,第189页。

② 何霖:《我国巨灾保险立法研究》,西南财经大学出版社2014年版,第24页。

秩序的冲击。同时，巨灾保险能在一定程度上减少民众对政府财政和社会援助的依赖心理，提高民众的风险管理意识。相较于社会捐助与财政救济，巨灾保险更具主动性和可持续性，更有助于政府风险管理水平的提高[1]。

4. 减轻政府财政负担

基于巨灾事件的特殊性，灾后救济主要依靠政府财政支出。如若民众风险意识弱，灾害防御体系差，灾害抵御水平低，巨灾风险往往带来大范围、大面积、大数额的损失，政府不得不投入巨额资金用于民众基本生活保障与灾后重建。这既给政府增加了沉重的财政负担，又影响了财政资金的救灾效率。是以，主要依靠政府财力的防灾、救灾模式，必然导致巨额的财政负担，且资金补偿效率低，一直为人们所诟病。充分发挥巨灾保险的赔偿功能，保障民众的基本生活，尽量减轻灾害对民众生活的影响程度，在居民住宅交由巨灾保险机制予以保障的情况下，可以将财政资金更多地投放到公共领域，这正是巨灾保险的主要功能之一[2]。

5. 维护社会经济秩序

巨灾具有高度的不确定性，破坏力大，影响范围广，对于经济发展与社会稳定均有着极大的负面影响。巨灾一旦发生，其影响已经远远超出个人和家庭的层面，往往会造成整个地区巨大的财产损失和人员伤亡，对当地的社会、经济造成巨大破坏，甚至会诱发新的社会不稳定因素，对国民经济和社会秩序造成严重影响。维护社会经济秩序是巨灾保险的另一功效。其实现途径是通过保险业对受灾民众的财产赔付，帮助民众迅速摆脱巨灾损失的影响，恢复生产、重建家园；国家得以将有限的救灾资金投放到灾区基础设施等民生工程的恢复重建，帮助民众尽快恢复正常的生产生活，从而维护社会经济秩序的稳定，保障社会安全[3]。

---

① 何霖:《我国巨灾保险立法研究》，西南财经大学出版社 2014 年版，第 24 页。

② 同上。

③ 同上书，第 25 页。

（四）巨灾保险之社会保障性

现代国家是社会保障国家。社会保障的核心问题是社会需要的存在，以及如何来满足的问题[①]。首先，国民对于国家层面对巨灾风险的抵御和巨灾损失的救济存在强烈需求，这是毋庸置疑的，尤其是生活在高风险地区的民众，这种需求更为迫切。所以重点在于如何满足这种需要。

国民除了面临诸多社会风险，也不可避免地遭遇人类自古以来就无法回避的地震、台风、洪水等自然灾害风险。社会风险主要通过社会化途径加以解决；而自然风险中，损失比较小的一般性自然灾害，人类个体往往可以自行抵御，但那些可能造成极端毁灭性损失的严重自然灾害，就只能纳入国家风险管理体系，通过集中管理的模式加以解决，这也是政府提高自身巨灾风险管理水平，有效抗御巨灾的必然选择。

巨灾保险的权利主体是被保险人（不一定是投保人，在我国巨灾保险试点中，一些地区、某些人群由政府出资购买），即普通民众。民众在遭受巨灾风险时能够通过保险取得物质赔付，以保障其基本生活需求（主要是获得住房维修、重建资金赔付，帮助其迅速维修、重建住房，确保被保险人居有其所）。其义务主体则是保险人。分为两种：纯商业模式，义务主体为保险公司，由其承担赔付义务，当然政府仍有相关义务，如英国洪水保险制度中政府须加大防洪工程投入和及时提供灾害相关信息；政策性巨灾保险模式中，政府参与直接保险或再保险，往往分担有赔付责任，甚至可能占据较大部分。

巨灾保险与完全社会保障属性的社会保险有着极大的区别，但不可否认的是，巨灾保险权利仍可归属于社会保障权利。巨灾保险法之性质，也就不应该简单归于巨灾保险管理法或巨灾保险行政法，而是从根本上归属于巨灾保险权利法。其既是一个成熟的现代法治国家风险管理体系的重要环节，又是对民众在遭遇巨灾风险可能时通过购买巨灾保险获得物质帮助的权利之法律保障，是对社会成员生存权之确

---

① 张世雄：《社会福利的概念与社会安全制度》，转引自王显勇《社会保险基金法律制度研究》，中国政法大学出版社 2012 年版，第 6 页。

认和保护。在政策性巨灾保险制度中，政府往往是在财政救助之外，通过公共服务、财政支出（保费补贴、税费减免、财政拨款、兜底给付等）等方式间接地对处于社会弱者地位之受灾民众予以金钱给付，以满足其基本生活需求。

可以说，政策性巨灾保险制度就是披着市场机制外衣的社会保障制度。正如学者所言，"社会保障属于公共领域，是以政府为主要责任主体的强制性事业，这是市场机制无法调整的领域，它只有依靠行政权力的有力介入才能完成其特定的任务"[①]。学理上，巨灾风险管理完全符合社会保障"新三分说"之内容，即所谓的"社会预护—社会补偿—社会促进与社会扶助"[②]。先有巨灾风险尚未发生之前的风险防范措施及巨灾保险之覆盖，可谓社会预护；后有巨灾发生后巨灾保险之赔付（对购买有巨灾保险产品者所遭受损失之有限给付），可谓社会补偿；同时有国家财政救助、社会慈善救济等普济性扶助，可谓社会促进与社会救助。如此环环相扣，三者紧密结合，形成较为完备的巨灾风险社会保障体系。

对此，我们也需考量的是，作为具有社会保障性之巨灾保险法，是否也应当使用法律保留原则，遵守法治三原则？最起码可以肯定的是，巨灾保险制度至少涉及人民基本生活需求与社会安定之保障，涉及政府给付行政，而当灾害发生时，须得保障被保险人给付请求权之实现。这已远远超越条例、办法等部门规章作为较低层级立法所能规制之范围。

那么，在我国刚刚起步的巨灾保险制度，能否避免我国社会保险制度所出现的权限不明、征缴困难、保值增值压力大等问题，走上一条健康、稳定、可持续发展的道路？作为巨灾保险制度核心制度之一的巨灾保险基金能否避免挤占、挪用问题？可以肯定的是，如无法律制度予以规制，这些问题的出现实属必然！

---

① 王显勇：《社会保险基金法律制度研究》，中国政法大学出版社 2012 年版，第 8—10 页。

② 王显勇：《社会保障国家：法治国家的新蓝图》，《现代法学》2011 年第 1 期。

二　巨灾保险法律制度的发展历程

谈及法律制度，当首论立法。巨灾保险立法是指"国家机关依据法定职权和程序，运用一定技术，制定并颁行有关巨灾保险事项普遍应用规则的活动。巨灾保险法律制度依效力层级，可以分为法律、行政法规或部门规章、地方性法规；依立法体例，又可分为专项立法、综合立法"[①]。

巨灾保险法律制度，是指调整巨灾保险关系的法律规范体系。

（一）巨灾保险法律制度的产生

巨灾保险由巨灾风险及损失催生。现有巨灾保险法律制度的国家和地区，无不是巨灾频繁之地，且其巨灾保险法律制度多以某次巨灾发生为契机。总的来说，巨灾保险法律制度当以日本、美国、新西兰为首。

1. 日本

对巨灾保险的探索肇始于日本。德国人 Paul Mayet 于 1875 年建议日本应该借鉴德国之公营保险，建立火灾保险，以应付巨额损害，并提出《房屋保险法案》（1882 年被最终否决），可谓日本巨灾保险法律制度尝试之肇始。此后，日本于 1934 年制定《地震保险制度纲要》，1944 年制定《战时特殊损害保险法》，将巨灾保险与战争联系起来，可谓日本强制地震保险之开端[②]。频发的巨灾促进了日本巨灾保险法律制度的飞跃发展。以 1964 年 6 月 16 日的新潟 7.5 级地震为契机，日本于 1966 年制定《地震保险法》[③]，完成了地震保险基本立法。

2. 美国

美国洪水保险始于 1897 年的伊利诺伊州，几经周折，到 20 世纪 50 年代才得到国家层面的重视。在 1955 年 "飓风戴安娜（Diana）" 造成巨大损失的刺激和推动下，美国国会于 1956 年通过了

[①] 何霖：《我国巨灾保险立法研究》，西南财经大学出版社 2014 年版，第 39 页。

[②] 何霖：《日本巨灾保险之进程与启示》，《灾害学》2013 年第 2 期。

[③] 同上。

《联邦洪水保险法》。1965 年，"飓风贝齐（Betsey）"造成约 24 亿美元的经济损失，国家洪水保险计划再次被提上议事日程。"最终美国国会于 1968 年通过了《全国洪水保险法》，1969 年通过了《国家洪水保险计划》（NFIP）。"[1]

3. 新西兰

出于对 1942 年怀拉拉帕（Wairarapa）地震灾后重建的反思[2]，新西兰于 1944 年制定了《地震和战争损害法案》，迅速完成了巨灾保险立法。1945 年，地震与战争损害委员会成立，地震保险正式启动。新西兰由此成为世界上第一个完成巨灾保险立法的国家。

（二）巨灾保险法律制度的发展

进入 20 世纪 60 年代，巨灾保险制度在世界范围内，主要在发达资本主义国家得到了蓬勃发展。各个国家、地区之巨灾保险法律制度在发展过程中，不断改革而得以完善。

日本：多次修改地震保险法律法规，不断完善地震保险体系，"尤以 1978 年宫城地震、1995 年阪神大地震之后的优化革新为典型"[3]。

美国：受 1994 年北岭地震影响，1995 年加州议会通过 "Assembly Bill 13 Earthquake Insurance：California Earthquake Authority 法案"（简称"AB13 法案"），决定成立由州营运的地震保险公司——加州地震保险局，1996 年 6 月，加州议会同时通过 3 个有关加州地震保险局的《地震保险法修正案》[4]。至此，加州地震保险计划基本成型。美国国家洪水保险计划经历了多次革新，先后颁布有 1977 年《洪水保险计划修正案》、1994 年《国家洪水保险改革法》、2004 年《国家洪水保险改革法》、2007 年《洪水保险改革与

---

① 李瑾：《巨灾保险制度国际比较：理论困境、政策突破及中国启示》，硕士学位论文，南京大学，2011 年，第 21—30 页。

② 梁昊然：《论我国巨灾保险制度的法律构建》，博士学位论文，吉林大学，2013 年，第 69 页。

③ 何霖：《日本巨灾保险之进程与启示》，《灾害学》2013 年第 2 期。

④ SB1993、AB2086 及 AB3232 法案。

现代化法案》等修正案。2007 年，针对"飓风卡特里娜"所带来的系列影响，兼之费率厘定的相关因素，联邦政府开启了新一轮的洪水保险计划改革①。

新西兰：自 1945 年启动以来，新西兰地震保险法律制度经历了多次改革，逐渐走向成熟。1993 年，《地震保险委员会法案》成为新西兰地震保险启动以来最重大的改革成果。这次改革，主要集中在保险范围的改变，即由原来的所有财产调整为仅限于家庭财产②。1994 年 1 月，《地震保险委员会法案》正式实施，取代以往的《地震险与战争险法案》；地震与战争损害委员会也更名为地震委员会③，专门负责管理地震保险事务。最终，以 1998 年《地震保险委员会修正案》为核心④，新西兰确立了现行地震保险法律制度。

冰岛：1975 年《巨灾保险法》确立了巨灾保险制度，政府作为直接保险人提供巨灾保险，强制投保，住宅、商业财产、桥梁均属保障对象⑤。

瑞士：1953 年由 29 家保险公司组建巨灾保险共同体，开始推行巨灾保险，附加于主险，政府为再保险人。

澳大利亚：其洪水保险为商业主导模式。2012 年《保险合同法修正案》规定洪水保险为标准保险合同之必要构成，保险人必须提供，从而确立了强制承保模式。

英国：1960 年开始推行洪水保险，由私营保险机构承保，政府加大防洪设施投入和提供相关信息。

泰国：2012 年成立了国家巨灾保险基金，为家庭和中小企业提供包括水灾、地震、风暴 3 种巨灾风险的巨灾保险。

德国、意大利：没有全国性巨灾保险项目，保险机构自愿提供巨

---

① 何霖：《美国洪水保险之进程及启示》，《四川文理学院学报》2015 年第 6 期。

② 不再承保非住宅的建筑物及其附属家具，并将战争保险予以排除。详见宁晨《构建我国巨灾保险法律制度研究》，硕士学位论文，华中师范大学，2009 年，第 16 页。

③ 李瑾：《巨灾保险制度国际比较：理论困境、政策突破及中国启示》，硕士学位论文，南京大学，2011 年，第 23 页。

④ 该修正案主要对自然灾害基金的运行作了小幅修正。

⑤ 任自力：《中国巨灾保险法律制度研究》，中国政法大学出版社 2015 年版，第 120 页。

灾保险产品，民众自愿投保。政府通过提供公共服务支持和鼓励私营保险机构提供巨灾保险产品。同为自愿投保与承保，德国、意大利巨灾保险投保率远远低于英国洪水保险。

加勒比海地区巨灾保险基金：跨国型巨灾保险制度的成功尝试。2007 年，加勒比海地区 16 个成员国共同设立了巨灾风险保险基金（CCRIF），一旦巨灾发生即可触发赔付机制。采取参数保险机制，主要针对政府损失，通过国际再保险、世界银行掉期产品分散风险[1]。

另外，孟加拉国由多个国际组织联合保险业推出洪水指数保险。智利、墨西哥设有地震保险。智利地震保险附加于家庭财产保险，为自愿投保；墨西哥地震保险附加于火险，有四种投保模式。

我国台湾地区：2002 年，台湾地区"财团法人住宅地震保险基金"得以创立，当地住宅地震保险制度正式启动[2]。2006 年 7 月 1 日，台湾地区"住宅地震保险基金"脱离"中央再保险公司"，独立运作。截止到 2016 年 3 月 31 日，我国台湾地区住宅地震险累积责任额为新台币 4 兆 494 亿元，有效保单件数为 2729501 件，平均投保率为 32.46%（依据住宅户数 8409079 户计算）。

我国大陆地区从 20 世纪 80 年代开始探讨巨灾保险制度，直到进入 21 世纪后才提上议事日程。2008 年接踵而至的两次巨灾（年初南方冰雪灾害与"5·12"汶川大地震），深深刺激了国人的神经，相关机构也加快了巨灾保险立法进程。从 2014 年深圳试点至 2016 年城乡居民住宅地震巨灾保险制度落地，再到即将出台的《地震巨灾保险条例》，我国巨灾保险逐渐走上了制度化、法制化的正轨。

---

[1] 任自力：《中国巨灾保险法律制度研究》，中国政法大学出版社 2015 年版，第 122 页。

[2] 何霖：《我国巨灾保险立法研究》，西南财经大学出版社 2014 年版，第 79 页。

（三）巨灾保险法律制度一览表

巨灾保险法律制度一览表

国家	项目名	启动时间	基本法律	核心机构	核心机构资金来源	承保对象	责任范围	投保模式	保险金额	免赔额	费率厘定	风险转移	责任分摊
美国	洪水保险	1966年	全国洪水保险法、国家洪水保险计划、洪水灾害防御法	联邦保险管理局（FIA）、减灾理事会	保单收入、政府拨款、投资红利及临时性财政借贷	家财和小型企业财产	江河泛滥、山洪暴发、潮水上涨及倾泻	半强制，先决条件模式	居民住房25万美元，室内财产10万美元；小型企业非住宅性房屋50万美元，室内财产50万美元	500美元	差别费率。保额的上限0.3%	洪水保险基金独立运行，临时财政借款，巨灾风险证券化	洪水保险基金全额承担，政府为最终保证人
	加州地震保险	1995年	1996年《地震保险法》"AB13法案"、地震保险法修正案	加州地震保险局（CEA）	保费、成员公司投入的资本金、借款、再保险费及资金运用收益	住宅、家庭财产	地震风险，包括地震引发的火灾和海啸风险	半强制，自动附加	建筑20万美元，公寓式建筑物2.5万美元；家财10万美元；生活补助2万美元；土地1万美元，单次地震105亿美元	15%	差别	共保体、再保险与金融工具相结合	六层级
	佛罗里达飓风巨灾保险	1993年		居民财产保险公司（CPIC）	分保费、征缴紧急费、基金投资收益	主要是住宅财产	巨灾风暴、雹灾等风险	自愿投保	超额再保险	45亿美元	差别	投资、发行债券	

续表

国家	项目名称	启动时间	基本法律	核心机构	核心机构资金来源	承保对象	责任范围	投保模式	保险金额	免赔额	费率厘定	风险转移	责任分摊
美国	农业巨灾保险	1994年	1938年《联邦农作物保险法》,1994年《联邦农作物保险改革法》	联邦农作物保险公司、私营保险公司、农作物保险协会	—	绝大部分农作物	水灾、旱灾、风灾、火灾、冰雹、低温雨雪和病虫害	自愿投保	对平均产量提供一定比例的保险	—	单一,农户支付1美元,政府补贴2.5美元	财政补贴、再保险、紧急贷款、农业巨灾风险证券化	多层次
新西兰	地震保险	1945年	地震和战争损害法案、地震法案、地震委员会保险法案及修正案	地震委员会、保险公司和再保险协会	保费收入、政府拨款、国外再保险赔付	住宅和家庭财产	地震、海啸、地层滑动、火山喷发及地热	强制附加于火灾险的半强制模式	住宅为10万新元,个人财产2万新元	房屋损失1%,财产损失200新元,土地损失10%	单一费率,万分之五	政府行为与市场行为相结合,多渠道分散	四层级

续表

国家	项目名	启动时间	基本法律	核心机构	核心机构资金来源	承保对象	责任范围	投保模式	保险金额	免赔额	费率厘定	风险转移	责任分摊
日本	地震保险	1966年	地震保险法、地震再保险特别会计法	日本地震再保险公司	保费收入、政府拨款	居民居住建筑物、生活用家庭财产	地震、火山爆发、海啸为直接或间接原因的火灾、损坏、掩埋或引起的损失	原则上自动附加的模式，与家庭财产保险捆绑投保，有三种例外情况	家庭财产保险金额的30%—50%，建筑物以5千万日元，家庭财产以1千万日元为上限，地震赔付上限5.5万亿日元	建筑为保额的3%，家财10%	差别费率	二级再保险、巨灾保险证券化	初级、中级、高级、超限多损失、层级分摊
	农业巨灾保险	1947年	家畜保险法、农业保险法、农业灾害补偿法、农业共济基金法	农业相互救济协会等	—	—	—	自愿投保	最高保额提高到整个产量的72%	—	差别化费率	—	—
英国	洪水保险	1960年	1961年"君子协定"及2003年、2008年签订的《洪水保险供给准则》	完全市场化，英国政府与责任协商	—	居民标准住宅、小型企业房屋业财产	所有可能发生的巨灾风险，包括洪水、风暴等	自愿投保	无特殊要求	无特殊要求	差别	再保险市场	保险公司完全承担

续表

国家	项目名	启动时间	基本法律	核心机构	核心机构资金来源	承保对象	责任范围	投保模式	保险金额	免赔额	费率厘定	风险转移	责任分摊
法国	巨灾保险	1982年	1982年《自然灾害保险补偿制度》为基础，1990年"NO.92—509法案"，1992年"NO.92—665法案"，2002—276法案"等为补充	法国中央再保险公司（CCR）	保费收入、政府无限额担保	个人住宅、家庭财产、企业房屋及财产，以及农村财产，基本同于现有财产险	地震、洪水、海啸、火山爆发、山体滑坡、风暴等七类风险所造成的直接损失	强制自动附加	未设置赔偿上限	阶梯式免赔额	单一费率	中央再保险公司CCR进行再保险，CCR自行提取准备金和安排再保险	向CCR分保。CCR的巨灾保险准备金耗尽，剩余责任由政府承担
德国	洪水保险	—	—	商业保险主导模式	—	家庭财产	洪水、风暴、冰雹	自愿投保与承保	—	—	差别	—	—
冰岛	巨灾保险	1975年	1975《巨灾保险法》及其修正案	政府作为直接保险人	—	住宅、商业财产、桥梁等	地震、洪水、火山喷发、雪灾、滑坡等	强制投保	据火险保单设置，不足而保险	损失的5%，最低4万冰岛克朗	差别	再保险等	政府承担

续表

国家	项目名	启动时间	基本法律	核心机构	核心机构资金来源	承保对象	责任范围	投保模式	保险金额	免赔额	费率厘定	风险转移	责任分摊
西班牙	巨灾保险	1990年	以1990年第21号法案为基础，1995第30号法案为补充	西班牙保险赔偿联合会（CCS）	保费收入、政府拨款并无限额担保	除普通财产外，还包括人身安全	地震、洪水、台风等自然灾害及社会政治风险，主要为直接损失	强制自动附加	—	一般为10%；必要时可以提高到15%	单一费率，但各标的的费率不同	提存各项准备金，建立庞大危险准备金。另有少量再保险	CCS独立承担。超过CCS现有资产，由政府予以担保
瑞士	巨灾保险	1953年	—	巨灾保险共同体	附加保费	住宅和其他建筑物及其内部财务	高水位洪水、风暴、雹灾、雪崩、雪压、山体滑坡、山体坍塌等	自愿投保	以保险价值为基础限额2500万瑞士法郎，以市场价值为基础限额2.5亿瑞士法郎	10%，最低5000瑞士法郎	单一费率，为差别	政府作为再保险人参与	共保，政府再保险
挪威	自然灾害保险	1980年	挪威自然灾害共保规则、自然灾害保险法	挪威自然灾害基金（NNPP）	—	家庭财产，包括个人住宅、家庭财产	山体滑坡、洪水、暴风雨、地震和火山爆发	强制自动附加，准强制投保	40.5万克朗，单次灾害	0.8万克朗，125亿克朗	单一费率，为0.1%	再保险	NNPP根据各公司市场份额，提供相应份额赔偿

续表

国家	项目名	启动时间	基本法律	核心机构	核心机构资金来源	承保对象	责任范围	投保模式	保险金额	免赔额	费率厘定	风险转移	责任分摊
澳大利亚	洪水保险	2012年	1984年《保险合同法》2012年《保险合同法修正案》	商业保险主导模式	—	—	洪水导致或可归因于洪水的损失	自愿，保险人须告知是否涉及洪水保险	—	—	—	—	—
土耳其	地震保险	2000年	《强制地震保险法令》	土耳其巨灾保险基金（TCIP）	保费收入、基金投资所得以及世界银行的资助	位于城市拥有个人独立产权的建筑物、建筑物本身的结构损失	地震、地震所引发的火灾、爆炸以及滑坡等	强制承保与投保	14万土耳其新里拉	2%	差别	国家巨灾准备金：TCIP资产至少50%在国外投资	商业保险公司按照其市场份额各自承担相应风险；政府为地震保险提供最终担保
墨西哥	地震保险	—	商业化	—	—	建筑	地震	附加于火险	全额、保户25%共保，火保险75%投保，地震险2%作为绝对免赔率	四种模式	差别	再保险	保险人、再保险公司

续表

国家	项目名称	启动时间	基本法律	核心机构	核心机构资金来源	承保对象	责任范围	投保模式	保险金额	免赔额	费率厘定	风险转移	责任分摊
智利	巨灾保险	—	商业化	—	—	物质损失、营业中断损失	—	自愿投保	—	—	单一费率	分散到国际市场	商业化
泰国	洪水保险	2012年	—	国家巨灾保险基金	—	家庭、中小企业、工业	水灾、地震和风暴	自愿投保	—	—	差别，0.5%—1.25%	—	—
孟加拉国	洪水指数保险	2013年	国际组织联合保险业开发	—	—	家庭财产	洪水	自愿投保	约103美元	—	—	—	端再保租开发，定价、承保和再保
加勒比海地区	巨灾保险基金	2007年	16个成员共同设立	巨灾风险保障基金(CCRIF)	参数保险机制	参与过的政府损失承担部分赔付责任	飓风和地震，参与国有选择权	自愿投保	政府损失	较高的起赔点，小于1.8年一遇的免赔	—	国际再保险、世界银行产品	四层分担
中国	城乡居民住宅地震保险	2016年	实施方案，《巨灾保险条例》	共同体、巨灾风险专项准备金	保费计提	居民住宅	地震及其次生灾害	自愿投保	农村住房2万元，城镇住房5万元，最高100万元	Ⅲ级破坏以下免赔	差别	再保保险、债券等	五层分担

三 巨灾保险法律制度的基本功能

整个巨灾保险法律制度的基本功能可以用两个关键词加以概括——保障与风控。所谓保障，既是保障巨灾保险制度顺利运行，为民众之基本生活资料提供保障，也是为保险机构的正常运转提供保障，更是对遭受巨灾损失后的经济秩序、社会秩序提供保障。所谓风控，即风险控制，首先是尽量通过防灾减损措施控制巨灾风险，其次是通过法律制度的约束力控制和降低巨灾给投保人和保险人所带来的损失，对巨灾保险道德风险和逆向选择的风险予以控制。在巨灾保险法律制度的运行全过程中，保障是目的，控制既是目的，更多的则是手段，二者相辅相成，不可分割。

简言之，为巨灾保险制度的正常运行提供法律保障，从而保障巨灾保险参与各方的利益，是巨灾保险法律制度最基本，也是最根本之功能所在。

（一）防范运营风险，确保巨灾保险正常运行

巨灾保险法律制度即"巨灾保险之法"。其首要功能是为巨灾保险制度服务，确保巨灾保险制度能够正常运行，从而发挥其应有之功效。巨灾保险法律制度主要用以规范巨灾保险法律关系及其当事人之行为，尤其是对当事人权利义务予以明确，对巨灾保险运行规则、运行程序等作出明确性要求，通过对各种风险如投保人财产损失风险、保险给付风险、政府财政风险的控制，确保巨灾保险参与主体之利益，促使巨灾保险制度能够充分发挥作用。

其一，保险人之风险控制。首先，扩展巨灾风险可保性，使得传统意义上的不可保之巨灾风险能够在一定程度上具有可保性；其次，通过国家对防灾工程及相关公共设施的大力投入，尽量降低灾害发生之损失，通过对巨灾保险保险范围、限额赔付的制度安排，对保险人因巨灾赔付可能造成的损失予以控制，确保其继续参与巨灾保险。

其二，投保人之风险控制。投保人之风险控制，既体现在财产所有人投保巨灾保险，其财产损失风险得以控制和保障；又体现在巨灾保险制度设计中，往往对投保人的行为予以规范和约束，如通过保费补贴的方式鼓励其积极采取防灾减损措施，通过设置自负额和赔偿上

限的方式要求投保人防灾减损，通过法律强制性要求避免道德风险的发生。

其三，政府之风险控制。政府之风险主要体现在财政投入风险上，尤其是深度参与巨灾保险的国家和地区，政府除了提供保费补贴、税费减免等财政性支持外，往往还会参与到再保险、巨灾保险基金、风险分担体系，甚至承担兜底赔付责任或是提供最终担保，有的巨灾保险制度中政府即保险人或再保险人。因此，国家必须通过法律法规对巨灾保险相关制度予以明确，以避免巨灾保险体系中巨灾风险失控化，确保政府参与巨灾保险后，其财政风险处于可控制水平。

（二）控制财产风险，保障民众基本生存权利

对民众而言，巨灾风险主要体现为个人生命安全与家庭财产损失。大多数巨灾保险制度确定的保险标的是以家庭住宅为主的家庭基本财产，也正是民众最基本之生活需求。对家庭基本财产的保护，彰显了巨灾保险法律制度之正义价值，体现了法律对受灾民众财产安全的保护，以及这一弱势群体的生命权、财产权的保障[1]。

（三）优化风控手段，提升巨灾风险管理水平

在巨灾风险管理体系中，巨灾保险作为风险损失融资中的重要机制，一直被认为是极为重要且行之有效的风险管理工具。巨灾保险能够充分调动社会各方面资源，有效协调政府与市场的功能，通过快速赔付以保障受灾民众基本生活，缓解政府财政压力以及灾害对社会经济秩序的冲击。相较于灾后社会捐助与财政救济，巨灾保险更具主动性和可持续性[2]。

（四）分散巨灾风险，维护国民经济社会秩序

巨灾保险通过保险业对受灾民众的财产赔付，帮助民众迅速摆脱巨灾损失的影响，恢复生产、重建家园；国家得以将有限的财力投放到灾区基础设施等民生工程的恢复重建，尽快恢复正常的生产生活秩序。巨灾保险法律制度就是通过对巨灾保险法律关系之调节，集合多种力量，让个人、国家、保险业、社会各界共同参与，共同分担巨灾

---

① 何霖：《我国巨灾保险立法研究》，西南财经大学出版社 2014 年版，第 127 页。

② 同上书，第 129 页。

风险损失，在一定程度上平复灾害损失，维护社会经济秩序之稳定，保障社会安全①。

（五）强化风险管理，促进保险市场健康发展

1. 增强市场承保能力

巨灾保险法律制度通过相关规范，加大政府财政扶持力度，确保巨灾保险的覆盖面，做大巨灾保险市场，增强保险业的承保能力。据保监会网站数据，2015 年，我国产险公司原保险保费收入 7994.97 亿元，产险业务赔款 4194.17 亿元，产险公司总资产 18148.13 亿元，整个保险业净资产仅 16089.70 亿元，而 2008 年汶川地震的直接经济损失就有 8452 亿元。加之再保险市场实力不足（但再保险市场实力增长很快，2008 年再保险公司总资产仅为 314.83 亿元，2013 年为 2103.93 亿元，2014 年为 3513.56 亿元，2015 年增长至 5187.38 亿元，但到 2016 年底，再保险总资产为 2735.34 亿元，较年初减少 47.27%），风险分散途径匮乏，我国保险业赔付能力整体偏弱。对此，通过制定巨灾保险法律制度，进而鼓励和支持保险业、再保险业的发展，扩大风险分散渠道，最终提高保险业的承保能力和赔付能力②。

2. 提高民众保险意识

一直以来，受各方面因素影响，我国民众尤其是经济欠发达地区和收入水平不高的群体，财产保险意识极为淡薄，以"人身险"居多的形形色色的保险产品的冲击让不少民众"谈险色变"，唯恐上当受骗。我国财产保险业务恢复三十多年来，家庭财产保险投保率一直处于极低水平，财产险的现有业务主要集中于企业财产险和车险。以法律的形式对巨灾保险制度予以明确和规范，既能以国家强制力保障投保人之利益，也能通过国家之公信力对巨灾保险予以宣传、引导，有利于民众保险意识的培育和提升。尤其是以法律法规的形式对巨灾保险的财政补贴、政府赔付责任（或是最终担保责任）予以明确，无疑能为民众提供"定心丸"，极大地刺激其投保热情，从而促进我国保险市场的健康发展。

---

① 何霖：《我国巨灾保险立法研究》，西南财经大学出版社 2014 年版，第 130 页。

② 同上书，第 133 页。

第二节　巨灾保险法律关系梳理

在商业性巨灾保险法律制度中，巨灾保险法律关系主要是保险人与被保险人（投保人、受益人）之间的保险关系，两者之间具有特定的权利和义务。投保人享有自愿购买巨灾保险之权利，负有支付保费、如实提供相关资料之义务，被保险人（受益人）享有巨灾造成标的物损失后请求保险给付之权利；保险人享有自愿向投保人提供巨灾保险业务和收取保费之权利，负有向被保险人（受益人）提供保险给付之义务。

在政策性巨灾保险法律制度中，巨灾保险法律关系并不仅仅是保险人与被保险人之间的保险关系，而是由多个法律主体之间形成的多种法律关系构成的复合性法律关系统一体，其中包括有巨灾保险关系、巨灾保险管理运营法律关系、巨灾保险给付法律关系、巨灾保险基金管理运营法律关系、巨灾保险监督法律关系、巨灾保险争议处理法律关系等。

就法律主体而言，巨灾保险法律关系中至少包含有投保人/被保险人、保险人、巨灾保险管理人、巨灾保险监督人、再保险人、巨灾保险基金、巨灾保险基金管理人、巨灾保险基金监督人、政府等法律主体，也就是说，巨灾保险法律制度中理应包含被保险人与保险人、被保险人与政府、被保险人与投保人、保险人与投保人、保险人与再保险人、保险人与巨灾保险基金、保险人与政府、保险人与管理人、保险人与监督人、巨灾保险基金与政府、巨灾保险基金与管理人、巨灾保险基金与监督人、监督人与管理人之间多方面的法律关系。如下图所示：

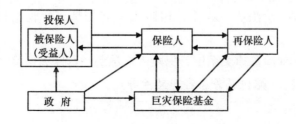

一 保险人与投保人（被保险人、受益人）之间的法律关系

（一）巨灾保险关系概说

巨灾保险关系是指保险人与投保人（被保险人、受益人）之间的法律关系。保险人为巨灾保险承保机构，被保险人是巨灾保险保险标的所有人，受益人则是由被保险人或者投保人指定的享有保险金请求权的人，投保人、被保险人可以为受益人。投保人既可能是被保险人，也可能不是被保险人，当标的所有人投保时，其为被保险人。巨灾保险关系是巨灾保险中的基础法律关系，巨灾保险法律制度中的其他社会关系都是围绕着这一核心关系来展开的。首先需要明确的是，巨灾保险关系既有可能是私法上的社会关系，又有可能由于相关法规的介入（强制保险模式），成为带有公法性质的社会义务，产生保险人与被保险人之间法定的权利与义务关系。巨灾保险法律关系一经产生，投保人就负有向保险人支付保险费用、提供相关资料的义务，被保险人（受益人）在灾害发生且标的受损的情况下拥有请求保险给付的权利。保险人则拥有向投保人请求支付保费的权利，并负有提供相关保险给付的义务。

在巨灾保险法律关系中，投保人（被保险人、受益人）、保险人享有如下权利和义务。

1. 投保人（被保险人、受益人）的权利和义务

一般而言，巨灾保险投保人（被保险人、受益人）享有财产安全权、知情权、受偿权等权利。

巨灾保险投保人（被保险人、受益人）应尽到支付保费的义务、参保的义务（强制或半强制模式中承担）、告知义务、止损义务等。

2. 保险人的权利和义务

在巨灾保险法律关系中，保险人享有知情权、收益权、经营保障权。

在巨灾保险法律关系中，保险人应尽到经营巨灾保险义务（强制型巨灾保险）、赔付义务、告知义务等。

（二）保险人与被保险人、投保人之间的法律关系

1. 自愿型巨灾保险中保险人与被保险人、投保人之间的法律关系

自愿型巨灾保险中，保险人自愿提供巨灾保险业务、投保人自愿购买巨灾保险产品。此种情况下，保险人与被保险人、投保人之间秉承完全自愿原则，受私法约束，属于完全意义上的私法上的社会关系。

2. 半强制型巨灾保险中保险人与被保险人、投保人之间的特定法律关系

半强制型巨灾保险分为两类：一是强制保险人提供巨灾保险业务，即强制承保模式；二是将购买巨灾保险作为先决条件，强制要求符合该条件的财产所有人购买巨灾保险，即先决条件模式。在强制承保模式中，保险人增加了提供巨灾保险业务的法定义务；在先决条件模式中，投保人为达到某种目的、实现某种利益须先行购买巨灾保险产品，但也可以选择不投保从而放弃该项权益，仍有一定的自由选择权。此种巨灾保险法律关系中，被苛以强制义务一方承担法定义务，另一方仍然主要作为权利主体而存在，即享有自由选择之权利。

3. 强制型巨灾保险中保险人与被保险人、投保人之间的特定法律关系

强制型巨灾保险制度中，保险人负有开展巨灾保险业务、向投保人提供巨灾保险产品的法定义务；投保人则负有必须购买巨灾保险的法定义务。应该说，在强制型巨灾保险制度中，保险人和投保人主要是作为义务主体，其义务是公法性的法定义务，当然也享有一定的权利。

尚需注意的是，在强制、半强制型巨灾保险中，保险人并不一定是商业保险机构，有可能是政府单独组建或是政府与商业保险机构、其他机构共同组建的专门负责巨灾保险运营管理、提供巨灾保险产品的相关机构。

（三）我国巨灾保险实践中的保险关系

从我国巨灾保险实践来看，我国巨灾保险试点中深圳、宁波、大

理、厦门、张家口试点采取政府统保模式，被保险人、受益人无义务且享有受偿权；四川试点采取自愿投保模式，但优抚对象由政府全额补贴（即投保人为政府，被保险人不承担义务但享有受损后获得赔付的权利）；城乡居民住宅地震巨灾保险制度暂时采取自愿投保模式，双方法律关系最为简单。

二 巨灾保险管理运营法律关系

巨灾保险的管理运营主要涉及管理机构、运作模式、巨灾保险基金的经营管理、风险分散、责任分担等机制。但在商业性巨灾保险制度与政策性巨灾保险制度之间存在一定差别，体现为政府的参与度不同。

（一）商业性巨灾保险管理运营法律关系

在商业性巨灾保险制度中，市场充分发挥作用，政府在巨灾保险经营管理过程中的作用并不特别明显，主要发挥引导、指导、协助作用。

如英国洪水保险完全市场化模式进行经营管理，承担所有的风险，政府与保险业为合作关系，主要是按照承诺在防洪工程中投入巨资并及时提供有关风险水平和改建项目的准确信息，以改善巨灾风险的可保性。在此类巨灾保险法律关系中，保险人为商业保险机构，或是由商业保险机构组建的共同体，其遵循市场化原则自主管理运营。保险人在巨灾保险风险分散体系中与其他法律主体发生法律关系，如与再保险人发生再保险关系，等等。

挪威自然灾害保险也主要采取商业化运营模式。建立有共保组织——挪威自然灾害基金（"NNPP"），政府参与程度较低。

（二）政策性巨灾保险管理运营法律关系

1. 政府专营

政府设立专门机构，主导巨灾保险。商业保险公司仅为"中介"，获取手续费或佣金，并不承担巨灾风险。以新西兰地震保险、美国洪水保险计划、西班牙巨灾保险、土耳其地震保险为代表。上述巨灾保险法律制度中，政府机构或政府派出机构为巨灾保险管理运营主体，实为保险人。其既要负责巨灾保险的总体运营计划，又要承担巨灾保险的损失赔付责任，并承担兜底责任（土耳其政府为最终担保人）。

2. 共同参与

一类：政府与商业保险机构共建再保险机构，为再保险人，负责巨灾保险的具体运营管理。日本地震保险为典型的政策性巨灾保险制度，其经营原则为"不盈不亏"。在日本地震保险的运营管理中，日本地震再保险公司（"JER"）处于绝对核心地位。而日本政府作为再再保险人，为"JER"提供再保险。

二类：政府管理，政府和保险业共同经营。法国中央再保险公司（"CCR"）是法国巨灾再保险的主要经营者，由政府全资持股且无限担保。商业保险公司为保险人，"政府主要担负管理职能，并作为法国中央再保险公司的持股人和最后再保险人，承担最终赔付责任"①。

三类：保险业组建共保体，建立巨灾保险基金，政府机构或政府派出机构负责运营管理。加州地震保险局是加州地震保险的核心组织，为风险共保体，向投保人提供地震保险，其实质为保险人。

总的来说，当以巨灾保险管理人身份出现时，政府负有政策支持、财政支持、监督管理、参与风险分散等义务。

（三）我国巨灾保险实践中的管理运营法律关系

目前我国巨灾保险实践中，大多采取政府主导、财政支持、市场运作模式，管理和运营相分离。我国台湾地区"财团法人住宅地震保险基金"（"TREIP"）依法管理地震风险相关事宜，由商业保险公司与台湾地区"中央再保险公司"所组成共保体予以辅助。台湾地区政府对"TREIP"的账户、交易等进行审计，承担部分赔付责任，为地震保险提供担保。在深圳、宁波、大理、厦门、张家口巨灾保险试点中，政府居于主导地位，承担保费，负责巨灾保险的管理，巨灾保险具体业务则交由商业保险机构市场化运作。四川地震保险试点，政府承担管理职责，负责巨灾保险业务的指导、管理和巨灾基金的管理，地震保险共保体作为保险人，依据市场化模式自主运营。城乡居民住宅地震保险制度与四川地震保险试点类似。

---

① 何霖：《我国巨灾保险立法研究》，西南财经大学出版社 2014 年版，第 74 页。

三　巨灾保险基金管理运营法律关系

（一）部分巨灾保险基金之管理运营法律关系

鉴于巨灾保险基金在诸多国家和地区巨灾保险制度中发挥了重要作用，在此将之单列，对巨灾保险基金管理运营法律关系予以简要剖析。

从基金功能来看，挪威自然灾害基金、新西兰地震保险基金、美国洪水保险基金、土耳其巨灾保险基金等巨灾保险基金在各自巨灾保险制度中居于核心地位，承担着巨灾保险经营管理任务，负责积累和管理资金，支付灾害赔付，是巨灾保险赔付的主体。佛罗里达飓风巨灾基金则与日本地震再保险公司、法国中央再保险公司功能类同，主要通过向承保巨灾保险的保险公司提供再保险。

从管理模式来看，上述巨灾保险基金基本上由政府机构直接或间接管理。那么，政府与巨灾保险基金之间是怎样一种法律关系呢？不管是由法定的政府机构管理（相关法律中指定由该机构进行管理），还是由政府委托的专门机构管理，其实质都是委托关系，即委托该机构进行管理。巨灾保险基金虽然交由政府机构或委托机构进行管理，但并非归管理机构所有，而是要求巨灾保险基金专款专用，保持其独立性。同时，巨灾保险基金的独立运营和管理，能够将之与基金来源主体相割裂，使之与资金来源主体的其余财产及债权债务相分离，保证巨灾保险基金的安全运营。巨灾保险基金的权利由受托机构享有，但利益则为受益人所享有，管理人只能通过管理行为获取必要的管理费用而非产生盈利，即便是在其管理运营过程中巨灾保险基金所产生的盈利仍归受益人所有，即只能用于应付被保险人巨灾损失的赔付。

因此，我们可以认定，这一类巨灾保险基金与其管理者之间属法定委托关系，只是交由管理者代为管理，以保证其正常、安全、独立运营。

（二）我国巨灾保险实践中的巨灾保险基金管理运营法律关系

从我国现阶段巨灾保险实践来看，我国各地巨灾保险试点均建立了巨灾保险基金，先期由政府财政投入建立并由政府部门进行管理。深圳、宁波试点尚未明确保费计提方式，四川通过政府财政注入、保费20%计提、接纳社会捐助的方式予以建立，并明确其在责任分担机制中的作用。我国城乡居民住宅地震巨灾保险尚处于先期运营状态，虽明确了以保费20%计提巨灾风险准备金，提出了"单独立账、逐年滚存，并由专门机构负责管理"，但目前尚无实施细则出台。

四　保险人与被保险人之间的巨灾保险给付法律关系

（一）巨灾保险给付请求权产生要件

首先，在不同的巨灾保险制度中，巨灾保险给付请求权具有不同的性质。如在自愿型巨灾保险中，被保险人获得巨灾保险给付的权利是基于巨灾保险合同而获得的，购买了巨灾保险，签订了契约，才拥有给付请求权，进而可能获得保险赔付；而在强制投保型巨灾保险中，巨灾保险给付请求权虽然基于契约产生，但是一种法定性权利。总的来说，巨灾保险给付请求权基于契约产生，以此与国家救济、社会救助等相区别。

其次，巨灾保险给付之要件为：合同约定灾害发生、造成约定损失。此种因各国巨灾保险法律制度对于保险范围之规定差异而不同。约定灾害，是指巨灾保险承保风险，如在承保范围之外，保险人不予赔付。约定损失，主要是指保险范围中特定保险标的之受损程度，主要体现在两个方面：一是某些巨灾保险制度中设置有免赔额，低于该额度由被保险人自行承担；二是有的巨灾保险制度定损时依据标的被破坏等级而定，未达某种等级不予赔付。一般而言，巨灾保险给付须满足灾害发生且造成一定损失之要件，但指数巨灾保险除外。指数巨灾保险给付要件为约定灾害发生，只要符合这一要件，保险人即向被保险人支付款项，无须查勘灾害损失。

（二）巨灾保险给付标准

巨灾保险给付标准依巨灾保险运作模式而定。

在完全市场化运作的巨灾保险制度中，给付标准依据保险合同约定，主要依据实际损失和保险金额予以赔付。

在政府参与的巨灾保险制度中，给付标准一般由相关法规予以确定。现有巨灾保险制度中主要有分档认损支付、按实际损失支付、全损理赔支付三种。日本地震保险将住宅和家庭财产的损害认定分为全损、半损、部分损失三个档次，并分别支付保险金额的全额、50%、5%的赔款，且各档次赔款不能超过其保险标的价值的相应比例；挪威自然灾害保险赔偿金额为实际损失的85%；西班牙巨灾保险采取全损理赔标准，损失认定依据全损证明。

（三）巨灾保险给付的启动

对于巨灾保险给付程序启动，有两种观点：一是立即发生主义，巨灾保险给付基于合同规定之要件存在时，立即发生；二是给付请求权之行使，即巨灾保险给付请求权之要件成立时，为潜在发生，但需被保险人行使请求权，请求确认受损事实，而予以赔付。

事实上，巨灾保险为特定保险，有其特殊性，一般采用立即发生主义与被保险人行使请求权相结合之模式，即当满足给付要件时，保险人启动给付程序，对被保险人予以赔付，被保险人主动向保险人索赔。这也是因为巨灾来临时，被保险人可能无法正常行使请求权，故在此特定情形下，由保险人主动提供赔付之服务，以达巨灾保险民生保障之目的。

（四）我国巨灾保险实践中的保险给付法律关系

我国台湾地区地震基本保险保障住宅建筑物因地震及地震次生灾害所导致的直接损失，采取全损理赔标准，以重置成本计算，最高不超过150万元新台币，承保公司不需实地勘查，凭全损证明办理。

我国大陆地区巨灾保险实践中，四川试点与我国城乡居民住宅地震巨灾保险采取分档定损理赔模式，大理试点、广东试点、黑龙江试点则采取指数保险模式。

五　巨灾保险监督法律关系

（一）巨灾保险监督及类型

巨灾保险监督是指国家授权专门的监督主体依法对巨灾保险承保机构、市场行为、财务状况的整个过程，包括市场准入、资金归集、管理、运营、赔付等各个环节的监督，以确保巨灾保险制度的良性运行，保护投保人和被保险人的权益。

从国外巨灾保险监管制度来看，美国基于其国家体制实行了联邦与州政府分别相对独立承担责任的双重监管模式；完全市场化的英国巨灾保险市场，主要采取由财政部进行全面监管，行业自律组织协助的混合监管模式；日本则采用对巨灾保险核心机构——日本再保险公司进行全面监督，间接监管整个巨灾保险体系的间接监管模式。

（二）巨灾保险监督法律关系主体

1. 监督主体

巨灾保险涉及保险、金融、证券等领域，其监督主体往往跨越以上领域。巨灾保险监督主体是依法对巨灾保险运行享有监督权的国家机关、组织和个人。对巨灾保险享有监督权的国家机关包括立法机关、行政机关和司法机关。行政机关主要包括财政部门、审计部门；相关组织包括保险业监督管理机构、银行业监督管理机构、证券监督管理机构、巨灾保险基金监督管理委员会及其他社会组织；享有监督权的个人主要包括投保人、被保险人和受益人。

2. 受监督主体

巨灾保险受监督主体是依法接受巨灾保险监督主体监督的机构和个人，具体包括：巨灾保险承保机构，巨灾保险共同体，巨灾保险再保险承保机构，巨灾保险基金的征收、管理和支付机构，巨灾保险基金运营机构（基金公司、证券公司、投资基金及其托管银行），巨灾保险查勘机构，巨灾保险赔付机构等。

（三）巨灾保险监督的主要内容

1. 市场准入监督

市场准入监督包括巨灾保险承保机构的市场准入和巨灾保险产品的市场准入监督。

2. 资金归集监督

资金归集监督包括巨灾保险费率厘定、保费补贴、保费收取、保费计提，巨灾保险基金的资金来源等方面的监督。

3. 管理运营监督

相关主体对巨灾保险的管理运营程序、市场行为、偿付能力的监督，包括巨灾保险承保机构的市场运作、风险分散，巨灾保险基金的管理、运营等。

4. 保险给付监督

对巨灾保险的查勘、理赔程序及结果予以监督。

（四）巨灾保险监督的主要方式

1. 事前监督、日常监督和事后监督

"事前监督是指对巨灾保险经营决策过程的监督，根据有关政策法规检查巨灾保险经营决策活动是否合法，目的在于谋求在违法违规行为发生之前进行规范和限制。日常监督是对巨灾保险的日常经营管理活动进行监督，检查其日常经营管理活动是否偏离了有关法规，以便及时纠正和补救。事后监督是指在巨灾保险管理运营活动结束后，监督机构对整个过程及其结果进行检查，看是否符合相关法律法规的要求，找出问题，提出改进建议或补救措施，依法责令当事人承担法律责任。"①

2. 现场监督与非现场监督

"现场监督是指监督机构对被监督主体实施实地检查，分为定期监督、不定期监督和受理举报而实施监督。非现场监督分为常规监督和专项监督。常规监督是监督机构依据被监督主体定期报送的有关数据、材料进行；专项监督通过被监督主体据监督机构要求报送专项数据进行。"②

---

① 引自王显勇《社会保险基金法律制度研究》，中国政法大学出版社 2012 年版，第 60 页。

② 同上书，第 61 页。

第二章 我国巨灾保险制度探索与实践

第一节 我国巨灾保险发展概况

一 试水与停办

1951年，中央人民政府政务院作出了《关于实行国家机关、国营企业、合作社财产强制保险及旅客强制保险的决定》，并据此制定《财产强制保险条例》《船舶强制保险条例》《铁路车辆强制保险条例》等一批法规[①]。地震等巨灾风险作为中国人民保险公司普通火险的扩展责任，被纳入承保范围。在此阶段，财产强制保险主要针对企事业单位，而依据《简易人身保险条例》《个人人寿保险条款》等法规，地震、洪水也未列入除外责任。因此，在1954年特大洪灾中，保险业发挥了较大的损失补偿功能。但受国家计划经济体制影响，1958年我国保险业务停办，巨灾保险由此中断至改革开放之初。

二 恢复与限制

1979年，我国保险业务逐渐恢复，人保公司重新将地震、洪水等巨灾风险列入财产险责任范围。尤其受1976年唐山大地震影响，我国企业财产保险和家庭财产保险的主险中均包含有地震、洪水风险。地震保险方面，《中国人民保险公司企业财产保险（1988年版）》《涉外财产险》等条款的主险均包含有地震责任。1993年中国人民银行《关于下发全国性保险条款及费率（国内保险部门）的通知》（银

[①] 许均：《我国巨灾保险法律制度研究》，硕士学位论文，华东政法大学，2008年，第13页。

发〔1993〕95 号）重申破坏性地震属于财产保险的保险责任。洪水保险方面，20 世纪八九十年代，我国一些地区也曾开展洪水保险的试点，积极探索专项巨灾保险制度①。但随着保险市场的发展、理论研究的深入、风险意识的增强，巨灾带来的经营风险为人们所重视。1996 年，中国人民银行《关于印发〈财产保险基本险〉和〈财产保险综合险〉条款、费率及条款解释的通知》（银发〔1996〕187 号）决定，将地震、洪水、台风等巨灾风险从财产保险基本险中排除；将地震风险从财产保险综合险中排除，但将暴雨、洪水、台风等自然灾害风险列入承保责任范围。1997 年出台的《防震减灾法》明确提出"国家鼓励单位和个人参加地震灾害保险"，而 2000 年 1 月 28 日，中国保监会在《关于企业财产保险业务不得扩展承保地震风险的通知》（保监发〔2000〕8 号）中明确要求，未经批准，保险公司不得随意扩大保险责任以承保地震风险。

三　有条件开放

2001 年 9 月，保监会《企业财产保险扩展地震责任指导原则》正式实施，有条件地放开财产地震保险的承保，业务范围限于有重大社会影响的大型项目，要求地震险不得以主险方式存在，只能作为附加险承保②。各保险公司也开始对巨灾保险展开探索，推出了一些巨灾保险产品，但受各种条件限制，效果并不明显。

四　开发商业保险产品

2003 年，温家宝同志就保监会提交的《建立我国财产巨灾保险研究报告》作出批示，要求"深入研究巨灾保险方案，加快推进震灾保险体系建设"③。从 2005 年开始，各保险公司先后推出商业性地

---

① 何霖：《美国洪水保险之进程及启示》，《四川文理学院学报》2015 年第 6 期。
② 许均：《我国巨灾保险法律制度研究》，硕士学位论文，华东政法大学，2008 年，第 14 页。《企业财产保险扩展地震责任指导原则》（保监发〔2001〕160 号）：针对关系国计民生或者具有重大社会影响的大型项目，在经报中国保监会批准后，可扩展承保地震保险。
③ 曾文革、张琳：《对我国制定地震保险法的思考》，《云南师范大学学报》（哲学社会科学版）2009 年第 6 期。

震保险产品，但由于保费偏高，且民众保险意识淡薄，投保率极低。

五　探索政策性巨灾保险

2006 年，国务院下发《关于保险业改革发展的若干意见》，提出了"建立国家财政支持的巨灾风险保险体系"的目标①。2007 年 10 月出台的《国家防震减灾规划（2006—2020）》提出，"逐步建立和完善政府投入、地震灾害保险、社会捐助相结合的多渠道灾后恢复重建与救助补偿体制"②。2008 年，继年初南方冰雪灾害之后，"5·12"汶川大地震造成了 8450 亿元的直接经济损失，社会各界对巨灾保险的呼声日渐高涨，修订后的《防震减灾法》提出"国家发展有财政支持的地震灾害保险事业，鼓励单位和个人参加巨灾保险"，保监会也加快了巨灾保险立法的准备工作，并积极支持有条件的地区开展巨灾保险试点。2009—2013 年，保监会先后制定并发布了《巨灾保险数据交换规范（JR/T 0054—2009）》《石油石化行业巨灾保险数据采集规范（JR/T 0080—2013）》。2014 年 8 月，国务院《关于加快发展现代保险服务业的若干意见》（国发〔2014〕29 号），明确提出要"建立巨灾保险制度，研究建立巨灾保险基金、巨灾再保险等制度，逐步形成财政支持下的多层次巨灾风险分散机制"③。

（一）政策性农房保险试点

自 2006 年以来，福建、浙江、贵州等地开始探索实施政策性农房保险。2012 年 12 月 24 日，民政部、财政部、保监会联合下发《关于进一步探索推进农村住房保险工作的通知》，要求"进一步探索推进农村住房保险工作，在农户自主自愿的前提下，逐步扩大农村住房保险的覆盖面，不断提高农村住房风险保障水平"④。到 2015 年底，全国 31 个省、直辖市、自治区均开展了政策性农房保险试点，

---

① 舒迪：《灾后 12 小时内将确保灾民基本生活》，《人民政协报》2011 年 12 月 13 日第 2 版。

② 曾文革、张琳：《对我国制定地震保险法的思考》，《云南师范大学学报》（哲学社会科学版）2009 年第 6 期。

③ 蔡爱明：《"新国十条"提速我国巨灾保险制度建立》，《上海保险》2014 年第 12 期。

④ 付秋实：《农房有了更大更强的"保护伞"》，《金融时报》2013 年 1 月 23 日第 11 版。

广西、西藏、青海、甘肃、宁夏、四川成都、辽宁大连等地先后将地震风险纳入农房保险承保范围。农房保险的实践也彰显了政府重视、政策支持对于巨灾保险发展的重要性。政策性农房保险在全国范围内的成功探索，为我国巨灾保险制度的建立提供了宝贵的经验。

（二）农业巨灾保险试点

2007 年，中央财政政策性农业保险试点建立巨灾风险分保机制，在政府财政支持下，国内部分省份就农业遭受自然巨灾时的损失建立了一些风险分担机制，如设置最高限额、实施比例回调赔付、购买再保险、计提巨灾风险准备金等。2012 年 11 月 12 日，《农业保险条例》公布，自 2013 年 3 月 1 日起正式施行。该条例将农业保险、涉农保险的保险范围界定为"保险标的遭受约定的自然灾害、意外事故、疫病、疾病等保险事故所造成的财产损失"，涵盖了地震、洪水、台风等各类巨灾风险。之后，各地开始探索农业巨灾保险，其中以黑龙江财政巨灾指数保险试点为代表。

（三）政策性巨灾保险试点

2013 年，保监会批复同意云南、深圳开展巨灾保险试点。2014 年 6 月深圳率先破冰，此后，我国巨灾保险试点在宁波、潍坊、云南、四川、广东、厦门、张家口等地陆续展开。2016 年 5 月 11 日，中国保监会、财政部印发《建立城乡居民住宅地震巨灾保险制度实施方案》，2016 年 7 月 1 日，我国城乡居民住宅地震巨灾保险正式销售。2016 年 8 月 31 日，中国保监会印发《中国保险业发展"十三五"规划纲要》，提出在"十三五"期间，将"推动出台《地震巨灾保险条例》，落实《建立城乡居民住宅地震巨灾保险制度实施方案》。研究建立覆盖洪水、台风等多灾因巨灾保险制度。研究建立地震巨灾保险基金，完善中国城乡居民住宅地震巨灾保险共同体运行机制，探索符合我国国情的巨灾指数保险试点，推动巨灾债券的应用，逐步形成财政支持下的多层次巨灾风险分散机制。推动建立核保险巨灾责任准备金制度。研究建立巨灾风险管理数据库"①。

---

① 《中国保监会关于印发〈中国保险业发展"十三五"规划纲要〉的通知》，2016 年 9 月，中国保监会（http://www.circ.gov.cn/web/site0/tab5168/info4042138.htm）。

第二节　我国政策性农房保险实践

政策性农房保险为涉农保险，其保险责任范围除了火灾、爆炸等意外事故，还将洪涝、台风、风雹等自然灾害纳入，并未区分一般性自然灾害和巨型自然灾害，有的试点地区还将地震风险一并纳入，故我国政策性农房保险大多具有巨灾保险的特性，本书在此单列小节评述。

极具中国特色的政策性农房保险肇始于 20 世纪 80 年代，江西、福建、浙江、四川等省开始了农村住房保险的局部试点，但"低保费、高赔率"以及制度不健全等缺漏使之在 20 世纪 90 年代中期就停顿下来。进入 21 世纪，随着党中央国务院对"三农"问题的高度重视，在相关部委的推动下，自 2006 年以来，政策性农房保险试点掀起新一轮热潮。2012 年，全国农房保险保费收入 5.1 亿元，承保农房 6716 万间，提供风险保障 6382 亿元，浙江、福建、广西等地基本实现了全覆盖[①]。2013 年，全国共有 5688 万户参保农户，农房保险保费收入为 6 亿元，农房保险制度不断完善，试点覆盖范围逐步扩大。到 2015 年，农房保险已"覆盖全国所有省市，参保农房 9358 万间，提供风险保障达 1.4 万亿元"[②]。其中，福建、浙江、广东、广西、贵州、西藏等省（市、自治区）实现了全覆盖。

一　我国政策性农房保险实施概况

（一）福建实现农房保险覆盖

1. 省级统保

2006 年，福建省龙岩市率先开启农房保险试点。同年 8 月 22 日，福建省政府出资 3500 万元（首年度由省政府和市县区政府各承担 50%，次年起由省财政全额承担），为全省 663 万户农村住房户投保，

---

① 民政部：《农房保险试点年内全国推开》，《中国保险报》2013 年 2 月 22 日第 2 版。
② 项俊波：《做好新时期保险监管工作实现"十三五"保险业发展的良好开局》，《保险研究》2016 年第 2 期。

实现了全覆盖。保额 5000 元，2008 年调整至 10000 元，由省级财政预算统一安排。

2. 三明扩面

2014 年，三明市为已参加农房保险的 57 万户农户室内财产统一投保。每户保费 1 元，保额 1000 元。

3. 厦门试点

厦门市作为计划单列市，亦于 2006 年 11 月正式启动农村住房统保工作。当年，受资助的农民共有 22.1279 万户，市政府每年为每个农村住户支付 10 元保费，市民政局与人保财险厦门分公司签下 221.279 万元的农村住房统保协议，每户保险金额 1 万元，累计保险金额 22.1279 亿元。2009 年，在首期 3 年的农房统保到期后，厦门市继续对全市 19 万农村住房实行统一保险，每户保额 1.6 万元，保险费为每户每年保费 6 元，由厦门市、区两级财政各按 50% 分担。

从 2013 年开始，厦门市首次将市民自然灾害公众责任保险和农村住房统一保险两项关乎民生的风险保障实行"两险合一"，累计责任限额按每人责任限额 13 万元与上年度全市常住人口数的乘积计算。农村住房统一保险的保险金额为每户 1.6 万元，全市参保农户共 13.2 万余户，总保额达 21.12 亿元①。

4. 福建农房保险新变化

2016 年 9 月，福建农房保险方案修订并实施。保险对象变化：只要被保险人拥有农村户籍，不论其是否长期居住；保险责任增加了突发性地陷；保险额度分为基础保险和叠加保险，基础保险保费 5000 万元，每户最高 1 万元，叠加保险每户保费 12 元，普通农户自缴 3 元，保额叠加至 2.5 万元，低保户和建档立卡贫困户免自缴保费，每户保额 2.5 万元。

(二) 浙江创新农房保险模式

2006 年 9 月，浙江提出在全省推行政策性农村住房保险制度，于当年 11 月正式启动。到"2007 年 4 月 15 日，全省参保率达

---

① 罗建平：《厦门自然灾害公责险与农房险"两险合一"》，《中国保险报》2013 年 2 月 6 日第 2 版。

95.46%，实现基本覆盖"①。

浙江采取"政府组织推动，农户自愿参保，财政资金补助，保险公司经营运作"的模式，"每户最高赔偿 1.8 万元，每间房屋最高偿付 3600 元"②。

从 2012 年起，浙江省苍南县等地区开展农房保险扩面试点工作，即扩大农村住房保险面和保险责任范围。具体内容为：在农村户籍（居住农村）政策性农村住房险保险对象不变的基础上，2012 年扩大保险对象面，将城镇居民住房纳入保险对象；增加保险类别，以自愿参保为原则，增加人员死亡伤残和室内财产保险。其中"低保户"、没有实行集中供养的"五保户"自交保费部分继续由县财政给予全额补助。居住在城镇的居民不享受财政补贴，每户保费 15 元。在参加政策性农村住房保险的基础上，参加人员死亡伤残和室内财产保险的，在保险期间内，因保险房屋遭受自然灾害或意外事故符合政策性农村住房保险合同赔偿约定前提，造成房屋内人员伤亡和室内财产损失，保险公司按照约定负责赔偿。其中，屋内人员死亡伤残每人最高赔偿限额 80000 元（14 周岁以下的未成年人限额 50000 元），医疗费用 10000 元；室内财产每户最高赔偿限额 5000 元。扩面保险每户个人自缴保费 25 元。③ 2013 年，为进一步满足广大农户的参保需求，浙江台州黄岩区农户在参加政策性农房保险前提下，按照自愿自费的原则，还可参加商业性家庭室内财产保险。该保险保费每份 10 元，保额 5000 元，农户可选择一份或多份，以提高家庭财产的保障程度。

从 2013 年 1 月起，在保费不变（各级财政保费补贴不变、农户缴费不变）的前提下，浙江省将政策性农村住房保险金额提高 25%，即每户保险金额从 1.8 万元提高到 2.25 万元，每间最高 3600 元提高到 4500 元。

---

① 汪建军、王铮、葛俊松、仝春建：《浙江政策性农房保险超额完成目标》，《中国保险报》2007 年 5 月 14 日第 3 版。

② 仝春建：《浙江启动政策性农房保险制度》，《中国保险报》2006 年 11 月 20 日第 12 版。

③ 《今年政策性农村住房保险及扩面工作全面开展》，2015 年 3 月，苍南新闻网（http://www.cnxw.com.cn/system/2012/01/12/010939556.shtml）。

在赔付的认定上，实施之初，只对住房倒塌予以赔付，住房受损不赔；之后，按房屋损失程度将理赔标准分为三级，一级赔偿标准1250元/间，二级赔偿标准为2500元/间，三级赔偿标准为4500元/间，在农户房屋全部倒塌情况下，如总间数低于2间（含）的最高赔偿11250元，总间数在3间（含）以上的最高赔偿22500元。

（三）广东省全面试点农房保险

2009年2月26日，广东省政府和人保集团签署《广东省政策性农村住房保险协议》，合作推行农房保险项目。

广东以农户自愿为原则，按市场化运作。基本保额为每户每年10000元。按照不同地区确定差异化保费，由农户和财政共同承担[①]。

按房屋受损程度等级确定赔偿金额。Ⅰ级（一般倒塌或损毁）每间自然间500元；Ⅱ级（较严重倒塌或损毁）每间自然间1000元；Ⅲ级（严重倒塌或损毁）每间自然间2000元赔偿；Ⅲ级倒塌达到2间，赔偿5000元，达到3间以上，按10000元赔偿。

根据广东各地2016—2018年政策性农村住房保险协议，自2016年起，江门、揭阳、肇庆、茂名、韶关等地区农房保险在维持原保费不变的基础上，保险金额由每户1万元提高到每户2万元。珠海市农房保险保额则从3万元/户提高到6万元/户，每年每户保费16.8元，农户自付1元。

（四）广西全面推行农房保险

广西自2007年起在梧州地区和"两属两户"群体间试点农房统保，并于2011年正式在全自治区内推广，提供财政补贴1亿元，成为西部首个实现农房统保的省区。

2015年，广西农房保险出现重大调整：一是将地震风险纳入保险责任范围；二是提高总保费至1.2亿元；三是保额由1.5万元调整为1.8万元；四是在政府统保之外设置了2元（保额3000元）、5元（保额7500元）两个档次供农户自愿选择投保[②]。

---

① 黄穗诚：《保险金额：每户每年10000元》，《广东建设报》2009年4月24日第2版。
② 蒋秋、朱永：《农房政策性保险有四大变化》，《广西日报》2015年6月21日第5版。

（五）西藏推行联办共保模式

2006 年，西藏自治区开始了农业保险工作的探索[1]。2010 年，西藏被纳入中央财政农业保险保费补贴省区，试点工作扩大到了全区所有县市[2]。2011 年西藏又将所有农机纳入保险范围。

西藏涉农保险运行模式最初为"代办模式"，后调整为自治区财政和保险公司按照 7∶3 比例进行联办共保，"由四级财政承担 97% 的保费，农牧民承担 3%"[3]。保费结余转入大灾风险基金专用账户。

西藏农业保险实现了地域全覆盖、责任全覆盖。在 2015 年的方案中，农房保险也由 10000 元/户、11000 元/户统一提高到 12000 元/户；分摊比例从 7∶3 调整到 6∶4。

（六）甘肃首将地震责任纳入

2012 年，甘肃省"舟曲、迭部等 11 个县区启动农房保险，为每户农房提供最高 3 万元的风险保障"[4]。2015 年 10 月，甘肃省首次以省级财政支持兰州、平凉 2 个市开展农房保险试点，定西 1 个市开展农房地震保险，首次将地震责任纳入农房保险试点范围。截至 2015 年 10 月，"甘肃试点地区共 9 个市 28 个区县，赔付率 66.33%"[5]。

（七）湖北两属两户农房保险

自 2008 年以来，湖北省开展了农村"两属两户"政策性农房保险试点工作，"为全省 110 万户'两属两户'（持证的农村军属、烈属和低保户、分散供养的五保户）提供农房保险，保险金额为每户 3000 元，保险费率 3‰，每户保费 9 元。其中：省财政承担 70%，每户 6.3 元；县（市、区）财政承担 30%，每户 2.7 元"[6]。七年来，省、县两级财政累计投入 9425.43 万元为 1047.27 万户次农房办理了

---

① 黄泽敏：《财政扶持西藏政策性涉农保险事业发展》，《中国财经报》2012 年 2 月 9 日第 3 版。

② 同上。

③ 同上。

④ 张小菊：《甘肃 11 县区启动农房保险》，《中国城乡金融报》2013 年 1 月 30 日第 B01 版。

⑤ 《甘肃省首次将地震责任纳入农房保险试点范围》，2016 年 3 月，甘肃新闻网（http://www.gs.chinanews.com/news/2015/11-20/266121.shtml）。

⑥ 《湖北省人民政府办公厅关于做好全省政策性"三农"保险试点工作的通知》，《湖北省人民政府公报》2008 年第 11 期。

保险，保险机构累计为 17139 户农房倒损户提供了 3479.98 万元赔付，户均赔付 2030.45 元，为因灾倒房恢复重建提供了有力的资金支持。由于政府指定被纳入政策性农房保险对象仅限优抚对象、分散供养农村五保户、农村低保户，保险对象面窄，受益对象少。

此外，湖北省先后在宜昌市夷陵区、十堰市郧县开展农房统保试点，夷陵区还拓展到居民人身意外伤害、家庭财产和重大公共交通设施统保。

（八）贵州启动农房灾害保险

2008 年 10 月，贵州省农房保险在黔东南州雷山、台江两县开始试点。试点地区内所确认的有人居住的木质结构和砖混结构房屋均被纳入统保范围。每户农户保费为 10 元，农户仅需交 1 元，县财政支付 9 元，保额为每家农户 4000 元。2013 年，雷山县参保率达 84.83%，有 1400 户农民房屋因灾受损，获赔 87.71 万元。

2014 年，贵州省人民政府印发《关于开展政策性农房灾害保险工作的通知》，要求"从 10 月 1 日起，在全省范围内实施政策性农房灾害保险"[1]。2014 年 10 月 10 日，贵州省民政厅和人保财险贵州分公司签订《贵州省政策性农房灾害保险省级统保协议》，标志着该省政策性农房灾害保险制度正式启动。此次省级统保覆盖全省所有户，省级财政统一出资 3737 万元，共为全省 889.76 万户农房提供 444.88 亿元的保险保障金额（保额），即每户农房可获 5000 元保额。

通知指出，基本保额不得低于 10000 元。分省级和县级（含市级补助）两个统保层次，每个层次为每个农户提供的基本保额均不低于 5000 元[2]。以黔东南州剑河县为例，该县农房投保有农房灾害保险，每户保额共计 3.5 万元，其中由人保财险统一承保省级财政补贴的基本保险、保额 0.5 万元/户，太保产险承保州、县政府补贴的补充保险、保额 3 万元/户。农户自缴保费 10 元/户，各级政府补贴保费 74.2 元/户[3]。

---

① 沈民憨：《贵州实施政策性农房灾害保险》，《中国社会报》2014 年 8 月 12 日第 1 版。
② 《省人民政府办公厅关于开展政策性农房灾害保险工作的通知》，《贵州省人民政府公报》2014 年第 8 期。
③ 李谦：《剑河受灾农房投有保险每户保额 3.5 万元》，《贵州商报》2016 年 2 月 22 日第 2 版。

（九）安徽山区库区农房保险

2014 年，安徽省选择六安、宣城、池州、安庆、黄山 5 市 27 个县（区）先行启动山区库区农房保险试点①。保额为最高 16 万元，保费每户 16 元，由省和市县财政按 4∶6 比例分担②。

2015 年，保险赔偿金额由原 16 万元提升至最高 30 万元，放大了财政资金杠杆作用，责任范围由暴雨、暴雪等进一步拓展为全部雨灾和风灾。2015 年，全省农房保险参保户数 280 万户，直接受益农户 7150 余户，赔款支出 2287.1 万元，比 2014 年全年增加 743.7 万元；户均赔偿约 3198.6 元，比 2014 年全年增加 506.6 元，其中最高赔偿金额达 16.3 万元。

（十）海南全面推行农房保险

2016 年 7 月，海南省保监局发布《2016 年海南省农业保险工作实施方案》，在海口、三亚等 13 个市县全面推行农房保险。

海南省财政厅、民政厅与保监局于 2014 年底在文昌、万宁、澄迈 3 市县农村地区率先开展农房保险试点工作。2015 年台风“鲸鱼”登陆万宁引发灾情后，相关部门积极督促各保险经办机构加快开展灾后查勘理赔工作，并在短时间内发放了第一批农房保险理赔款，社会反响良好。为此，2016 年将农房保险试点范围扩大至全省 13 个市县。

据了解，海南农房保险采用单一费率，砖瓦 0.75‰，钢混 0.375‰。由财政提供 60% 的保费补贴，对于没有实行集中供养的农村五保户，其自负部分由市县财政各补贴 50%③。各市县可自行提高本级财政补贴比例，原则上不能达到 100%。保亭黎族苗族自治县县财政补贴 45%，农户自缴 5%，保额为砖瓦结构 1.5 万元、钢混结构 2 万元。安定县财政补贴 60%，农户自付 40%，但首年由县财政一并支付。

① 详见汪国梁《27 个山区库区县试点农村住房保险》，《安徽日报》2014 年 2 月18 日第 1 版。

② 原定方案是每户 20 元保费、最高赔偿 8 万元保险金。经过投标程序，国元农业保险股份有限公司以每户 16 元保费、最高赔偿 16 万元保险金并附送 2 万元因灾倒房意外死亡或伤残抚慰金的条件中标。

③ 刘操：《备战台风 5 道考题的海南答案》，《海南日报》2015 年 6 月 25 日第 A5 版。

我国农房保险对比表

序号	地区	试点年份	投保方式	保费补贴	最新保额	费率	承保风险	是否覆盖	备注
1	福建（除厦门）	2006	统保	省级财政全额补贴	1万元	单一	地震、核反应除外	是	三明市投保附加室内财产险。
	厦门	2006	统保	市区各50%	1.6万元	单一	地震除外	是	将市民自然灾害公众责任保险和农村住房保险统一保险"两险合一"。
2	安徽	2013	统保	16元，省、市县财政4:6	30万元	单一	地震除外	山区库区	责任范围由暴雨、暴雪等进一步拓展为全部雨雪和风灾。
3	湖北	2008	统保	9元，省（市）、县财政7:3	0.3万元	单一	地震除外	两属两户	在宜昌市夷陵区，十堰市郧县举办农村住房统保试点，夷陵区还拓展到居民人身意外保、家庭财产和重大公共交通设施建保。
4	湖南	2007	统保、自愿	各地差异	各地差异	差异	地震除外	试点	以怀化市为例，辰溪农户自愿缴纳10元的保费，市、县财政按原比例承担30元每户的保费，保额2万元。洪江区从2007年起财政全额补贴，保额1万元。
5	贵州	2008	统保	省、市、县补贴	不低于1万元	差异	地震除外	是	分省级和县级（含市级补助）两个统保层次，每个层次的基本保额均不低于5000元，省级财政补贴保额0.5万元/户，州、县级财政的补充保险保额3万元/户。黔东南州剑河县每个农户保额共计3.5万元，农户自缴保费10元/户，政府补贴保费74.2元/户。

续表

序号	地区	试点年份	投保方式	保费补贴	最新保额	费率	承保风险	是否覆盖	备注
6	江苏	2013	统保	财政全额	各地差异	差异	地震除外	试点	盐城、淮安等5市推出政策性农房保险。无锡则开展了城乡户籍居民住房保险，和自然灾害公众责任保险相似，这两种保费都不超过10元，主要由财政负担；张家港市率先在全省推出以"自然灾害公众责任保险"为主要内容的"民生两险"；无锡扩大民生保险内涵，减轻农民因灾损失。详见《新华日报》2014年5月9日第A08版。
7	甘肃部分	2012	统保	省市县财政补贴	3万元	单一	所有风险	试点	其余地区自愿参保。
8	河南	2013	统保	市财政	10万元	单一	地震除外	试点	—
9	浙江	2006	自愿	一类：15元，农户：省：市：县=5:4:6 二类：10元，农户：省：市：县=3:3:4	2.25万元	差异	地震除外	是	实施之初，只对住房倒塌予以赔付，住房受损不赔，之后，按房屋损失程度将理赔标准分为三级。苍南等地开展扩面试点，将城镇居民住房纳入保险对象，增加人员死亡伤残和室内财产保险。黄岩区农户在参加和室内财产保险前提下，还可参加商业性保险。
10	广东	2009	自愿	具体比例各地确定	1万—2万元	差异	地震除外	是	珠海市农房保额从3万元/户提高到6万元/户，每年每户保费16.8元，农户自付1元。

续表

序号	地区	试点年份	投保方式	保费补贴	最新保额	费率	承保风险	是否覆盖	备注
11	重庆	2013	统保、自愿	各地确定	各地差异	差异	地震除外	试点	黔江：每户保费为人民币10元，农户每年保费10元，其中区财政补贴8元，农户承担2元（如果农户不愿交纳2元自交部分，那么最高赔偿限额为13400元）。保费：每户每年保费10元，其中区财政补贴8元，农户自交部分2元。巴南区：2014年的保险费分为20元、30元两档，其中由农户分10元、20元两档自愿选择投保，保险金额结构因地区和房屋所差别，分别最高为26000元和36000元。被保险的贫困户住房，只要发生自然损坏或倒塌，最高可获6万元赔付。
	四川（除成都）	2011	自愿	差异	差异	差异	地震除外	试点	宣汉南坝混结构保额4万元，砖木结构保额2万元，土木结构保额1.5万元，农户自缴15元，国家补贴10元；泸州保费每年25元，农户自交10元。
12	成都	2014	自愿	财政80%	差异	差异	15种风险		成都市涵盖地震风险及暴雨、洪水、火灾等15种风险，费率由0.03%至0.25%不等，对应每平方米保险金额最低70元，最高600元，户均保额3万～5万元。保费由市级财政承担70%，农户自缴20%，县级财政承担10%，采用"政府＋市场"模式多层次分担风险。当年的投保率不理想，各试点区县最高只有30%。（详见新华网相关新闻）

续表

序号	地区	试点年份	投保方式	保费补贴	最新保额	费率	承保风险	是否覆盖	备注
13	海南	2014	自愿	财政补贴60%	砖瓦1.5万元 钢混2万元	差异	地震除外	是	砖瓦结构保费11.25元，农户负担4.5元；钢混结构保费7.5元，农民负担3元。
14	北京	2013	统保、自愿	差异	5万元	单一	地震除外	试点	昌平区政府为全区18个乡镇8余户农户统一投保了家庭财产保险；50元保费，密云为农户免费投保；门头沟农户自付10元。
15	吉林	2012	统保、自愿	差异	4万元	单一	地震除外	试点	临江市：财政支付；长白县：40元，县、乡镇、农户6:2:2。
16	辽宁	2012	自愿	各地差异	差异	差异	大连含地震，其他无	试点	抚顺市保费为20元，政府补助10元，个人10元，低保户、五保户的参保户，五保户的参保费由政府全额埋单。在政府补助基础上，最高可得到赔偿金3万元（保额2万元）；本溪2014年把城市人农房保险范围。同时，对农村低保户、低保边缘户，分散五保户以及优抚户和灾害易发地区居民的保险费提高到50元，最高保金额从15万元到50万元不等，最高理赔金额可达5万元；大连市缴纳2元保费，政府补贴18元，农户不投保，政府不补贴，保额达到4.2万元；附加1600元附属财产保险及1万元的定额地震保险。

续表

序号	地区	试点年份	投保方式	保费补贴	最新保额	费率	承保风险	是否覆盖	备注
17	河北	2013	自愿	省县农户4:2:2	1万元	单一	地震除外	试点	正常救灾救济和新开辟的农房保险两种救助渠道叠加，倒式救助，一般受灾户可救助3000—10000元，倒房或塌房户最高可得到24000元的救助。
18	陕西	2009	自愿	各地差异	1.2万元	单一	地震除外	试点	宝鸡保费20元，保额12000元，对参保的农村低保户和分散供养五保户，省财政5元，市财政5元，县区财政对五保户补贴10元；汉中农房保险有两种运作模式。一是县民政部门牵头统一办理投保，即农村低保户、分散供养的五保户省级5元，市级5元，县级7元，农户自担7元，对于特殊群体中的困难户，由财政补贴农户自愿参保，五保户，县由各县区各自承保，保费由市县级财政补贴3元，县级财政补贴7元，农户自担10元。
19	青海	2015	自愿	财政补贴60%	3万元	单一	所有风险	是	按照当年保险费收入25%的比例计提巨灾风险准备金，逐年滚存。
20	江西	2012	自愿	一类：省县农户4元 二类：4:3:3 三类：3:2:1	1万元 单间0.2万元	差异	地震除外	试点	赣州市章贡区、全南县等地明确农民缴纳部分由县（市、区）财政兜底；上饶市涉农保险经费中支出，由承保公司从涉农户受惠农村住房保险部分，详见邱明《200余万元受惠农村住房保险》2015年7月23日第A02版。

续表

序号	地区	试点年份	投保方式	保费补贴	最新保额	费率	承保风险	是否覆盖	备注
21	广西	2007	统保+自愿	自治区、县级财政8:2，农户10元	1.8万元 单间0.3万元	单一	所有风险	是	设置了两个档次的保费标准供农户自愿选择投保，第一档每户投保2元，房屋因灾损坏赔付最高赔付金额增加3000元，每间最高赔付500元；第二档每户投保5元，房屋因灾损坏赔付额外增加7500元，每间最高赔付额持续发力服1250元。详见《广西金融时报》、《农村金融时报》等黄福强"三农"2016年7月4日第B06版。
22	西藏	2006	自愿	财政补贴97%	1.2万元	单一	所有风险	是	联办共保模式，逐渐商业化。
23	云南	2006	三模式并存	各地差异	0.5万-1万元	差异	火灾及其他，地震除外	是	一是政府和农户按一定的比例出资共同承保；二是政府全保，自付全额投保；三是农户自行出资投保。农户根据自身实际。
24	宁夏	2014	自愿	无补贴，商业化运作	土木：1万-2.5万元 其他：1.5万-3.5万元	差异	所有风险	是	坚持农户自愿的原则，实行"政府推动、商业保险公司经营"的模式，按照以木结构居住为主的房屋，保户每年缴纳55元的保费，一旦住房发生倒塌，可获得最高1万元至2.5万元的保障，其他结构每年缴纳77元保障，每间房最高可获得3000元赔偿；以土木结构为主的农房，可依据房屋质量不同，其他结构3000元至5000元赔偿。详见《宁夏将以最高3000元至5000元启动农村住房保险工作 坚持自愿原则》，2014年11月，新华网宁夏频道。

二 我国政策性农房保险运作模式

纵观我国政策性农房保险运作模式，大致可以分为五类。

（一）福建模式

该模式有以下几个特点：其一，保费由财政全额承担（福建试点之初由省、市县分担，后由省级财政全额承担）；其二，由省民政厅与承办的保险公司统一签订统保协议，以各县为单位统一投保。目前，安徽、湖北、湖南、甘肃①、云南、江苏、北京等省市部分地区农房保险采用该模式。其中，安徽、湖北两地较为特殊，安徽只针对山区库区农房统一投保，湖北仅对"两属两户"开展农房统保工作。

统保模式解决了覆盖面和承保面的问题。在全省范围或是全县范围内由民政部门统一投保，以某地域为单位出具一张保单，既解决了农户分散、承保手续烦琐的问题，又避免了分散投保导致投保率不足、承保公司风险增大的难题，极大地调动了保险公司的承保积极性。保险公司积极参与灾后救济，减轻了政府救灾压力，而多地采用政府采购模式，多家保险公司积极参与竞争，既有利于服务水平的提高，又在一定程度上提高了保费使用效率。政府通过财政支出承担所有保费，免除了农户的经济负担，又为其家庭财产提供了保障，深受农民的欢迎。

在实践中，统保模式也暴露出一些弊端。一是政府财政压力加大，尤其是经济欠发达且灾害高发地区，保费必然偏高，全额承担保费对地方财政而言压力不小。二是保额偏低，由于财政统保往往只提供最低水平的保险额度，如湖北3000元，云南5000元，福建10000元，保障力度偏低。三是民众保险意识淡薄，由于农户未出钱购买，加之宣传力度欠缺，很多农户对农房保险不甚了解，受灾后未能及时报案。

（二）浙江模式

该模式有以下几个特点：其一，充分尊重民众意愿，实行自愿参

---

① 2012年，甘肃省舟曲、迭部、两当、文县4个县实现了全县农房统一投保。2013年，在定西市、武威市、张掖市、甘南藏族自治州的8个县区实现农房统保。其余地区均由农户承担部分保费。

保；其二，保费由财政补贴部分，农户承担部分；其三，市场化运作，明确保险人"单独建账、独立核算、以丰补歉、自负盈亏"。目前，广东、贵州、四川、海南等地农房保险采用该模式。

"政府补助推动，农户自愿参保"的浙江模式，也为2012年民政部、财政部、保监会《关于进一步探索推进农村住房保险工作的通知》所肯定。该模式充分尊重了农户意愿，而且通过各级财政补贴保费，农户自付比例较小（目前自负比例最高的为50%，最低的为3%），也在很大程度上激发了农户参保积极性，保险意识有所增强。费率厘定方面，大多根据地区经济发展水平、灾害风险差异、农房建筑差异等采用差别费率，保险额度也有所区别，体现了保费负担与风险一致性的原则，更具科学性。

其弊端在于：保险公司承保、理赔工作量较大，手续较为烦琐；受经济水平和保险意识影响，投保率会有所波动，进而加大保险人经营风险。

（三）广西模式

由福建模式发展而来。该模式有以下几个特点：其一，财政统保；其二，鼓励农户自愿参保，广西设置了两个档次的保费标准供农户自愿选择，2元增加3000元保额，5元增加7500元保额。与广西试点相似的是重庆黔江试点，每户最高赔偿限额为16700元，每户每年保费为人民币10元，其中区财政补贴8元、农户承担2元（如果农户不愿交纳2元自交部分，那么最高赔偿限额为13400元）。

该模式充分体现了"财政支持＋鼓励参与"的原则，既通过财政统保保证了政策性农房保险的覆盖率，又通过鼓励自愿参保来激发民众参与意识，增强其保险意识，为逐渐市场化奠定基础。

（四）西藏模式

由浙江模式发展而来。该模式有以下几个特点：其一，农户自愿参保，只需交纳极少的保费；其二，"联办共保"。四川成都农房地震保险也采取了"政府＋市场"模式多层次分担风险，"赔付小于或等于保费的1.5倍时，由保险公司承担赔付；超出1.5倍但不足2.5

倍的赔付，则由保险公司和成都市财政各承担50%"①。

该模式体现了责任共担原则，由于西藏、成都两地农房保险的承保风险都涵盖了地震在内的多种风险，政府参与风险分担，缓解了保险公司的压力，减轻了其风险，更大程度上接近了巨灾保险制度。

（五）宁夏模式

宁夏模式坚持农户自愿原则，实行"政府推动、商业保险公司经营"的模式，暂未提供财政补贴。目前，云南部分地区农房火灾保险，陕西宝鸡、汉中部分地区，辽宁鞍山等地农房保险试点采用"无财政补贴、农户自愿投保"模式。

该模式采取完全商业化模式，民众参与积极性不高。未来仍需各级政府财政提供保费补贴，以刺激民众投保热情。

三　政策性农房保险与巨灾保险

（一）政策性农房保险之特点

1. 农房保险之不可或缺性

在我国灾害风险管理体系中，农房保险作为灾害风险转移手段之一，随着各地试点的不断铺开，其效能逐渐凸显，已经成为我国农村灾害救济的重要手段之一，与之相配套的农房改建、危房改造工程更是让农房保险如虎添翼。

农房保险主要针对农村住房及农业生产用房。实践中，一些地区尝试将保险范围扩大，如附加室内保险等，浙江苍南更是将城镇居民住房纳入保险对象，并增加人员死亡伤残和室内财产保险。但总的来说，目前我国政策性农房保险仍以住房为主要保险标的。这既是因为我国农村居民住房大多修建在山地或河畔，老的民居以土木结构、木结构、竹结构、砖瓦结构为主，较新的民居以砖混、砌体等混合结构为主、少量采用钢筋混凝土结构，抵御自然灾害和意外事故，尤其是巨灾的能力较弱，加之我国又是自然灾害多发国家，绝大多数地区处于自然灾害频发区域，因灾致农房大面积损毁、倒塌时有发生。从民政部发布的相关数据来看，2013年，"国家扶贫开发工作重点县累计

---

① 《成都三农民营银行呼之欲出》，《领导决策信息》2015年第36期。

遭受 3700 余次自然灾害影响，造成的倒塌房屋和严重损坏房屋间数占全国总损失 4 成以上"①。与之相对应的则是我国政策性农房保险规模的逐步扩大，从 2006 开始试点至今，农房保险已经为广大农村居民提供了重要的财产保障，灾后积极开展理赔工作，与民政救济一道，成为受灾民众的重要保护伞。到 2015 年，农房保险已覆盖全国所有省市，参保农房 9358 万间，提供风险保障达 1.4 万亿元。以湖北省为例，自 2008 年开展试点以来，七年间保险机构累计为 17139 户农房倒损户提供了 3479.98 万元赔付，户均赔付 2030.45 元。

2. 农房保险之基础保障性

之所以称之为基础保障性，主要是基于以下几点：承保风险广泛性、覆盖区域全面性、保险金额基础性。

承保风险广泛性。现有之政策性农房保险虽因各地实施方案之差异，在责任范围上有所差别，但基本上涵盖了绝大多数自然风险如暴雨、洪水、台风、泥石流，绝大多数社会风险如火灾、爆炸、空中坠物、飞行物等意外，仅将部分自然风险如地震、部分社会风险如核事故等予以排除。政策面，国家鼓励将地震风险纳入保险范围；实践中，广西、西藏、青海、宁夏、成都等地已经将地震风险纳入政策性农房保险承保范围。可以预见的是，随着政府财政投入的不断加大、民众保险意识的增强、农房保险投保率的上升、巨灾偿付能力的提高，越来越多的地区会将农房保险的承保风险逐渐扩展到全方位，所有巨灾风险都将纳入承保范围。

覆盖区域全面性。2006 年，全国 24 个省市开始试点政策性农房保险，其中福建、浙江、广东、广西、西藏等地先后实现全覆盖。2015 年，农房保险已覆盖全国所有省市。当然，目前绝大多数省市农房保险还处于试点阶段，尚未在全辖区内推广，要真正实现全国范围内农村住房全覆盖，尚需时日。此外，由于各地政策差异，受益人群也各有不同。绝大多数农房保险试点地区保险标的为辖区内农村住房，但一些地方受财力限制，仅针对部分对象开展政策性农房保险工

---

① 《2013 年各类自然灾害造成全国 1851 人死亡》，2016 年 7 月，新华网（http：//news. xinhuanet. com/local/2014 - 01/06/c_ 118848961. htm）。

作,如湖北省"两属两户"政策性农房保险试点,仅为持证的农村军属、烈属和低保户、分散供养的五保户提供农房保险;安徽省山区库区农村住房保险试点,仅对山区库区农房提供政策性保险。尽管上述两省农房保险均由财政埋单,被保险人无须出资,但单一的试点模式、狭窄的受益范围,无疑在客观上造成试点工作的停滞不前,也有损政策性农房保险的公平性。在以后的农房保险推广过程中,尤其是"农房保险保费补贴纳入中央财政补贴范围"实现后,受益范围或将扩展到所有的农村住房。

保险金额基础性。所谓基础性,指的是保额较低,只能提供基础性保障。目前政策性农房保险的保额普遍不高,最低的湖北为 3000 元,普通的为 1 万—2 万元,较高的为 3 万、5 万、10 万元,最高的安徽为 30 万元。保额偏低是基于农房保险的政策性。目前绝大多数省市均由省、市、县三级财政对农房保险保费予以补贴,少部分地区如福建、安徽、湖北由财政埋单予以统保。受到当地财政投入的限制,政府只能选择较低的保额来实现更大面积的保险覆盖,有限的保费对应的是偏低的保险金额。要解决保额较低的问题,既要靠政府的大力支持,如加大保费补贴和财税支持力度,又要靠农村经济发展水平与民众保险意识的提升。离开财政的保费补贴,农民的参保积极性不高,农房保险的功效很难发挥;而仅靠财政补贴大部分保费,政府财力受限,必然影响保险金额,过低的赔偿金额对于农房再建也是杯水车薪。因此,目前的政策性农房保险只能给农户提供最基础性的保障,更高更多的需求暂时只能通过保费较高的商业保险予以满足。当然,随着政府财政投入的增加、农民收入的提高、保险意识的增强,农房保险的保险金额将逐渐提高到恰当水平。

3. 农房保险之政府主导性

我国农房保险之所以称为政策性农房保险,正是基于其政府主导性。主要体现在以下几个方面:

其一,政府出面推动。农房保险的重新启动,主要是基于我国惯有的以民政救济为主的灾害救济所暴露出的一些问题以及国内外灾后救济中保险功能的凸显。随着国家层面对"三农"问题的日益重视和财政投入的不断加大,农房保险拥有了较好的重生环境。农房保险源于政策性农业保险,频发的灾害风险、落后的农村经济、欠发达的保险市场、传统的政府救济，决定了我国农房保险必须由政府从上而下地推动。尤其是农户分而散，房屋价值不高导致保额小、保费低，农村居民保险意识淡薄，商业保险公司也不愿意投入太多人力、物力去开拓农村财产保险市场（他们将精力更多地投放到人身保险业务上）。因此，由政府予以干预实属必然。同时，政府出面宣传，通过政府公信力保证了农房保险的影响力和信誉度。仅凭民众自主了解和保险公司的宣传，很难让保险这一风险保障手段深入农村，深入民心，让人放心。因此，农房保险的宣传，只能以政府为主、保险公司为辅，从上而下地进行全方位的广泛宣传，以增强农民保险意识，逐步提升农房保险投保率。而福建、湖北等地采用的统保模式，更是通过政府采购方式，刺激保险公司参与热情，通过竞争确定承保公司，以有限的保费尽可能提供更优质的服务。

其二，政府财政支持。政策性农房保险离不开各级政府的财政支持。这既体现在保费补贴上，又体现在风险分担上。

目前，各地保费补贴分为两部分：一是对特殊人群的保费补贴，如湖北为"两属两户"全额购买农房保险、安徽为山区库区农户购买农房保险；除开福建、广西等地全省统保，由财政全额补贴保费之外，其余各地均在特殊人群（如农村低保户和没有实行集中供养的五保户）的保费补贴上予以倾斜，基本实现财政全额补助①。贵州省鼓励农户自愿增保，对散居五保户、特困户增保保费给予补助。二是对普通农户的比例补贴。从保费补贴上看，如果仅仅依靠农民自己出钱购买保险，在当前经济发展水平和民众保险意识的双重压制下，保险在农村灾害救济中承担重任还很遥远。以宁夏为例，2014年宁夏在全区范围内开展农房保险工作，农户自愿购买，到当年11月，全区仅有690户农村家庭投保。同样是自愿参保，浙江省2006年11月正式启动，到2007年4月，全省共有979.18万户农户参保，保费收入1.14亿元，参保率达95.46%。如此明显的差距，虽然有着两地经济发展水平的差距影响，但也与两地提供补贴与否有莫大关系。宁夏财政未提供保费补贴，由农户全额购买，实质上属于商业保险范畴，故

---

① 基于辖区内经济发展水平较高，海南只对未集中供养的农村五保户予以全额补助。

民众参与积极性不高；浙江由财政资金提供补助，一类风险区财政补助 2/3，二类风险区财政补助 70%，故民众参与热情较高。除开福建等由财政全额承担的地区来看，政府财政补贴比例越高，当地农房保险参保率就越高，西藏农户个人仅仅承担 3% 的保费，所以轻而易举地实现了全区全覆盖。2015 年 8 月 19 日，民政部新闻发言人陈日发在民政部第三季度例行新闻发布会上表示，将"进一步完善农村住房保险制度，争取将农房保险保费补贴纳入中央财政农业保险保费补贴范围"①。

从风险分担来看，各地政府也不同程度地参与到风险分担中去，主要是巨灾风险分担。西藏采取了联办共保模式，政府建立大灾风险基金，基金仍不足以赔偿时，由保险公司与政府按比例筹资赔付。四川成都农房保险试点采用"政府＋市场"模式多层次分担风险。从现有模式及未来发展趋势看，为实现农房保险的可持续发展，财政支持建立大灾风险准备金或巨灾风险基金，政府参与到风险分担机制中来，以应对巨灾风险，实属必然。

其三，政策法规支持。这既体现在国家自上而下对农房保险的重视，以制度来明确各级政府的组织推动与财政投入，通过积极的财税政策来鼓励农房保险的发展；又体现在通过立法来为农房保险保驾护航。如在已有的《农业保险条例》、即将出台的《巨灾保险法》等法规中对农房保险相关制度予以明确。

（二）政策性农房保险与巨灾保险之比较②

1. 相似性

（1）保障民生。两者都是通过保险手段来有效分散灾害损失，保障民众基本生活，维护社会经济秩序，同时减轻政府财政负担，提高其风险管理水平。2012 年《关于进一步探索推进农村住房保险工作的通知》明确指出，"农村住房保险工作是一项民生工程、惠民工程，做好农村住房保险工作，是贯彻落实中央关于保障和改善民生决

---

① 宫伟瑶：《农房保险争取纳入农险保费补贴范围》，《中国保险报》2015 年 8 月 20 日第 1 版。

② 何霖：《我国农房保险与巨灾保险衔接问题研究》，《西北农林科技大学学报》（社会科学版）2017 年第 4 期。

策的重要举措"①，也就是说，保障民生是农房保险工作的首要目标，各省在出台方案和实际操作中也充分体现了保障民生这一基本原则。而巨灾保险同样是帮助民众提高灾害风险抵御能力，灾后迅速启动赔付程序，保障民众基本生活需要。《建立城乡居民住宅地震巨灾保险制度实施方案》中明确提出，城乡居民住宅地震巨灾保险制度应坚持"政府推动、市场运作、保障民生"的原则："满足人民群众的基本保障需求，充分扩大保障覆盖人群，有效降低保障成本。"②

（2）政府主导。如前所述，政策性农房保险是由政府主导开展的。这既体现在政府组织推动、财政支持，又体现在制度建设、监督管理上。2012 年《关于进一步探索推进农村住房保险工作的通知》提出："要充分发挥各级政府的引导和组织推动作用，有条件的地方可通过财政保险费补贴等手段引导和鼓励农户参保，加强制度建设，强化监督检查，为农村住房保险创造良好的发展环境。"③ 而巨灾保险，尤其是我国巨灾保险的政府主导性也是不容置疑的。"巨灾保险制度由政府主导建立，政府将巨灾保险事业纳入国民经济和社会发展规划，给予必要的经费支持，通过优惠政策支持巨灾保险事业，加强宣传、引导，保证巨灾保险的覆盖面，并参与责任分担，对巨灾保险实施全面监督、管理和控制"④，这在我国巨灾保险地方试点中得以充分展现，试点地政府在试点中均较好地发挥了主导作用。《建立城乡居民住宅地震巨灾保险制度实施方案》提出，要"更好地发挥政府的作用，为地震巨灾保险制度的建立和稳定运行营造良好的制度环境、法律环境和政策环境。筹划顶层设计，制定地震巨灾保险制度框架体系，研究相关立法，制定支持政策"⑤。

---

① 张兰：《三部门联合推进农村住房保险工作》，《金融时报》2013 年 1 月 15 日第 1 版。

② 《保监会财政部印发〈建立城乡居民住宅地震巨灾保险制度实施方案〉》，《应急管理》2016 年第 5 期。

③ 张兰：《三部门联合推进农村住房保险工作》，《金融时报》2013 年 1 月 15 日第 1 版。

④ 何霖：《我国巨灾保险立法研究》，西南财经大学出版社 2014 年版，第 133 页。

⑤ 《保监会财政部印发〈建立城乡居民住宅地震巨灾保险制度实施方案〉》，《应急管理》2016 年第 5 期。

（3）市场运行。是指商业保险公司负责农房保险与巨灾保险的具体经营活动，销售农房、巨灾保险，负责理赔，并承担基本保险之外的投保人的更多保险需求。2012 年《关于进一步探索推进农村住房保险工作的通知》提出：要充分发挥市场配置资源的基础性作用，以保险公司的市场化经营为依托，确保保险公司的独立正常运营①；《建立城乡居民住宅地震巨灾保险制度实施方案》也提出，发挥商业保险公司在风险管理、专业技术、服务能力和营业网点等方面的优势，为地震巨灾保险提供承保理赔服务②。实践中，我国 44 家商业财产保险公司（成立之初为 45 家，后为 44 家）组建的地震保险共同体，在城乡居民住宅地震巨灾保险制度的筹备阶段做了大量工作，并作为保险人负责城乡居民住宅地震巨灾保险的承保、理赔。

（4）以住房为标的。农房保险原则上以被保险人自有的、用于日常生活居住的房屋为标的。政策性巨灾保险也多以居民住宅为保险标的。在我国，以住宅建筑为主的家庭财产是民众灾后生活的基本保障，也是受灾民众必需的生活资源。每次巨灾之后，国家都投入巨资，作为受灾民众受损住房维修、重建的专项补贴。为此，我国农房保险与城乡居民住宅地震巨灾保险都将保险标的限于家庭财产，尤其是居民住宅。

（5）保额有限。农房保险与城乡居民住宅地震巨灾保险作为政策性保险，具有一定特殊性，其基于"低保障、广覆盖"的实施原则，往往保费较低且有财政贴补，如果以住房的市场价格作为保险金额和保险价值的确定标准，未免有失社会公益性，保险公司也难以接受。尤其是房地产市场价格失真的当下，倘若以购置价格或是市场价格为标准，很难由保险价值的确定来体现巨灾保险的政策性、基本保障性。因此，农房保险和巨灾保险的保险金额都具有一定的有限性。目前各地农房保险保额多在 2 万元左右；深圳巨灾保险试点财险保额 2 万元，宁波 2000元，潍坊 6 万元，四川农村住房 2 万元、城镇住房 5 万元；城乡居民住

---

① 张兰：《三部门联合推进农村住房保险工作》，《金融时报》2013 年 1 月 15 日第 1版。

② 《保监会财政部印发〈建立城乡居民住宅地震巨灾保险制度实施方案〉》，《应急管理》2016 年第 5 期。

宅地震巨灾保险基本保额设计为农村住房2万元、城镇住房5万元。

2. 差异性

（1）受益对象。政策性农房保险以农村住房为保险标的，其主要受益对象为拥有农村住宅且常住之农村居民，一些地区（如浙江省苍南县）试点中将保障对象扩展到城镇居民住宅，但属个案，目前仍以"保农村住房"为主流；巨灾保险受益对象则无农村、城镇居民之分，只要是符合条件的，都纳入保险范围，都可以投保并受益。实践中，大理巨灾保险试点较为特殊，仅以农房为标的。

（2）承保风险。农房保险涵盖多种风险，2012年《关于进一步探索推进农村住房保险工作的通知》明确了政策性农房保险不仅针对自然灾害，还包括社会风险，如火灾、爆炸等意外事故。但总的来说，农房保险主要针对中小灾害进行救助和补偿。巨灾保险一般只针对自然灾害风险，而且是损失巨大的自然灾害，如地震、台风、火山、洪涝等。根据承保风险种类，巨灾保险可以分为单一风险的巨灾保险，如地震保险、洪水保险，我国云南农房地震保险试点、四川地震保险试点均为单一风险；综合风险的巨灾保险，保险范围涵盖多种巨灾风险，如法国巨灾保险制度，我国深圳、宁波、潍坊巨灾保险试点均采用综合性巨灾风险。我国城乡居民住宅地震巨灾保险承保风险为地震灾害这一单项风险，其实质是以地震巨灾保险为缺口，实现我国巨灾保险制度的突破。

（3）保险金额。农房保险一般以间为计损、赔付单位，再设置单个保险合同的最高额度，赔付时严格按照损毁程度确定赔偿金额，无免赔额。如浙江省农房保险，每户保险金额2.25万元，每间最高4500元，如果全毁，能获得2.25万元的保险赔付。而巨灾保险往往设置有给付限额，既有免赔额，又有保险限额，往往还设置有单次灾害总额限制。也就是说，巨灾保险设置有一定比例的免赔额，单一保单保险金额限额，以及单次巨灾赔付总额限额。这也是基于巨灾损失的巨大性和不可预计性，在巨灾保险制度设计中，必须贯彻风险控制原则。

另外，农房保险保险金额相对较低。如前文所述，各地农房保险保险金额在2万元左右的居多，保额较高的地区相对较少，目前以安徽山区库区农房保险保额 30 万元为最。这既是受政府财力限制，也与农村住房本身价值不太高有关。城乡居民住宅地震巨灾保险的保险金额同样受到限制，但较之农房保险更为灵活，尤其是城镇住宅本身价值较高，重置成本也相对较高，所以往往比农房保险的保险金额要高一些。潍坊民生综合保险中家庭财产保险保额为 6 万—7.5 万元。2016 年 7 月 1 日正式发售的城乡居民住宅地震巨灾保险产品，农村基本保额 2 万元，城镇基本保额 5 万元。在此基础上，投保人可根据自身住宅建筑结构，选择更高的保险金额。目前，最高保额为：钢结构、混合结构 100 万元；砖木结构 10 万元；其他结构（如土坯）6 万元。

（4）费率厘定。从现有实践来看，我国农房保险在费率确定上依各地实际而有不同选择。统保模式的基本上选择单一费率，自愿及其他模式的基本采用差别费率。巨灾保险亦是根据实践地实际情况而确定费率，与保险模式的联系并不紧密。目前美国、日本、土耳其等采用差别费率，其余国家和地区采用单一费率。我国巨灾保险试点中深圳、宁波、潍坊、大理为单一费率；四川、广东、黑龙江为差别费率；城乡居民住宅地震巨灾保险采用差别费率，年保险费 = 保险金额 × 年基准费率 × 区域调整因子 × 建筑结构调整因子。

（5）保险方式。一般而言，农房保险主要采取自愿参保模式。福建等地采用统保模式，是基于政府财政全额支付，农户没有支付一分钱，所以只是被动享受政府提供的福利，而未承担出资义务，本质上并未违反自愿原则。浙江等地采用自愿参保模式，相关政策也明确了"要充分尊重农户意愿，确保农户参保的自主选择权、知情权和自主投保权"。而巨灾保险又不尽相同。理论上，由于巨灾风险的巨大及保险公司承担风险的脆弱性，要求巨灾保险必须有较高的投保率和覆盖面，才能尽可能地分散风险，确保巨灾保险制度的健康、稳定发展。因此，巨灾保险往往带有一定的强制性。实践中，深圳、宁波、潍坊、大理、广东、黑龙江等地巨灾保险试点借鉴福建农房保险模式，采取政府统保的方式；四川地震保险试点则采取自愿投保模式；我国城乡居民住宅地震巨灾保险制度暂采用自愿投保模式。

（6）风险转移。农房保险采用市场化运作模式，故以承保的保险公司为核心，由其负责承保、理赔以及风险分散工作，这也是基于为农房保险的风险能够通过再保险等市场运作方式予以分散和化解，只有在遇到大灾巨灾时才需要动用大灾风险基金。而巨灾保险由于风险巨大，一般商业保险公司很难承担，所以往往会采取多种途径进行风险转移，通过成立巨灾保险基金之类的核心机构的方式加以运作。目前城乡居民住宅地震巨灾保险制度风险转移机制尚未完全明确，暂以共同体、再保险、巨灾专项准备金为主要途径。

（7）责任分担。政策性农房保险制度中，赔付责任主要由承保机构承担，政府一般负责组织、宣传，提供财政支持、如保费补贴等，较少参与风险承担，目前仅有西藏、成都两地政府在农房保险试点中不同程度地参与了风险承担工作；巨灾保险则由于风险巨大，政府除了政策引导、财税支持外，还必须参与到责任分担中来，如财政支持巨灾保险基金、建立财政专项巨灾风险准备金、负责巨灾保险的兜底赔付，等等。因此，在巨灾保险制度中，政府的参与力度往往更大。如在四川地震住房保险试点和我国城乡居民住宅地震巨灾保险制度中，政府作为兜底责任人，将由财政支持为巨灾保险赔付提供最终层次的保额外赔付。

（三）政策性农房保险之方向

1. 农房保险或将扩大到所有居民住房

作为惠民工程，农房保险目前还是以农村住房为主要标的。这既是因为我国农村住房建筑结构受限，抵御灾害能力较弱；也是由于大多数农村居民收入不高，重建房屋经济压力较大；另外也受到国家财力的限制。事实上，在城镇居民住房中，一些建筑修建时间较长，尤其是 20 世纪 90 年代之前修建的房屋，很多也只是砖混结构或者砌体结构，抗震、抗涝能力较弱，遇到大灾，尤其是巨灾时也极易倒塌。因此，在地方政府财政压力得到缓解的基础上，尤其是农房保险保费补贴被纳入中央财政农业保险保费补贴支出之后，农房保险的保险标的能否从单纯的农村住房向城镇住房扩展？能否先一步将年久待修的农房纳入，进而将所有住房纳入保险范围？浙江省作为试点先锋，前有苍南农房保险扩面扩责尝试，后有宁波镇海区实施的城镇居民住房综合保险，均为我们提供了宝贵经验。2015 年 6 月 9 日，在贵阳召开的农房灾害保险工作推进座谈会上，民政部救灾司司长庞陈敏指出要"把农房灾害保险范围从农村居民住房扩展到城乡居民住房"，让我们有了更为广阔的想象空间。

2. 农房保险或将涵盖所有巨灾风险

目前我国农房保险实践中，除西藏、广西、青海、甘肃、宁夏、成都、大连涵盖地震风险，其余地方均将地震排除在保险责任之外。而我国是世界上地震活动最为活跃的国家之一，地震造成的损失，当居各类巨灾之首位。当前很多地方政策性农房保险将地震风险予以排除，也是因为地震一旦发生，农房大面积损毁，赔付压力极大。然而，这并不是政策性农房保险将地震风险拒之门外的充分理由。既然是民生工程，怎能忽视威胁最大、损失最大的灾害呢? 从政策层面来看，早在 2012 年《关于进一步探索推进农村住房保险工作的通知》中，民政部就提出要逐渐将地震风险纳入。因此，在农房保险的发展过程中，随着政府财政投入的增加，巨灾风险准备金等风险分散机制的建立和完善，地震风险必将被纳入农房保险的责任范围，也就是说，农房保险终将涵盖所有自然灾害风险。

3. 农房保险或将实现全财政埋单

目前，除青海外，其余各地农房保险均由财政投入给予保费补贴，福建、湖北、安徽等地更是由财政全额支付，广西财政每年拿出1.2 亿元购买农房保险。事实上，财政补贴比例越高的地区，投保率就越高，保费由财政全额负担的更是达到100%。因此，我们认为，广西模式或许是未来我国政策性农房保险的发展方向，即由财政支付基础保额部分的保费，鼓励民众自愿购买商业保险来增加保额，以满足更高的保险需求。当下，很多地方在灾害救济中采取的是农房保险赔付与民政救济并行的方式，那么，我们能否考虑取消民政救济，将这部分资金投放到农房保险补贴中去，逐渐实现保费由财政大比例补贴甚至全额补贴，真正实现农房保险全面覆盖，投保率百分百? 同时又通过投保率的提高进一步分散灾害风险，逐步提高保险金额，使得这一部分财政支出救灾效率最优化? 事实上，这既实现了农房保险的覆盖面、受益面最大化，最大限度地分散了风险; 又通过基础保额的限制对财政支出进行了控制，提高了民众的保险意识，激发了民众的投保意愿和热情，壮大了保险市场；也充分践行了 2012 年《关于进一步探索推进农村住房保险工作的通知》的相关精神，即"在推动农村住房保险的同时，鼓励农户自愿缴费增加保障金额……获得更加全面的风险保障"。

（四）政策性农房保险与巨灾保险之衔接

1. 农房保险与巨灾保险试点并行

当前，农房保险和巨灾保险均处于试点探索阶段，各省（自治区、直辖市）结合当地实际，采取了灵活多样的方式方法开展农房保险工作；巨灾保险则在深圳、宁波、潍坊、云南、四川等地开展试点，刚刚推出的城乡居民住宅地震巨灾保险制度，也仅仅是我国在《地震巨灾保险条例》出台前于全国范围内对巨灾保险的探索实践。应该说，基于现实需求和政策的持续性，在一段时期内，政策性农房保险和以城乡居民住宅地震巨灾保险为代表的巨灾保险两项制度作为我国灾害风险管理体系中的重要组成部分，将同时存在。

2. 农房保险与巨灾保险可能出现的问题

（1）功能重叠。同为政策性保险，同以住宅为保险标的，尤其是农房保险将保险责任和保险标的扩展，将地震风险和城镇居民住宅纳入保险范围之后，农房保险（应改称"政策性住房保险"）由于责任范围涵盖了一般性自然灾害及社会风险，远远超过了巨灾保险的责任范围，再加之各级财政的保费补贴，保费处于较低水平，其竞争力将远超以城乡居民住宅地震巨灾保险为代表的巨灾保险产品。

（2）财政压力。除了中央财政支持外，地方财政在大力发展农房保险的同时，又要在国家政策法规的要求下，支持城乡居民住宅地震巨灾保险的发展，地方政府如何加以平衡，又或重此轻彼？既要支持农房保险应对大灾巨灾风险的能力，支持建立大灾巨灾风险准备金，又要参与巨灾保险风险承担体系，如何缓解自身财政压力？怎样才能保证有限的财政资金用到刀刃上，实现资金应用效率最大化？

（3）民众选择。都由政府补贴保费，都以低保费保障民生，对于投保人，尤其是经济收入不高的农村居民而言，应该怎么选择产品？是选择农房保险还是选择巨灾保险？如果该地区农房保险未涵盖地震风险，选择农房保险意味着即便买了保险，地震来了，房屋损毁了，仍然不符合理赔标准，拿不到赔款；选择巨灾保险产品，尤其是目前上市的城乡居民住宅地震巨灾保险为单一风险产品，那么在遭遇其他巨灾、一般性自然灾害或者火灾、爆炸等意外事故导致房屋损毁时，也无法获得赔付。若既购买农房保险，又购买巨灾保险，对于原本保险意识就较弱的民众而言，经济压力加大，投保程序烦琐，最终投保率也难免打折。

3. 农房保险与巨灾保险之衔接

农房保险与巨灾保险的并行阶段，其实质就是消弭冲突、有效衔接并最终实现并轨的缓冲过程。从现有制度安排来看，政策性农房保险、巨灾保险地方试点、城乡居民住宅地震巨灾保险将逐步实现并轨，统一纳入以扩责后的城乡居民住宅地震巨灾保险为代表的巨灾保险体系中来。

（1）农房保险与城乡居民住宅地震巨灾保险衔接之必然。

其一，政策性农房保险仅为过渡性制度安排。

我们认为，农房保险制度与巨灾保险制度终将衔接并融合，甚至可以说，农房保险制度，只是我国在巨灾保险立法尚未完成、巨灾保险制度刚刚启动、社会保障体系尚未健全的当下，为应对灾害所造成的损失，保障基本民生所采用的过渡性制度，最终还是将纳入综合性巨灾保险制度中来。

其二，二者功能设置的互补性。

政策性农房保险制度的初衷是为了"弥补当前减灾救灾体系中对一些中小灾害的受灾群众进行救助和补偿的缺项"，主要针对中小灾害损失，所以实践中绝大多数省份将地震等破坏性较强、损失可能性大的巨灾风险予以排除；而巨灾保险则主要针对地震等巨型自然灾害风险，对受灾民众予以补偿和提供基本保障。二者在此具有一定的互补性。

其三，国家政策法规的积极引导。

2015年6月，在贵阳召开的农房灾害保险工作推进座谈会上，民政部救灾司司长庞陈敏提出，要"抓住国务院要求出台巨灾保险制度的契机，进一步推进农房灾害保险工作……把农房灾害保险范围从农村居民住房扩展到城乡居民住房"①。《建立城乡居民住宅地震巨灾保险制度实施方案》也明确提出，在《地震巨灾保险条例》出台前，地方政府应将现有农房保险、巨灾保险试点的保障范围扩大至地震风险，实现政策性农房保险、巨灾保险试点与城乡居民住宅地震巨灾保险的有效衔接。也就是说，现行的农房保险试点、巨灾保险地方试点都将逐步与城乡居民住宅地震巨灾保险并轨，纳入巨灾保险制度。政策性农房保险与城乡居民住宅地震巨灾保险的衔接为其发展之必然。

（2）农房保险与城乡居民住宅地震巨灾保险衔接之路径。

其一，成立专门的管理机构负责巨灾保险的管理工作。目前政策性农房保险在国家层面上主要由民政部牵头，保监会、财政部等部门参与，地方民政、财政、保险监督管理等部门负责具体的管理监督工作，管理体制较为杂乱；而城乡居民住宅地震巨灾保险是由"保监会、财政部牵头设立领导小组，具体负责推进"。要完成衔接和并轨，统一的、专门的管理机构必不可少。

其二，政策性农房保险扩面扩责，城乡居民住宅地震巨灾保险扩责。政策性农房保险保障对象要从现有的农村住房扩展到城乡居民住房，并将地震风险纳入责任范围；城乡居民住宅地震巨灾保险也要逐步将台风、洪水等其他灾害纳入责任范围，两者在保险范围方面实现有效衔接。

其三，政策性农房保险提高保险额度，城乡居民住宅地震巨灾保险落实保费补贴。目前农房保险受多方面因素影响，保额相对偏低，在逐步调整政府统保模式并增加中央、地方财政投入的情况下，保险额度尚有提升空间；而城乡居民住宅地震巨灾保险的保费补贴目前还是一纸空文，有待落实。

其四，妥善解决现有农房保险、巨灾保险试点中人身险的问题。不仅部分农房保险试点中扩展至人身意外险，巨灾保险地方试点中深圳、宁波、潍坊、大理试点人身保险还占有较大比重。因此，这既是

---

① 徐璨：《坚持问题导向，进一步推进完善农房灾害保险制度——民政部救灾司司长庞陈敏就农房灾害保险制度答记者问》，《中国减灾》2015 年第 7 期。

农房保险与城乡居民住宅地震巨灾保险衔接需要解决的问题，也是巨灾保险地方试点与城乡居民住宅地震巨灾保险并轨所必须解决的问题。

由此可以设想，不久的将来，在我国建立起综合性巨灾保险制度，巨灾保险涵盖所有巨灾风险的前提下，能否将扩面扩责后的农房保险保费予以财政全额支付并纳入巨灾保险制度，将之作为巨灾保险的基础保障部分？

也就是说，在该项巨灾保险制度设计中，首先需要满足两个条件，一是农房保险扩面扩责，涵盖城乡居民住宅，囊括地震等所有巨灾风险，并由政府财政全额补贴保费，使之在真正意义上覆盖全国，惠及全民；二是巨灾保险产品涵盖多种巨灾风险，是综合性巨灾保险而非单一风险巨灾保险如地震保险。

在此基础上，将农房保险并入巨灾保险制度，让财政资金全额补贴保费的城乡居民住房保险（涵盖自然灾害和意外事故）为全国范围内的民众提供最基本的保障，较低费率的第二档次的巨灾保险（仅仅针对巨灾风险，涵盖财产险和人身意外险），有一定的保费补贴且由民众自愿投保，较高费率的第三档次的财产、人身商业保险（保险责任同第一档次，包括自然灾害和意外事故）则由投保人自主选择，无保费补贴。这或许可以成为未来我国巨灾保险制度的选择之一。

第三节　我国政策性巨灾保险实践

我国最早开展巨灾保险实践的是台湾地区，于 2002 年正式启动区域性住宅地震保险制度，为我国巨灾保险法律制度提供了有益参考。自 2008 年以来，保监会加快了巨灾保险立法的准备工作，并积极支持有条件的地区开展巨灾保险试点。党的十八届三中全会决议《中共中央关于全面深化改革若干重大问题的决定》明确提出"完善保险经济补偿机制，建立巨灾保险制度"。从 2014 年 6 月起，我国巨灾保险试点在深圳、宁波、潍坊、大理、四川、广东、黑龙江、厦门、张家口等地陆续展开。2016 年 5 月 11 日，中国保监会、财政部印发《建立城乡居民住宅地震巨灾保险制度实施方案》（保监发

〔2016〕39 号），我国城乡居民住宅地震巨灾保险制度正式实施。

一　深圳巨灾保险试点

（一）试点概况

2013 年，保监会同意深圳开展巨灾保险试点。11 月，深圳保监局首次披露《深圳市巨灾保险方案》的部分内容。12 月 30 日，《深圳市巨灾保险方案》经深圳市政府常务会议审议并原则通过。按照该方案，该市巨灾保险制度由政府巨灾救助保险（政府出资购买）、巨灾基金（财政资金建立）、个人巨灾保险（居民自愿购买）三部分组成①；保障的对象为出险时处于深圳区域内的所有人口，实现全覆盖②；"包括地震、台风等巨灾，以及自然灾害引发的核事故风险"③。

2014 年 6 月 1 日，深圳巨灾保险试点正式实施。

2014 年 7 月 9 日，深圳市政府召开新闻发布会正式对外公布该试点内容。

2016 年 3 月，深圳市民政局与中国人寿财险深圳分公司、华泰财险深圳分公司、中国太平洋财险深圳分公司签订了新一期巨灾保险协议，启动了新一期巨灾保险。

（二）制度设计

1. 保障对象

深圳范围内所有自然人。2016 年增加了承保区域内的所有住房。

2. 承保风险

"15 种常见自然灾害及其引发的核事故风险。"④ 2016 年保障范围扩大到这些自然灾害引发的次生灾害和核事故风险所造成的人身伤亡、残疾救助、身故救助及政府启动核应急程序所产生的风险。

---

① 曾炎鑫：《全国首个巨灾保险制度在深出炉》，《证券时报》2014 年 1 月 2 日第 14 版。

② 胡佩霞：《来深出差旅游务工均可享受巨灾保险》，《深圳商报》2014 年 1 月 2 日第 2 版。

③ 李画：《巨灾保险制度率先在深圳建立》，《中国保险报》2014 年 1 月 6 日第 1 版。

④ 亦波：《趟出新路探经验——我国各地巨灾保险试点工作初显成效》，《中国减灾》2016 年第 13 期；石兴：《深圳巨灾保险试点启示》，《21 世纪经济报道》2014 年 10 月 13 日第 31 版。

3. 赔偿范围

初期由人身伤亡救助和核应急转移救助两部分构成。2016 年有所扩展，增加了住房损失补偿后则由三部分构成：一是人身伤亡救助，保险范围内的 15 种灾害造成人身伤亡的医疗费用、残疾救助金、身故救助金及其他相关费用；在基本责任列明的自然灾害中，抢险救灾和见义勇为人员的伤亡赔偿也在保障范围。二是核应急救助。三是住房损失补偿，相关自然灾害导致承保区域内的住房全部或部分倒塌，或出现危及正常使用的房屋建筑或构建物结构安全隐患的，保险人负责赔偿。

4. 保费

保费 3600 万元，由深圳市政府出资。

5. 保额限额

初期："总限额 25 亿元，每人每次人身伤亡救助最高 10 万元，每次灾害赔付限额 20 亿元"①；另有核应急救助费用每户每次最高为 2500 元，每次总限额 5 亿元。2016 年增加住房损失补偿，每户每次限额 2 万元，每次总限额 2 亿元，则总限额增加到 27 亿元。

6. 巨灾基金

"巨灾基金由深圳市政府拨付一定资金建立，主要用于承担在政府巨灾救助保险赔付限额之上的赔付。且巨灾基金具有开放性，可广泛吸收企业、个人等社会捐助。深圳市政府首期注资 3000 万元。"②

7. 运作模式

政府购买，商业保险公司市场化运作。

8. 制度建设

目前仅有《深圳市巨灾保险方案》，尚未出台相关法规对巨灾保险予以规制。

（三）简要评价

1. 所取得的经验

（1）深圳市首开我国政策性巨灾保险试点之先河，率先探索利用

① 李画：《巨灾保险制度率先在深圳建立》，《中国保险报》2014 年 1 月 6 日第 1 版。
② 同上。

金融手段完善灾害救助体系，提升城市安全保障能力，保障民众生命财产安全，缓解政府财政资金的救灾压力，实现了政策性巨灾保险产品从规划到落地的关键一步，在我国巨灾保险发展史上具有重要的历史意义。

（2）深圳巨灾保险试点避开较为复杂的住房巨灾保险，转而实施操作难度较小的人身伤亡救助，覆盖灾害发生时所有身处深圳的民众，具有全面覆盖性。

（3）深圳巨灾保险承保风险中，既有台风、洪水、地震等巨灾风险，也有一般性自然灾害风险，还包括这些自然灾害所引发的核事故风险，2016 年更是将上述自然灾害的次生灾害纳入，具有广泛性特征。

（4）深圳巨灾保险探索"政府统保 + 商业保险"的分层保障模式，政府统保主要针对人身伤害保险，商业保险则由投保人自行购买，主要针对财产保险。但在 2016 年的政府统保中增加了住房损害保险，既是与其他各地巨灾保险试点的相互借鉴，又是与城乡居民住宅地震巨灾保险制度的初步衔接。

（5）深圳巨灾保险探索财政支持建立巨灾基金，吸纳企业、个人等社会捐助，以承担商业保险公司赔付限额之外的赔付。

（6）建立了理赔预付制度、防灾防损制度、定期报告制度，并加强灾害数据平台建设。

2. 凸显的不足

（1）法规缺失。正如石兴所言："深圳作为拥有立法权的特区，既没有制定巨灾意外医疗保险法规，也没有制定相应制度，这是令人颇为遗憾的一点。"① 作为一项耗资不小、持续性投入的惠民工程，仅仅依靠一个保险方案，恐怕还力有未逮，尤其是巨灾保险体系复杂，涉及多方面，亟须出台相关法规予以规制。

（2）政府全额承担保费模式推广意义不大。深圳经济发达，财政资金富足，因此，每年拿出几千万为民众购买巨灾险不算大事。但对

---

① 石兴：《深圳巨灾保险试点启示》，《21 世纪经济报道》2014 年 10 月 13 日第 31 版。

于我国绝大部分地区，尤其是中西部地区而言，巨灾保险仅仅依靠政府埋单，走福利模式，尤其是灾害高频、经济欠发达地区，灾害频发意味着保费较高，地方政府财政压力太大，因而不太具有可操作性。就算是深圳，也秉承着"广覆盖、低保障"的原则，保额并不高，人身伤亡赔付最高 10 万元，住房损害最高 2 万元，相对于深圳的高房价而言，可谓杯水车薪。所谓试点，即在全国范围内推行巨灾保险制度之前，先选择条件较为成熟、有代表性的地区进行探索和试验，为全面推广提供经验教训。如果试点成果推广意义不大，那么也就很难说试点是成功的。

（3）民众投保积极性不高。由政府购买公共服务，财政支付保费，所带来的必然是民众的过度依赖心理。在试点前，人们依赖政府的民政救济，试点后，人们还是依赖于政府购买的巨灾保险救济以及民政救济。正因为如此，有了作为福利的免费保险垫底，民众就更加缺少自费购买商业巨灾险的积极性了。

（4）风险分担机制单一。深圳巨灾保险采取的是保险公司赔付＋巨灾基金的分担模式。由于购买的是纯商业保险，保额内的赔付责任由保险公司单独承担。单次巨灾赔付总限额为 27 亿元，每年保费收入 3600 万元，这当中还包括经营成本等日常性开支，巨灾一旦发生，尤其是赔付额上亿甚至几十亿时，保险公司如何承担？就算当年咬牙赔付，之后得多少年的保费收入来填这个窟窿？保险人会不会因此退出巨灾保险市场？而深圳市政府推动设立的巨灾基金，除了之初投入的 3000 万元，有没有后续投入？如何吸纳企业和个人的社会捐助？基金的管理谁负责？谁监管？如果缺少固定的持续性资金注入，仅仅几千万元的巨灾基金，如何能在已经突破 27 亿元总限额的情况下真正发挥救助功效？怎样做到有法可依、有规可循？这都是我们尚不清楚的地方，也是深圳试点值得我们期待的领域。

（5）尽管试点方案中提及商业巨灾保险，但目前尚未有保险公司正式推出此类保险产品，与政策性巨灾保险相配套。

3. 评价

深圳巨灾保险试点从保险标的看，主要针对人身保险，住房保险为新增且保额较低；缺乏共保体系，风险抵御能力较差；保费由政府全额支出，民众缺乏积极性，且可推广性不高；如果将其分拆为人身保险和财产保险，我们完全可以认为这仅仅是扩展了地震风险、核事故风险的普通保险，而保额2万元的住房保险更是基本等同于当前全国各地开展的农房保险，可谓农房保险"城市版"。因此，从某种意义上讲，深圳巨灾保险试点不太符合一般意义上的巨灾保险诸要件，我们很难将之视为真正意义上的巨灾保险。

尽管存在诸多局限，但是作为我国政策性巨灾保险试点之先锋，深圳巨灾保险试点仍然为我国巨灾保险制度提供了极为可贵的经验，极具研究价值。

二　宁波巨灾保险试点

（一）试点概况

2014年3月，"保监会批复浙江宁波市为首批巨灾保险试点地区"[①]。

2014年7月，宁波获批成为全国首个"会省市共建"保险创新综合示范区。7月31日，《宁波市巨灾保险试点工作方案》经审议通过。

2014年10月30日，《巨灾保险试点工作的实施意见》经宁波市政府常务会议审议通过，并于11月6日印发。

2014年11月6日，宁波市巨灾保险制度正式落地。到2016年初，共发生理赔案件近14万起，赔款约8000万元。特别是2015年的"灿鸿"和"杜鹃"台风，共"有13.6万户居民家庭获得了7790万元的赔款"[②]。宁波首期巨灾保险，承保机构人保财险宁波分公司亏损6000多万元。

2016年，宁波公共巨灾保险保费增加，保险范围有所扩展。

2016年6月4日，宁波镇海区政府斥资204万元，为当地部分民众购买了全国首例城镇居民住房综合险。其中，住房保险每平方米最

---

① 杨益波：《"宁波版"巨灾保险制度落地》，《中国经济时报》2014年11月15日第7版。

② 亦波：《趟出新路探经验——我国各地巨灾保险试点工作初显成效》，《中国减灾》2016年第13期。

高限额 0.25 万元，临时安置费每次最高 180 天、每天每平方米 1 元，总保额 93.45 亿元；公众责任险每人限额 50 万元，总限额 4000 万元，受惠面占户籍人口四成以上。

2016 年 7 月，宁波获得国务院批复，成为全国首个国家级保险创新综合试验区。

（二）制度设计

1. 基本原则

政府主导、市场运作，广泛覆盖，分层保障，统筹规划，循序渐进。

2. 承保风险

"台风、强热带风暴、龙卷风、暴雨、洪水和雷击（雷击仅针对人身伤亡）自然灾害及其引起的突发性滑坡、泥石流、水库溃坝、漏电和化工装置爆炸、泄漏等次生灾害。"[1] 2016 年增加火灾、爆炸、群体性踩踏、恶性案件等重大公共安全事件风险。

3. 保障对象

灾害发生时处于"宁波范围内所有人口的人身伤亡抚恤，以及常住居民的家庭财产损失救助"[2]。

4. 运作模式

政府推动，市场运作。民政部门作为市政府委托的投保人和被保险人，牵头组织实施巨灾保险制度，协调政策资金，督促工作开展，并对巨灾保险基金进行管理；商业保险公司负责经营理赔。同时，鼓励民众购买商业巨灾保险。

5. 赔偿范围

上述自然灾害及其次生灾害造成的居民人身伤亡及家庭财产损失，突发重大公共安全事件造成的人身伤亡。人身伤亡抚恤：承保风险导致死亡、残疾抚恤费用以及伤亡发生后政府救助垫付的医疗费用。家庭财产损失：居民住宅因灾进水超过 20 厘米，房屋倒塌一间以上或屋顶被掀 1/2 以上。

---

[1] 亦波：《趟出新路探经验——我国各地巨灾保险试点工作初显成效》，《中国减灾》2016 年第 13 期。

[2] 张森：《建立民生保险制度 提升灾害救助能力》，《中国减灾》2016 年第 13 期。

6. 保险额度

人身伤亡：最高 10 万元的抚恤，见义勇为人员再增加 10 万元，总限额 3 亿元。财产损失：年度累计最高 2000 元，财险总限额 3 亿元，进水水位线在 20 厘米至 50 厘米之间，赔偿 500 元；进水水位线在 50 厘米至 100 厘米之间，赔偿 1000 元；进水水位线超过 100 厘米的，赔偿 2000 元。2016 年新增重大公共安全事件，"在无法找到责任人或责任人无力赔偿情况下，保险机构给予受害人每人最高 10 万元的人身伤亡救助"[①]，该项总限额 1 亿元，整个巨灾保险共计 7 亿元的总限额。

7. 保费承担

首期保费 3800 万元，2016 年增加到 5700 万元。保费由宁波财政承担。

8. 保障体系

类同于深圳试点：政府统保的公共巨灾保险 + 财政注资的巨灾保险基金 + 自愿购买的商业巨灾保险。

9. 责任分担

与深圳试点大致相同，商业保险公司承担保额内风险 + 巨灾保险基金承担保额外赔付。巨灾保险基金优先补偿人身伤亡抚恤的超额部分，如果仍然无法满足的情况下，将启动回调机制，进行比例赔付。保险人主要通过再保险等方式分散风险。宁波市财政首期注入 500 万元启动资金成立巨灾保险基金，2016 年再次注入 100 万元。

（三）简要评价

1. 所取得的经验

（1）多种尝试与创新。宁波继深圳之后开展巨灾保险试点，且成效斐然，首年度理赔近 8000 万元，既为受灾民众提供了更多的救助，又在一定程度上缓解了财政压力。同时，宁波积极开展保险创新工作，先后探索城镇居民住房综合保险、海塘巨灾险、公路运营巨灾险试点等多种险种。

（2）承保风险扩展，由自然灾害领域扩展到重大公共安全风险。

（3）应急机制的健全和完善。建立起效率极高、较为完善的应急、救灾、理赔机制，搭建了政府、保险机构与基层组织共同参与的

---

① 《巨灾保险：建公共救助新体系》，《宁波经济》2016 年第 9 期。

救灾减灾体系。

（4）对灾害中见义勇为行为的补偿和奖励。见义勇为人员在普通保额10万元基础上再增加最高10万元的赔付，计入3亿元的人身伤害总保额。

（5）明确了保险人巨灾风险专项准备金的提取和使用。保费"扣除成本以及预定利润后，盈余部分全额计提巨灾风险专项准备金，专户管理，长期滚存。当巨灾保险产品综合成本率超过100%时，可以使用巨灾风险专项准备金，用于支付巨灾赔款"[1]。

2. 凸显的不足

（1）宁波巨灾保险与深圳较为相似的是，更偏重于人身伤害赔偿，轻财产损害填补。尽管试点伊始涵盖财险，但保险金额偏小，每户最高2000元。

（2）政府购买，财政埋单。与深圳试点类似，也存在如何调动居民自愿购买商业巨灾保险积极性的问题。

（3）承保风险。尽管扩展到公共安全领域，但考虑到财政资金压力，未将地震等巨灾风险纳入。

（4）法规不健全，相关配套政策迟缓。目前仅有《试点工作方案》，未见相关法规政策出台。宁波巨灾保险试点中，政府除了承担保费、出资建立并逐年充实巨灾保险基金外，税收减免等优惠政策尚未实施。

（5）风险分散机制不健全。仅在宁波地区实施，缺乏区域性巨灾分散体系，首年承保人出现6000多万元的经营亏损，这是地方试点在缺乏有效风险分散机制下所不可避免的。仅仅依靠承保的商业保险机构通过再保险等方式分散风险，力有未逮，效果不佳，如果连续受灾，如何保证商业保险机构继续留在场内？

三 潍坊民生综合保险试点[2]

（一）试点概况

2014年，潍坊市在政府工作报告中提出将"实施民生综合保险

---

① 杨益波：《"宁波版"巨灾保险制度落地》，《中国经济时报》2014年11月15日第7版。

② 详见《潍坊市民生综合保险方案详情》，2016年3月，潍坊民生综合保险网（http://www.wfmsbx.com/content_ 32. html）。

工程试点，三年内覆盖全市城乡居民"①。2015 年 6 月底，潍坊市寿光市和昌乐县正式启动民生综合保险试点。2015 年 10 月潍坊市民政局、财政局联合发布了《潍坊市民生综合保险实施方案（试行）》。从 2016 年 7 月 1 日起，民生综合保险在全市范围内实施。寿光、昌乐试点 1 年间，累计赔付金额 440 万元。

（二）制度设计

1. 基本原则

制度设计的基本原则为：政府主导，市场运作，广泛覆盖，全面保障。

2. 保险范围

保险范围包括"绝大部分自然灾害；家庭火灾、爆炸等事故灾害；意外伤害造成的居民人身伤亡及家庭财产损失"②。还包含政府无责救助、旱灾饮水保障和在本行政区域内参加抢险救灾人员在抢险救灾过程中造成的人身伤害。首次将地震风险、饮水保障、法律费用纳入责任范围。公众险：伤亡、医疗、无责救助、饮水保障、法律费用。财产险：房屋及室内财产、施救费用、瓦片损失。

3. 保障对象

保障对象为灾害发生时处于潍坊市行政区域范围内所有人口的人身伤亡抚恤，以及潍坊市行政区域内常住居民的家庭财产损失救助。

4. 运作模式

运作模式为政府主导，市场运作。即民政部门作为市政府委托的投保人，（公众责任险被保险人为民政局，家财险被保险人为常住居民）牵头组织实施民生综合保险制度，协调政策资金，督促工作开展；保险人为：人保财险、人寿财保险、平安财险、中华联合财险 4 家保险公司组成共保体，人保财险为首席承保人，负责经营理赔。

5. 保险额度

人身伤亡每人 12 万元，累计 2 亿元；饮水保障限额 3600 万元；政

---

① 《潍坊市民生综合险实施细则日前出台 明年全覆盖》，2016 年 6 月，齐鲁网（http://weifang.iqilu.com/wfminsheng/2015/1107/2596423.shtml）。

② 亦波：《趟出新路探经验——我国各地巨灾保险试点工作初显成效》，《中国减灾》2016 年第 13 期。另可见《潍坊市民生综合保险方案详情》，2016 年 3 月，潍坊民生综合保险网（http://www.wfmsbx.com/content_32.html）。

府无责救助，每次事故最高 300 万元，累计限额 2000 万元；法律费用，每人限额 0.6 万元；家庭住房损失救助，每户 6 万—7.8 万元，累计赔偿限额 2 亿元，施救费用最高为实际赔偿金额的 20%，雹灾、风灾导致屋面瓦片损失每间房屋最高 0.1 万元，"累计不超过 0.5 万元"①。

6. 保费承担

政府出资为全体居民统一购买，保费标准为每人每年 2 元、每户每年 2 元，年保费额为 2413.8 万元。

7. 责任分担

多层责任分担体系。

（二）简要评价

潍坊民生综合险试点从内容、形式上均与深圳、宁波试点相接近，均包含有人身险和家财险，并增加有一些新的内容。从保险金额来看，住房损失险保额远远高于深圳、宁波、大理、四川试点，多层责任分担体系也较为科学合理。

四　云南农房地震保险试点

（一）试点概况

云南省是我国地震最多、震灾最重的省份之一，且 50% 以上的农房为土木结构，抗灾能力较弱。2013 年 7 月，云南省保监局向保监会上报试点计划，同年 8 月 15 日，保监会批复同意云南开展试点。

2013 年 9 月，云南省确定在楚雄地区开展农房地震险试点工作。2014 年 2 月，楚雄地震保险方案出台，但受区域经济社会发展水平限制，围绕着保险价格高低、政府财政兜底、保费负担分层、服务资源整合、保险理赔时效、保险意识培育六大问题，各方意见难以统一，楚雄方案最终搁浅。2014 年 8 月，"大理州政府主动联系诚泰财险，会商开展地震保险事宜"②。2014 年 11 月 12 日，各方就大理州农房地震保险方案达成一致。

---

① 详见《潍坊市民生综合保险方案详情》，2016 年 3 月，潍坊民生综合保险网（http://www.wfmsbx.com/content_ 32. html）。

② 江帆、姚进：《云南启动我国首个地震保险试点》，《经济日报》2015 年 9 月 18 日第 14 版。

2015 年 6 月 30 日，经云南省政府批准，云南省民政厅、财政厅、住建厅、地震局、保监局联文印发《云南省大理州政策性农房地震保险试点方案》，"2015 年 8 月 20 日正式启动"①。

2015 年 10 月 30 日，云南保山发生 5.1 级地震，波及大理永平县，造成居民住房损失 4480 余万元。11 月 17 日，诚泰保险公司将 753.76 万元理赔款全额转入大理州民政局指定赔款账户，完成了云南地震保险试点的首次赔付。

2016 年 5 月 18 日，云南省大理州云龙县发生 5.0 级地震。共保体于 5 月 23 日将 2800 万元赔款转入大理州民政局指定赔款账户。不到 10 个月时间，保险业已完成赔付 3553.76 万元。

2017 年 3 月 27 日，大理漾濞先后发生三次 4.3 级以上地震。3 月 28 日 15 时，在地震发生 32 小时内，地震保险共同体完成了所有流程，支付赔款 2800 万元。至此，云南大理地震保险试点 3 年，保险业完成赔付 6353.76 万元。

目前，从大理试点情况来看，作为民政救助的有力补充，地震巨灾险最高可以将民房灾后重建补助标准由目前平均每户 3.8 万元提高至 5.8 万元。

（二）制度设计

1. 基本原则

制度设计基本原则为政府引导、市场运作、统筹兼顾、先行先试。

2. 运作模式

运作模式为"政府灾害救助 + 政策性保险 + 商业保险"。

3. 承保风险

单一风险——地震。大理州境内和周边发生的 5.0 级及以上地震风险。

4. 保障对象

地震灾害受损最严重的农房和生命作为重点保障对象。即农村房

---

① 江帆、姚进：《云南启动我国首个地震保险试点》，《经济日报》2015 年 9 月 18 日第 14 版。

屋地震保险和城乡居民地震意外保险，覆盖所辖农户和所有城乡居民。①

5. 保费承担

全年保费 3215 万元，户均 39 元。按照省 60%、州 16%、县 24% 由三级财政承担。

6. 投保与理赔

由大理州民政局统一办理投保和理赔，试点期限暂定 3 年。"一旦发生地震，保险公司将在州民政局提交索赔材料后的 5 个工作日内，将赔款划到民政局的指定账户中，在完成查勘、核灾及公示后，民政局将具体负责赔款到户。"②

7. 风险分散

组建地震保险共同体，引入再保险机制，计提地震风险准备金。

8. 保险额度

农房赔付标准（指数保险）依据震级确定，从 2800 万元到 42000 万元；居民保险赔偿限额每人死亡赔偿限额 10 万元，累计限额 8000 万元/年。昌宁理赔到户标准为：房屋重建 1.4 万元/户，修复 0.2 万元/户。

9. 理赔程序

地震灾害发生后，启动应急预案，现场即时查勘，灾评确定损失，保险公司理赔，保险赔款公示，赔款支付到户，理赔工作回访。农户赔款的支付分为三部分：工程开工支付 20%，进度完成 80% 时再支付 60%，工程竣工支付 20%。

（三）简要评价

1. 所取得的经验

（1）我国大陆地区首个单独以地震为承保风险的政策性巨灾保险试点。我国地震保险当以台湾地区为首，深圳、宁波两地试点均属综合性巨灾保险，云南巨灾保险试点则开我国大陆地区地震巨灾保险之

---

① 董树勋：《大理州成为全国首个政策性农房地震保险试点》，《大理日报（汉）》2015 年 8 月 28 日第 1 版。

② 江帆、姚进：《云南启动我国首个地震保险试点》，《经济日报》2015 年 9 月 18 日第 14 版。

先河。

（2）与其他地方试点不同，大理试点在财险方面采用的是指数保险，即农村房屋保险根据地震震级触发相应赔偿。人身保险方面，只针对死亡予以赔偿。

（3）风险分散方式较为广泛。除了诚泰财险、人保财险、平安财险、大地财险、中华联合 5 家公司组建共保体外，还采用了再保险及地震风险准备金提取等方式将风险予以分散。

（4）杠杆倍数高。保费较低，财政资金的杠杆放大倍数最高达到 15.6 倍。

（5）指数保险有利于保险人的理赔。依据震级进行赔付，减轻了保险人的勘查成本，减少农户对损失程度、赔偿金额的争议，也简化了理赔程序，提高了救灾效率。

2. 凸显的不足

（1）只针对农村住房予以承保，未将城镇居民住房纳入。这既是考虑到农房抗震能力差、农村居民抗风险能力较弱，也是出于财政压力的考量。但是，人为地将农村与城镇分割开来，势必造成利益失衡和实质上的不公平。

（2）杠杆倍数高也带来了运营风险。大理试点的前 10 个月里，仅仅两次地震就已赔付 3553.76 万元，当年保费为 3215 万元。也就是说，保费收入加上再保险赔付，除去运营成本，保险人堪保本，如在保险期限内再次发生地震，保险人必然亏损。

（3）指数保险有利有弊。对于被保险人而言，有可能出现地震震级较低而损失较大的情形，根据指标赔付则赔付较少，与实际损失相差甚远；对于保险人来说，同样会面临赔款多但实际损失较少的风险。

3. 云南试点的反思

（1）楚雄方案缘何失败。据媒体报道，围绕着保险价格高低、政府财政兜底、保费负担分层、服务资源整合、保险理赔时效、保险意识培育六大问题，各方意见难以统一，楚雄方案最终搁浅。保费负担方面，按照最初的方案，保费由政府全额负担，后决定政府财政承担 80%，农户承担 20%——每人每年 20 元，这导致保费收取难度较大，试点工作迟迟未进入实施阶段。保险价格方面，政府觉得财险费率高，财政压力大；而保险公司认为地震风险巨大，较低的费率难以覆盖。保险公司希望保额定在 1 万元，当地政府希望保额为 2 万元。事实上，如不设置单次风险最高限额，保险公司抗风险能力偏弱。以楚雄试点受保的 50 万户农户为例，每户保险金为 2 万元，保险公司在一次巨灾中的承保金额就可以达到 100 亿元。基于经营风险，低保费必然导致低保额，保费越高，保额才有可能越高，尤其是在地震高发地区开展巨灾保险业务，保险公司必须考虑经营风险，至少也得"保本微利"。因此，分歧在所难免。

再来看大理试点方案。首先，所有保费由财政负担，农户无须支付，这既避免了农户保费收取的难题，又保证了试点的覆盖面——全覆盖。其次，大理试点分为人身伤亡救助与财产损失救助两部分，人身伤亡救助暂且不谈，财产保险采取的是指数保险方式，即根据地震震级触发相应赔偿，而非根据标的物实际受损查勘情况定损赔付，也就避开了保险机构与政府在保额上出现的分歧。而从实际赔付来看，房屋严重受损需要重建的，赔付金额为 1.4 万元/户，约为民政救助金额的 1/3，此额度也在楚雄试点方案保额争议双方设定的 2 万元与 1 万元之间，保险机构和当地政府在各自让步中达成了一致。再次，从保额上看，楚雄试点方案中保费约 5000 万元，保额以 2 万/户计可达 100 亿元；大理试点方案保费为 3215 万元，最高限额 5 亿元，既实现了财政资金的能效放大，又让承保机构的风险趋于可控。最后，从保费金额来看，楚雄试点方案设定保费为 100 元/户，尽管财政只承担 80%，但对于楚雄政府而言，压力偏大；而大理试点方案最后确定保费为 32 元/户，即使财政全额支付，也远远低于楚雄试点方案中政府所承担的财政压力。因此，尽管楚雄试点方案的设计更为科学合理，但在以财政压力为首的多种因素影响下，不得不搁浅；而大理试点方案避开难点和争议，最终匆匆上马，却和深圳、宁波试点一样，因保费由财政全额补贴而缺乏可推广性。

（2）单风险巨灾保险的利与弊。与深圳、宁波试点不同，云南农房地震保险试点采用了单风险保险模式，即只承保地震及其次生灾害风险。这既是因为单风险巨灾保险更易操作，也是因为云南地震多发，导致农房损毁严重。应该说，单风险巨灾保险在政策性巨灾保险前期探索和运行中，是极具优势和可操作性的，能够有效解决我国灾情复杂、各地巨灾存在差异的问题。但从另一方面来看，单风险巨灾保险同样存在一些弊端，其适用空间较小。同时，各地区针对本地巨灾风险状况，实施不同风险种类的巨灾保险，势必影响各种巨灾保险的总体投保率与覆盖面，进而影响该项巨灾保险的风险转移，加大保险人的风险。

（3）地震巨灾保险与农房保险的并存。如上一节所述，在相当长一段时期内，政策性农房保险和政策性巨灾保险两项制度都将同时存在。以云南大理为例，原有政策性农房保险享受财政保费补贴，承保风险排除地震，而政府购买的农房地震保险则补上了这一缺口，让大理州农房得到完全保障。从这一点看，地震巨灾保险与政策性农房保险实现了功能互补。但我们也必须看到，与楚雄试点所不同的，也正是大理试点得以顺利开展的一个关键性因素——保费由财政支付，农户无须缴纳。两项政策性保险试点均由政府主导，且有政府提供财政补贴，那么，有没有必要分设两种政策性保险制度？两者能否合一？

（4）政府购买巨灾保险的利与弊。一方面，政府购买巨灾保险有助于纳入灾害救助预算的财政资金的效能扩大化，利用市场机制充分发挥资金的杠杆功效，尤其是在巨灾多发、频发地区更是如此。而在巨灾风险较弱的地方，政府财政支持巨灾保险的积极性则要大打折扣。对于民众而言，政府全额购买巨灾保险，则是享受了政策红利，受灾时民政救助加上保险赔付，灾后重建家园的经济压力进一步得以减轻。另一方面，动用财政资金为民众购买巨灾保险对于民众参与保险的积极性的调动和保险意识的培育，无疑具有消极影响。这使得民众更加依赖于政府的灾害救助，没有巨灾保险的时候有民政救助，有了巨灾保险之后还是得靠政府救助，因为保险也是政府买的，不需要自己掏腰包。

五　四川地震巨灾保险试点

（一）试点概况

2013 年 7 月，四川保监局形成了《关于在我省试点建立地震强制保险制度有关建议的报告》呈报给四川省委、省政府，建议开展地震保险试点工作。

2014 年下半年，四川保监局会同省政府金融办等单位在充分调研和听取各方意见的基础上，数易其稿，起草了试点工作方案。

2015 年 2 月，《四川省城乡居民住房地震保险试点工作方案》经四川省政府第 76 次常务会审议通过并于 5 月正式印发。

2015 年 8 月，四川省政府正式确定乐山、宜宾、绵阳、甘孜为首批试点地区。

2015 年 11 月 23 日，乐山市率先启动城乡居民住房地震保险试点工作，标志着全国首例多层次风险分担机制下的巨灾保险试点项目花落四川，四川也成为全国首批巨灾保险试点省份。2015 年 12 月 25 日，绵阳市正式启动地震保险。

截止到 2016 年 6 月 21 日，四川省城乡居民住房地震保险试点工作共计为 48.8 万户居民提供风险保障 125 亿元，实现保费收入 2957.7 万元。其中，由四川省、市、县财政全额出资为 33.2 万户农村五保户、城乡低保对象、贫困残疾人提供 86 亿元风险保障，实现保费收入 1914 万元。另据四川保监局估算，以保费补贴 60% 计，试点工作覆盖面要达到 30%，全省需 8 亿元财政支持。

（二）制度设计

1. 基本原则

政府引导、市场运作、自愿参保、财政支持、立法保障。

2. 运作模式

政府推动，市场运作。

3. 承保风险

地震灾害及次生灾害。

4. 保险对象

城乡居民住宅。

5. 保险费率

差异化费率。

6. 保费承担

采取"个人自愿＋政府补贴"模式筹集保费，其中投保人自缴

40%，财政提供60%的补贴。

7. 保险额度

四川省则采取在3亿元和5倍保费收入之间取最高的赔偿总额，并分别为城市居民和农村居民设定三档保险金额，农村2万元、4万元、6万元，城镇5万元、10万元、15万元。试点选择了最低保额：农村2万，城镇5万元，即农村基本保额2万元，城镇基本保额5万元。

8. 赔偿范围

破坏等级属于Ⅰ级（基本完好）或Ⅱ级（轻微破坏）时，不予赔偿；属于Ⅲ级（中等破坏）时，按照保险金额的50%确定损失；属于Ⅳ级（严重破坏）及Ⅴ级（毁坏）时，按照保险金额的100%确定损失，定损后，在保险范围内计算赔偿①。

9. 风险分散

形成了"投保人＋保险公司＋再保机构＋财政补贴＋民政救助"共同参与分散地震巨灾风险的良好格局。

10. 责任分担

构建"直接保险—再保险—地震保险基金—保额回调比例赔付—政府紧急预案"②的多层次风险分担机制。

（三）简要评价

1. 所取得的经验

（1）政府财政支持与民众自愿参保并举。深圳、宁波、大理试点均为政府统保，民众享受政府提供的福利，四川巨灾保险试点则采取"个人自愿＋政府补贴"模式，开民众自愿参保且承担部分保费之先河，保费由政府补贴60%，民众自负40%。

（2）借鉴较为成熟的台湾TREIF模型和日本JER模型，建成我国大陆地区首例巨灾保险多层次风险分担机制。

（3）采取由"政府拨款＋保费计提＋社会捐助"模式共同组建地震保险基金，首期财政拨付2000万元作为启动资金，承保机构按

---

① 陈兴鑫：《城乡居民住房地震保险试点在川启动》，《乐山日报》2015年10月13日第6版。

② 同上。

照保费收入的 20% 计提转入基金, 基金同时接受社会捐助。

2. 凸显的不足——投保率偏低

四川地震巨灾保险试点目前最大不足在于投保率偏低。据四川省保监局发布的数据, 截止到 2016 年 6 月 21 日, 四川试点保费收入 2957.7 万元, 其中财政为优抚对象全额购买巨灾险所支付的保费是 1914 万元, 占比 64.7%; 参保的 48.8 万户居民中, 33.2 万户为财政全额补贴, 占比 68%。绵阳市截止到 6 月 30 日, 承保户数 92596 户, 保险覆盖面 6.5%, 优抚人群 100% 参保, 除去优抚人群, 其他民众自愿参保比例不超过总户数的 2.3%。绵阳市参保率较低, 既与当地民众参保意识不强有关, 也与绵阳经济较为发达, 优抚对象所占比例较低有很大关系。如果要达到参保率 20% 的目标, 绵阳市还需要有 13.5% 的居民自愿投保, 投保率之低可见一斑。究其原因, 大致有以下几方面。

(1) 保额较低, 保障程度偏弱。尽管在方案中针对农村住房和城镇住房分别设计了 3 档保额, 但在试点中, 出于风险考量和便于操作等因素, 最终选择了基本保额, 即农村住房保额 2 万元, 城镇住房保额 5 万元。应该说, 这一保额是相对偏低的。巨灾保险的基本原则是损害填补, 其他国家和地区的实践也充分践行了这一原则, 其保额大多参照住房的建筑成本。就四川而言, 农村住房修建成本在 10 万—15 万元, 城镇住房购买成本在 20 万元以上。因此, 不论农村住房 2 万元, 还是城镇住房 5 万元, 都远远低于其建筑 (购买) 成本, 保障水平较低, 巨灾保险的吸引力也就不高, 很难激发民众的购买热情。

(2) 收入不高, 保费相对偏高。四川地处西部, 除去成都等地, 其余各地尤其是农村经济发展水平并不高, 民众收入偏低, 特别是灾害多发地区, 不少群众更是因灾致贫。以甘孜州为例, 农房保费为 122 元, 尽管财政补贴保费的 60%, 农户尚需自付 40% 即 48.8 元, 对不少农户而言, 每年的保险投入也成了不小的负担。

(3) 责任单一, 赔付起点较高。四川巨灾保险试点责任单一, 仅限于地震及其次生灾害损失的赔付。对民众而言, 地震毕竟是难以遇见的, 十年一遇甚至数十年一遇, 买不买无所谓。而且四川试点的赔付起点较高, Ⅲ级 (中等破坏) 起赔, 低于此级由被保险人自负,因此，民众接受度不高。

（4）宣传不足，保险意识淡薄。我国民众财产保险意识向来不强，即使是在经济发达地区，财险的购买率也不太高，中西部地区更是如此。就巨灾保险试点而言，基层地区政策宣传力度还有待加强，作为自愿投保的产品，政府和保险公司只能通过各种方式大力宣传和推广巨灾保险，使民众真正了解和接受巨灾保险，从而达到提高参保率的目的。

六　广东巨灾指数保险试点

（一）试点概况

2014 年初，广东将"建立巨灾保险制度"纳入全省改革试点任务清单。

2014 年 10 月 23 日，广东保监局在第三季度新闻发布会上透露，目前广东正在研究探索建立巨灾保险制度，"初步建立指数型巨灾保险模式，以台风和暴雨为主要的保障因子，一旦风险达到预定数值则触发赔付机制"。

2015 年 12 月，《广东省巨灾保险试点工作实施方案》经省政府批准印发，明确 2016 年在粤东西北的汕头、韶关、湛江等 10 个城市开展试点。

2016 年 3 月，广东省财政厅委托广东省政府采购中心开展巨灾保险服务机构资格供应商的招标工作，中标巨灾保险服务机构资格供应商的有 3 家财险公司：人保财险、平安财险和太平洋财险；省财政厅明确由试点城市通过竞争性谈判等方式，从中选择一家保险机构作为合作对象，或 2—3 家保险机构作为共保体。

2016 年 7 月 15 日，湛江市政府率先签署巨灾指数保险合同，广东巨灾指数保险正式落地。

2016 年 7 月 29 日，韶关市金融工作局与人保财险韶关分公司正式签订了韶关市 2016 年巨灾保险合同，由人保财险韶关分公司承保韶关市巨灾保险项目，韶关市巨灾保险正式落地并进入实施阶段。

2016 年 8 月 1 日，汕尾市与巨灾保险服务机构主承保商人保财险汕尾分公司、协保机构平安财险汕尾中心支公司和太平洋财险汕尾中心支公司签订巨灾指数保险单。财政投入保费 3000 万元（省级财政 2250 万元、市级财政 750 万元）。

2016 年 9 月 1 日，茂名市财政局与人保财险茂名分公司等 3 家保险公司组成的共保体正式签订了巨灾指数保险合同。

（二）制度设计

1. 基本原则

政府主导，市场运作，财政支持，因地制宜。

2. 运作模式

财政支持，市场运作。巨灾指数保险以省政府作为投保人，地市政府作为被保险人。该项保险是省政府财政出资投保的，直接赔付给地市政府，再由地市政府根据民众受灾情况统一安排救灾，实施转移支付。保险公司自行通过市场方式进行风险转移运作。

3. 承保风险

台风、强降雨、地震等。试点各市因地制宜，自主选择。湛江市以台风作为保险责任，韶关市和梅州市以强降雨作为保险责任，汕尾市以台风和强降雨作为保险责任。

4. 赔付标准

依据具体的灾害指标进行赔付，韶关市最高赔款限额为人民币 3.55 亿元。全省保额为 23.47 亿元，覆盖 4104.78 万人。

（三）简要评价

1. 所取得的经验

（1）巨灾指数保险在触发了预设的赔付条件后，采取"赔付在先"的理赔模式，提高赔付的效率，进而提高了救灾效率。

（2）政府通过购买巨灾指数保险，有效放大财政支出效应，使保险赔付资金全面覆盖受灾地区，有效提高了受灾地区的整体抗风险能力。

2. 存在的困难

（1）巨灾指数保险的基差风险。即受灾实际损失与保险赔款不完全对应的风险。

（2）数据收集困难。由于采取的是"一市一方案"的操作模式，广东巨灾指数保险需要各地长期稳定的历史数据，试点各地灾害情况不一，相关数据收集较为烦琐和困难，但这又是必需的。

七 黑龙江巨灾指数保险试点[①]

（一）试点概况

2016 年 8 月，黑龙江省财政厅、阳光农业相互保险公司与瑞士再保险公司签订农业财政巨灾指数保险单及再保险合同，巨灾指数保险试点正式启动运行。这是国内首个应用卫星遥感技术和气象监测技术开发的创新型农业指数保险方案，将"为黑龙江省 28 个贫困县提供流域洪水、降雨过多、干旱及积温不足等农业巨灾保险保障"[②]。

（二）制度设计

1. 承保风险

洪水、暴雨、干旱及低温 4 类农业巨灾风险。

2. 保险险种

干旱、低温、降水过多、洪水淹没范围指数保险等。

3. 保费保额

总保费 1 亿元，保障程度 23.24 亿元。

4. 费率标准

干旱、低温、降水过多费率为 4%，洪水费率为 6.16%。

5. 投保人与保险人

投保主体为黑龙江省财政厅；阳光农业相互保险公司承保，以 80% 的比例分保给瑞士再保险公司。

（三）简要评价

1. 保障区域责任全面

试点区域包括全省 28 个贫困县，涵盖常见农业灾害类型。

2. 合理设置赔偿触发机制

分别设置了高、低两个赔付标准。

3. 效率较高

依据客观气象监测数据、指数理赔，效率更高。

---

① 详见马广媚、赵修彬《黑龙江启动农业财政巨灾指数保险试点》，《中国保险报》2015 年 8 月 1 日第 16 版。

② 同上。

八　厦门巨灾保险试点①

（一）试点概况

2016 年 12 月 1 日，厦门市政府常务会议审议通过《厦门市巨灾保险方案》，并将巨灾保险试点写入厦门市政府工作报告，列为 2017 年全市重点工作任务，厦门市巨灾保险项目正式启动。

2017 年 4 月 1 日，太平财险中标厦门市巨灾保险共保项目。5 月 12 日，厦门市政府与共保体代表中国人保财险厦门市分公司正式签订《厦门市巨灾保险协议》，厦门试点落地。

（二）制度设计

1. 运作模式

政府主导，市场运作，财政支持。

2. 承保风险

厦门市巨灾保险囊括暴雨、台风、地震、火灾、爆炸等灾因，并将突发性公共安全事故包含在内。

3. 保险险种

厦门市巨灾保险是对原有政府投保险种进行整合，在现有自然灾害公众责任保险和农房保险基础上扩展保障对象、保障灾种以及保障责任，包括人身险和财产险两部分。

4. 保险额度

人身伤亡最高 20 万元，住房损失最高 10 万元，财产损失最高 5000 元。居民住房倒损及财产损失救助保险赔偿限额 10 亿元，人身伤亡及医疗救助保险赔偿限额 10 亿元，总限额 20 亿元。

5. 保费承担

厦门市财政局预算安排每年所需保费 2931 万元用于巨灾保险项目，试行 3 年。

6. 承保机构

人保财险厦门市分公司与平安财险、太平洋财险、国寿财险和太

---

① 详见王东城《厦门签订巨灾保险协议惠及我市所有人 最高赔 20 万/人》，2017 年 5 月，厦门新闻网（http://news.xmnn.cn/xmnn/2017/05/12/100199589.shtml）。

平财险等5家保险机构组成的联合体共同承保。

7. 责任分担

在低赔付年份，把部分结余保费转为风险准备金，专户管理，独立核算，逐年滚存，累积应对巨灾风险的能力。

（三）简要评价

媒体总结了厦门巨灾保险试点"五大特色"：保障高标准、人群全覆盖、城乡无差别、责任范围广、风险机制新。在本章第二节"我国政策性农房保险实践"中，本书已对厦门农房保险试点作了简单介绍，尤其是2013年该市将自然灾害公责险与农房险"两险合一"，引起学界和业界的广泛关注。本次实施的巨灾保险试点，较之"两险合一"，在承保风险、保险额度等方面取得了较大的突破。尤其是承保风险方面，相关报道重点凸显"首创性地将突发性公共安全事故包含在内"，事实上，宁波巨灾保险试点早就将重大公共安全事故纳入承保风险并付诸实施，而厦门巨灾保险试点最大的亮点恰恰在于将原有农房险中被排除的地震风险首次纳入。

九　张家口地震巨灾保险试点

（一）试点概况

2016年4月，河北省确定在张家口市开展地震巨灾保险试点。

2017年5月12日，张家口市发布《城乡居民住宅地震巨灾保险试点工作公告》，试点方案浮出水面。

（二）制度设计

1. 运作模式

政府主导，财政支持。

2. 保险标的

居民常住住宅，不含室内财产。

3. 保险责任

地震及其次生灾害。

4. 保险金额

楼房每户5万元，平房每户2万元。

5. 保费承担

市政府全额出资。

（三）简要评价

张家口地震巨灾保险试点与大理农房地震巨灾保险、四川地震巨灾保险试点相比较，运作模式上同于大理试点，均由政府出资购买；保险标的同于四川试点涵盖城乡居民住房而非大理试点限于农村住房且含人身险；保险人、赔偿范围、风险分散、责任分担等尚未公布。

十　我国台湾地区地震保险[1]

我国台湾地区于 2001 年 7 月 9 日修订"保险法"，"增加了台湾地区住宅地震保险的相关规定"[2]，并于当年年底陆续公布"财团法人住宅地震保险基金捐助章程""财团法人住宅地震保险基金管理办法""住宅地震保险共保及危险承担机制实施办法"等行政法令[3]，成立了"台湾住宅地震保险共同体"[4]（简称"地震保险共同体"）。2002 年，台湾地区"财团法人住宅地震保险基金"（简称"地震保险基金"）得以创立，当地住宅地震保险制度正式启动。

2003 年，台湾地区发行了第一张也是唯一一张巨灾债券，即 Formosa Re 巨灾债券。该债券期间为 2003 年 8 月 25 日至 2006 年 7 月 1 日，金额为 1 亿美元（损失超过新台币 200 亿元之 1 亿美元）。由于发行成本过高，只发行一期，即改由再保市场移转风险。

台湾地区地震保险采用"'地震保险共同体'＋'地震保险基金'＋政府"的多层级式责任分担模式，最高赔偿总额限额为新台币 700 亿元[5]。共保体最多承担新台币 30 亿元；"地震保险基金"最多承担新台币 530 亿元，其中再保险市场最多承担新台币 200 亿元；

---

[1]　本书略作介绍，详见何霖《我国巨灾保险立法研究》，西南财经大学出版社 2014 年版，第 79—83 页。

[2]　宁晨：《构建我国巨灾保险法律制度研究》，硕士学位论文，华中师范大学，2009 年，第 10 页。

[3]　隋祎宁：《日本地震保险法律制度研究》，博士学位论文，吉林大学，2010 年，第 58 页。

[4]　由开展住宅火险业务的各商业保险公司与台湾地区"中央再保险公司"组成共保体，"中央再保险公司"进行经营管理。

[5]　最初为新台币 500 亿元，2007 年 1 月 1 日增加到新台币 600 亿元，2009 年 1 月 1 日再次增加到新台币 700 亿元。

政府承担最后一层次的新台币 140 亿元赔付。

"截止到 2016 年 3 月 31 日，住宅地震险累积责任额为新台币 40494 亿元，有效保单件数为 2729501 件，平均投保率为 32.46% （依据住宅户数 8409079 户计算）。"①

十一 城乡居民住宅地震巨灾保险

2014 年，中国保监会会同相关部门制定"建立巨灾保险制度"的具体工作计划，拟"三步走"建立我国巨灾保险制度。2015 年 4 月，行业主体根据"自愿参与、风险共担"原则发起建立住宅地震共同体。2016 年 5 月 11 日，中国保监会、财政部印发《建立城乡居民住宅地震巨灾保险制度实施方案》（保监发〔2016〕39 号）。这标志着，在国家层面上，我国巨灾保险制度迈出坚实一步。

（一）《建立城乡居民住宅地震巨灾保险制度实施方案》解读

1. 基本思路

"统筹考虑现实需要和长远规划，以地震巨灾保险为突破口，开发城乡居民住宅地震巨灾保险产品，建立城乡居民住宅巨灾地震保险共同体，在全国范围内推动城乡居民住宅地震巨灾保险制度，尽早惠及民生"②。

2. 实施原则

政府推动、市场运作、保障民生。

3. 保障方案

保额设计：农村基本保额 2 万元，城镇基本保额 5 万元。

在基本保险之上，协商确定保险金额，初期最高不得超过 100 万元。

体现了重置价值、城乡分布、试点状况的综合考虑。

4. 保险范围

保障对象：城乡居民住宅。

保险责任：破坏性地震振动及其引起的次生灾害。

保险费率：差异化费率。

---

① 数据来源于"台湾保险事业发展中心"副总经理郭荣坚先生在 2016 年 6 月 28 日中国唐山"2016 中国风险管理峰会——地震巨灾保险"上所作报告《台湾地震保险机制及运行情况》。

② 《保监会财政部印发〈建立城乡居民住宅地震巨灾保险制度实施方案〉》，《应急管理》2016 年第 5 期。

5. 赔偿处理

"破坏等级属于Ⅰ级（基本完好）或Ⅱ级（轻微破坏）时，不予赔偿；属于Ⅲ级（中等破坏）时，按照保险金额的50%确定损失；属于Ⅳ级（严重破坏）及Ⅴ级（毁坏）时，按照保险金额的100%确定损失，确定损失后，在保险范围内计算赔偿。"①

6. 风险分担

巨灾保险制度的损失分层机制，风险共担、分级负担的原则进行风险分担，主要由五层组成：

第一层：投保人。

第二层：保险公司。

第三层：再保险公司。

第四层：专项准备金。

第五层：财政提供支持或通过其他紧急资金。"当此项资金无法完全到位时，启动比例回调机制。"②

7. 实施步骤

根据实施方案，我国城乡居民住宅地震巨灾保险制度的实施步骤，以即将出台的《地震巨灾保险条例》为分界点，大致分为两个阶段：

（1）条例出台前：面向城乡居民销售住宅地震保险产品，保险公司销售保险产品，承担保险责任，提供理赔服务。2016年底研究建立地震巨灾专项准备金制度；允许保险公司提取专项准备金，实现跨年积累；"运行一年后，总结评估地震巨灾保险制度运行情况，测算次年保费规模，进一步完善地震巨灾保险制度的产品、服务和运行等"③。

（2）条例出台后：测算历史运营数据，优化损失分层方案，提高保障能力；在条例的指引下，不断完善城乡居民住宅地震巨灾保险制度运行模式④。

---

① 《保监会财政部印发〈建立城乡居民住宅地震巨灾保险制度实施方案〉》，《应急管理》2016年第5期。

② 同上。

③ 同上。

④ 参见张红梅在2016年6月28日中国唐山"2016中国风险管理峰会——地震巨灾保险"上所作报告《〈建立城乡居民住宅地震巨灾保险制度实施方案〉政策解读》。

8. 运行保障

（1）成立住宅地震共同体。

（2）按照保费收入计提地震巨灾保险专项准备金。

（二）城乡居民住宅地震共同体组建与机制解读①

2015 年 4 月 16 日，中国城乡居民住宅地震巨灾保险共同体成立大会暨第一次工作会议在北京召开，45 家财产保险公司根据"自愿参与、风险共担"的原则发起成立住宅地震巨灾保险共同体。会议初步确定了共同体章程、议事原则、共同目标、产品形式、运行流程等事项。人保财险副总裁降彩石出任共同体主席兼理事长，人保财险为共同体执行机构单位。共同体由财产保险公司根据自愿参与、风险共担的原则申请加入。

2015 年 5 月，保监会同意了共同体平台《设计方案》，并要求就《设计方案》征求共同体成员公司意见。2015 年 6 月，共同体通过中国保险行业协会发文征求共同体成员公司意见。45 家成员公司中有34 家给予了反馈，其中，8 家公司无意见，26 家公司提出了 92 条意见，执行机构逐一研究了这些意见，尽量吸收采纳了这些意见，对于未采纳的意见，逐一给出了未采纳理由。

2016 年 4 月，根据保监会确定的 7 月 1 日出单的工作部署，由保监会、中国保险行业协会组织，执行机构牵头，中再产险、保险保障基金、中保信及其他成员公司参与，共同体集中工作，推进标准产品上线。工作组形成《中国城乡居民住宅地震巨灾保险制度落地总体规划和一期工程方案（一期工程征求意见稿）》，并制定了分别针对一期工程和二期工程的配套文件。5 月 13 日，将相关文件通过协会发送给各成员公司征求意见。修改完善后，在共同体第二次成员大会上一致通过。

2016 年 5 月 18 日上午，共同体召开理事会第一次会议。大会主席兼理事长、人保财险副总裁降彩石主持召开会议，共同体理事会成员公司、保监会财产险监管部、保险行业协会代表出席会议，观察员单位代表及共同体执行机构相关人员列席会议。

2016 年 5 月 20 日，保监会组织召开城乡居民住宅地震巨灾保险

---

① 本小节部分引用人保财险财产保险部总经理贺晨在 2016 年 6 月 28 日中国唐山"2016中国风险管理峰会——地震巨灾保险"上所作报告《住宅地震巨灾保险共同体运营机制》。

示范产品讨论会。财政部、发改委、工信部、民政部、住建部、银监会、农业部、人民银行、林业局、地震局、证监会、扶贫办、中投、行业协会、执行机构、中再产险等参与讨论。相关部委讨论的关注点主要在于：费率与国际市场的比较问题、保额与民政救灾标准接轨问题、比例回调的实际难以操作问题（灾情发生后迅即展开理赔，如果回调，已赔付款项是否收回）、理赔简便性和相对公平问题、具体保险标的的适用问题、地震灾害区划的修改完善问题等。

2016 年 5 月 24 日下午，共同体召开第二次成员大会，保监会财产保险监管部主任刘峰出席会议并讲话。共同体大会主席降彩石副总裁主持会议，保监会、行业协会、保险保障基金、中保信领导应邀出席，44 家成员公司代表参加大会，观察员单位代表及共同体执行机构人员列席会议。至此，共同体相关准备工作基本完成，中国城乡居民住宅地震巨灾保险产品准备就绪。

1. 制度设计

共同体执行机构在保监会和中国保险行业协会指导下，初步确定了共同体机构管理、运营管理、财务管理、费用管理在内的主要制度蓝本：《中国城乡居民住宅巨灾地震保险共同体成员公司管理暂行办法》《中国城乡居民住宅巨灾地震保险共同体运营管理暂行办法》《中国城乡居民住宅巨灾地震保险共同体财务管理暂行办法》《中国城乡居民住宅巨灾地震保险共同体管理费暂行办法》《中国城乡居民住宅巨灾地震保险共同体管理费开支标准》《中国城乡居民住宅巨灾地震保险共同体管理费用预算表》等。

2. 运行机制

（1）共同体统一发布《城乡居民住宅地震保险》的条款、费率和承保规则。

（2）共同体成员公司负责销售地震保险产品，保费收入按约定扣除必要的经营费用后，统一归集到住宅地震共同体，住宅地震共同体定期根据约定的自留份额划分各成员公司的自留保费。

（3）共同体成员应承担的赔款责任比例以其享有的保费占比为基础确定。

（4）首年各成员公司的自留份额综合考虑住宅地震保险保单销售

情况、偿付能力、家财险市场份额，按照成员协商原则确定，以后年度的自留份额在首年各成员公司份额基础上按照协商原则进行调整。

（5）共同体根据实际承保风险状况同意办理再保险，并根据国务院保险监督管理机构的要求提存住宅地震保险专项准备金。

3. 运营平台

（1）总体目标。根据住宅地震巨灾保险制度的总体要求，围绕保障民生和服务社会经济，建立住宅地震共同体运营平台，推动地震住宅保险制度落地，通过共同体平台销售地震保险产品，提供风险保障，集中服务资源，储备灾害数据，积累专项准备金，落实国家政策。逐步建立一套体系化、标准化、专业化的住宅地震保险运营和服务模式，积极推动住宅地震保险制度在实践中健康发展。

（2）平台定位。为唯一的、统一的、全流程集中运营平台；平台归共同体所有，包括业务数据（查询、使用），执行机构代为日常管理。

（3）平台功能。完成投保信息录入，实现自动核保出单；统一归集业务，集中服务资源；实现业务清分和资金结算，提高共同体内部管理效率；集中积累灾害信息和风险数据，加大灾害管理信息共享和利用程度。

（4）平台上线。2016年12月26日，地震巨灾保险运营平台正式上线。

4. 产品开发思路

（1）共同承保。共同体成员公司各自销售产品，并按照约定的共保比例（初期基于家财险市场份额）划分保费收入，承担相应保险责任。

（2）统一产品。采用标准示范条款，按照区域风险、建筑结构、城乡差别制定差异化费率。单一责任——"地震"，单一标的——"房壳"。

（3）统一理赔。由共同体统一提供理赔服务，以保险金额为准、根据破坏等级分档理赔，赔偿比例分别为50%和100%。

（4）建立基金。计提地震巨灾保险专项准备金（比例为20%），由保险保障基金集中管理，作为应对严重地震灾害的资金储备。

（5）损失分层。由投保人、保险公司、再保险公司、地震巨灾保险专项准备金、财政支持分层分担损失[①]。

---

① 王和：《推动巨灾保险制度全面落地》，《中国减灾》2016年第13期。

5. 各地风险累积

根据地震灾害区划图，参考各省（自治区、直辖市）人口等因素，将全国 31 个省级地区分为甲乙丙三组，对其保障限额予以划定。

（1）甲组。新疆、宁夏保障各限额各 30 亿元；河北、四川、辽宁、云南限额各 40 亿元；山西、甘肃、青海、西藏、陕西限额各 60 亿元；天津、海南、北京限额各 80 亿元。

（2）乙组。福建、内蒙古、吉林、山东、安徽限额各 100 亿元；广东、黑龙江、河南限额各 200 亿元；江苏、贵州、广西限额各 300 亿元。

（3）丙组。重庆、上海、江西限额各 500 亿元；湖南、湖北、浙江限额各 800 亿元。

6. 风险分层

根据贺晨所作报告，共同体将风险分层初步确定为：

直保：限额 10 亿元；

再保：限额 20 XS 10 亿元；

专项准备金：保费的 20%；

财政支持：政府承诺紧急资金安排。

7. 业务风险测算

假设农村住宅保额 5 万元、城市住宅保额 10 万元、各地区设定累积最高保额、投保率为 3%。

预期保费收入：1.7 亿元；

预期风险累积：4 500 亿元；

单次事故 PML：10 亿元。

（三）《城乡居民住宅地震巨灾保险条款（试用版）》解读

2016 年 5 月 27 日，中国保险行业协会发布《城乡居民住宅地震巨灾保险示范条款（试用版）（征求意见稿）》，向社会公开征求意见。在此基础上，形成了现行的《城乡居民住宅地震巨灾保险条款（试用版）》。

1. 条款性质

主险。

2. 保险责任

破坏性地震振动及其引起的海啸、火灾、火山爆发、爆炸、地陷、地裂、泥石流、滑坡、堰塞湖及大坝决堤造成的水淹；

保险标的在连续 168 小时内遭受一次或多次地震（余震）所致损失应视为一次单独事故。

破坏性地震——国家地震部门发布的震级 M4.7 级（含）以上且最大地震烈度达到Ⅵ度及以上的地震。

3. 保险金额

综合考虑民政救灾标准、房屋重置价值等因素，设置了最低保额和最高保额。超过最高保额的保险需求可以通过商业保险予以满足。

最低保额：城镇住宅 5 万元，农村住宅 2 万元；

最高保额：钢结构、混合结构 100 万元，砖木结构 10 万元，其他结构（如土坯）6 万元。

4. 保险费率

年保险费 = 保险金额 × 年基准费率 × 区域调整因子 × 建筑结构调整因子。

基准费率：一省一定价。以混合结构为基准，最低 0.02%，最高 0.12%。

区域调整因子：重点考虑同一省份内部的地区风险差异系数 0.3—2.0。

建筑结构调整因子：钢结构——系数 0.4；砖木结构——系数 1.2—2.0；其他结构——系数 2.0—2.4。

5. 赔偿方式

采用第一危险赔偿方式。

定损标准：《国家建（构）筑物地震破坏等级划分标准 GB/T 24335—2009》。

赔偿标准：分档理赔。

不赔偿——Ⅰ级（基本完好）或Ⅱ级（轻微破坏）；

保额 50%——Ⅲ级（中等破坏）；

保额 100%——Ⅳ级（严重破坏）及Ⅴ级（毁坏）。

6. 退保计算

保险责任开始前：退保费 = 原保费。

保险责任开始后：退保费 = 原保费 × 剩余保险天数/原保险期间

天数。

均不扣手续费。

（四）城乡居民住宅地震巨灾保险制度取得的突破

2006 年 7 月 1 日，中国城乡居民住宅地震巨灾保险产品正式全面销售，标志着我国城乡居民住宅地震巨灾保险制度正式落地。

1. 首次在全国范围内实施巨灾保险制度

不同于前期巨灾保险地方试点以及带有一定巨灾保险特性的政策性农房保险，城乡居民住宅地震巨灾保险制度是真正意义上在全国范围内推行和实施，标志着我国巨灾保险制度建设的关键性一步已经迈出。

2. 选取破坏性最强的地震风险为突破口

我国是世界上地震活动最为活跃的国家之一①。历史上的多次大地震，造成的损失之大，当居各类巨灾之首位。近年来，2008 年四川汶川 8.0 级地震、2010 年青海玉树 7.1 级地震、2013 年四川芦山 7.0 级地震、2013 年甘肃定西 6.6 级地震、2014 年新疆于田 7.3 级地震、2014 年云南鲁甸 6.5 级地震、2014 云南景谷 6.6 级地震、2015 年西藏定日 5.9 级地震等多次巨型灾害，给人民群众的生命财产带来了惨重损失，对国民经济造成了严重的影响。

选择地震保险作为突破口，既是出于地震损失极大的考量，也是由于我国地震灾害数据较为完备，在费率厘定、风险测算等方面易于上手操作。同时，通过地震巨灾保险的开展，总结经验，以点带面，逐渐将台风、洪水等巨灾风险纳入巨灾保险体系中来。

3. 以城乡居民住宅为保险标的

在我国，住宅建筑和家庭财产是民众灾后生活的基本保障，也是受灾民众急需的生活资源。每次巨灾之后，国家都投入巨资，用于灾民住宅维修、重建的专项补贴②。当前，"我国经济发展水平和财政

---

① 于斌：《青藏铁路沿线地震灾害风险区划》，硕士学位论文，青海师范大学，2010 年，第 1 页。

② 2008 年汶川地震后，在一些重灾区，城市住宅由其他省市援建；农房重建则按受灾程度给予 1 万—2 万元人民币的补贴；部分地区的住宅享受了 1000—5000 元人民币的维修补贴。

收入水平还比较低，用于巨灾保险的财政支持毕竟有限，因此，有必要将这一部分资金集中使用到受灾民众最为急需的家庭财产损失的赔偿上"[1]。也就是说，我国巨灾保险的承保对象，也应该限于家庭财产，尤其是居民住宅。对于民众更高的巨灾保险需求，以及企业财产巨灾保险，可以通过商业保险的方式，完全商业化运作[2]。

4. 成立了城乡居民住宅地震共同体

2015 年 4 月 16 日，中国城乡居民住宅地震巨灾保险共同体正式成立。共同体将负责地震巨灾保险具体的承保、理赔业务，收取保费，查勘理赔，并承担部分赔付责任。共同体成立后，积极参与住宅地震巨灾保险的框架设计、费率厘定、条款制定等工作。

5. 明确了巨灾保险制度的损失分层机制

根据风险共担、分级负担的原则进行风险分担。第一层：投保人，自行承担破坏等级 II 级及以下的损失。第二层：保险人承担一定额度的损失赔付，主要由共保体成员以其享有的保费占比为基础确定应承担的赔款责任比例。第三层：再保险公司。第四层：地震巨灾保险专项准备金。第五层：财政提供支持或通过其他紧急资金。当第五层资金无法完全到位时，将启动比例回调机制实施比例赔付。但据贺晨先生介绍，在实践中，考虑到比例回调的操作难度，将由政府承担兜底责任[3]。

（五）城乡居民住宅地震巨灾保险制度存在的疑问

当前，在城乡居民住宅地震巨灾保险制度的运行中，本书存在以下几方面的疑问。

1. 投保率偏低

从销售情况来看，地震巨灾保险制度实施效果并不理想。到 2016

---

[1]　何霖：《日本巨灾保险之进程与启示》，《灾害学》2013 年第 2 期。

[2]　企业财产险中，可以通过附加险的模式涵盖巨灾风险。如 2008 年汶川地震后的保险赔付，拉法基瑞安水泥有限公司购买了财产一切险（扩展了地震责任）、机器损失险、利润损失险，最终获得 7.2 亿元人民币的赔付。详见刘锋《汶川地震保险赔付总额不到 20 亿拉法基独得 1/3》，《成都商报》2009 年 8 月 24 日第 2 版。

[3]　人保财险财产保险部总经理贺晨在 2016 年 6 月 28 日中国唐山 "2016 中国风险管理峰会——地震巨灾保险" 上所作报告《住宅地震巨灾保险共同体运营机制》。

年底，共同体共销售 18 万笔保单，保额累计 177.6 亿元①。虽初见成效，但就全国范围而言投保率明显偏低。投保率低的原因在于几方面：一是宣传力度不够，很多民众对巨灾保险了解不多；二是我国民众保险意识薄弱；三是采用自愿投保模式；四是风险单一，导致逆向选择的出现，地震风险较高地区的民众投保积极性较高，地震风险较低的民众则不愿意花钱购买地震保险；五是尚未明确保费补贴机制，保费由投保人承担，地震高风险地区民众购买意愿较强，但保费很高，影响投保率，而低风险地区尽管保费较低，但民众购买意愿不强，投保率同样不高。那么，在如此情况下，如何避免逆向选择，提高我国城乡居民住宅地震巨灾保险的投保率，使之能真正服务于广大人民群众，从而有效化解巨灾风险，缓解政府财政压力，提高我国巨灾风险管理水平？

2. 巨灾保险专项准备金资金来源

按照共保体所设计的巨灾保险专项准备金方案，将在保费收入中按 20% 的比例计提地震巨灾保险专项准备金，用以应对严重地震灾害的赔付。那么，地震巨灾保险专项准备金的资金来源还有其他途径吗？有没有政府财政资金注入？是否接受企业、个人等社会捐助？这些疑问都没有明确回答。尤其是在城乡居民住宅地震巨灾保险采取自愿投保模式且无保费补贴的情况下，其销售大受影响，投保率并不理想，这也直接影响到首年巨灾专项准备金的规模及其抵御风险的功效。在此种境况下，前期是否需要财政支持并接受社会捐助？能否通过财政资金的注入来夯实专项准备金的基础？

3. 与政策性农房保险、巨灾保险地方试点的并轨

《建立城乡居民住宅地震巨灾保险制度实施方案》提出，在《地震巨灾保险条例》出台前，地方政府应将现有农房保险、巨灾保险试点的保障范围扩大至地震风险，实现政策性农房保险巨灾保险试点与城乡居民住宅地震巨灾保险的有效衔接。也就是说，现行的政策性农房保险试点、巨灾保险地方试点都将逐步与城乡居民住宅地震巨灾保险并轨，被纳入地震巨灾保险制度。

---

① 姚进：《巨灾险"硬骨头"终于啃动了》，《经济日报》2017 年 3 月 22 日第 8 版。

那么，在并轨过程中，以下几个问题需要得到解决。

其一，承保风险（责任范围）的问题。对于大理、四川、张家口试点而言，住宅保险的并轨较为容易，其承保风险均为地震灾害及其次生灾害。四川试点与城乡居民住宅地震保险在基本原则、运作模式、承保风险、保险对象、费率厘定、最低保额、赔偿范围、责任分担等方面都有很大相似之处，仅仅在保费承担、保额档次上有所区别，所以并轨难度最小。大理试点承保农村住宅，范围小于四川、张家口试点及城乡居民住宅地震保险所承保之城乡居民住宅。而深圳试点、宁波试点以及各地政策性农房保险的并轨则存在着承保风险的问题。目前，深圳试点与宁波、厦门试点均为综合性巨灾风险，且已分别扩展到核事故风险与公共安全风险领域，其承保风险远远广于单纯的地震风险。农房保险亦是如此。各地试点的政策性农房保险，其保险责任范围不仅包括巨型自然灾害，也包括一般性自然灾害，甚至将火灾、爆炸等意外事故纳入。要将这些责任范围各异的农房保险一并纳入城乡居民住宅地震巨灾保险体系，实现有效衔接和并轨，责任范围的统一标准是个无法回避的问题。是缩小农房保险的责任范围，将之限制为地震风险，还是扩展地震巨灾保险的责任范围，使之涵盖其余巨灾风险甚至普通风险，进而将前者逐步取缔？可以肯定的是，缩小农房保险范围并不可行，只能是将农房保险和城乡居民住宅地震巨灾保险的承保风险都予以扩展，才可能实现有效衔接直至并轨。所以，这已经不是承保单一风险的地震巨灾保险所能解决的问题了。

其二，保费补贴的问题。目前的城乡居民住宅地震巨灾保险制度并未对保费补贴作出明确规定，仅仅是鼓励地方财政对民众购买地震巨灾保险给予保费补贴。自2016年7月1日产品上市以来，相关信息反馈，目前各地均持观望态度，尚未有地方政府出台保费补贴政策。由此可以肯定的是，在《地震巨灾保险条例》出台前，地方政府均不会出台保费补贴的相关政策，民众暂时难以享受补贴优惠。只有在《地震巨灾保险条例》对相关原则、实施规则作出明确规定之后，各地政府才会依据该条例制定实施细则，保费补贴才能落到实处。然而，与城乡居民住宅地震巨灾保险形成鲜明对比的是，不论各地农房保险（宁夏除外），还是巨灾保险地方试点，保费补贴均已落到实处，福建、江苏等地农房保险试点，深圳、宁波、大理、厦门、张家口巨灾保险试点甚至是政府统保、财政埋单。在三者并轨过程中，保费补贴如何统一？是制定全国性统一标准，从中央到地方各级财政分层补贴，还是各地自行制定保费补贴标准？是财政埋单、政府统保还是部分补贴、自愿购买？对于巨灾保险而言，全由政府统保财政埋单肯定是不现实的，只能走部分补贴自愿购买或半强制性投保的模式。那么，在各地农房保险试点和巨灾保险试点中，由财政全额承担保费的这部分民众（包括政府统保对象、未统保省份由财政支付保费的优抚对象），在城乡居民住宅地震巨灾保险制度的统一安排中，是由财政全额承担还是被保险人自付部分？这些也需要相关法规予以明确。

其三，人身保险的问题。目前学界所探讨的巨灾保险，主要是针对以住宅为主的居民家庭财产而言，具有政策性，属准公共产品，因此，暂将属于商业保险范畴的企业财产巨灾保险、人身伤害保险排除。我国城乡居民住宅地震巨灾保险制度就是典型的政策性家庭财产巨灾险。而深圳、宁波、潍坊、大理、厦门试点则是家财险与人身险相结合，甚至人身险的赔付标准远远高于家庭财产，家财险成了"附庸"。具体而言，深圳巨灾保险试点之初未设置家财险部分，仅仅针对人身伤亡救助，2016 年方增加住宅损失赔偿；宁波巨灾保险试点也是以人身伤害赔偿为主，家财部分最高赔付 2000 元；大理试点中农房巨灾保险部分采用了指数保险模式，投保人和被保险人均为当地政府，其人身伤亡救助也较为显眼。而我国政策性农房保险在实践中，也逐渐从财产保险领域向人身伤害领域扩展，如厦门设置有自然灾害公众责任保险，浙江苍南县增加人员死亡伤残保险等。到 2017 年 5 月正式启动的厦门巨灾保险试点，人身伤亡保险额度更是高达 20 万元。在并轨过程中，对于这些人身伤害保险部分，是弃还是留？如果在全国统一条款中排除人身伤害保险，那么，是否允许有条件的地区地方政府继续以附加险的方式为当地民众购买人身险？反过来讲，是否可以在居民住宅地震巨灾保险中附加人身伤害险种，由居民自愿购买（各地政府也可以对之提供保费补贴）？

十二 我国政策性巨灾保险实践之评述

(一) 我国巨灾保险实践一览表

我国巨灾保险实践一览表

实践地点	深圳	宁波			潍坊	云南	四川	全国	广东	黑龙江	厦门	张家口	我国台湾
保险种类	巨灾救助保险	公共巨灾保险	城镇居民住宅综合保险	海塘巨灾险	民生综合保险	农房地震保险	城乡居民住房地震保险	城乡居民住宅巨灾地震保险	巨灾指数保险	农业财政巨灾指数保险	巨灾保险	城乡居民住宅地震巨灾保险	住宅地震保险
实践年份	2014	2014	2015	2016	2015	2015	2015	2016	2016	2016	2017	2017	2002
组织机构	深圳市政府	宁波市政府	镇海区政府	北仑区政府	潍坊市政府	大理市政府	四川省政府	保监会	广东省政府	黑龙江省政府	厦门市政府	张家口市政府	"地震保险基金"(TREIP)
政府角色	组织实施、财政支持	组织实施财政支持	财政支持	财政支持	组织实施财政支持	组织实施财政支持	组织实施财政支持	组织实施财政支持	组织实施财政支持	财政购买	组织实施财政支持	组织实施财政购买	组织实施财政支持责任分担
承保机构	人寿财险、华泰财险、太平洋财险	人保财险	人保财险	人保财险、太平洋财险	人保财险、人寿财险、中华联合财险、平安财险	诚泰财险、人保财险、平安财险、大地财险、中华联合等组建共保体	人保财险(首席)、中华联合、中航安盟	地震住宅共同体	人保财险、平安财险、太平财险	阳光农业相互保险公司、瑞士再保险公司	人保财险、太平财险、平安财险、国寿财险、太平洋财险组成联合体	—	地震保险共同体

续表

实践地点	深圳		宁波		潍坊	云南	四川	全国	广东	黑龙江	厦门	张家口	我国台湾
承保风险	地震、台风、洪水等15种常见自然灾害及次生灾害，及引发核事故风险	台风等自然灾害及次生灾害，火灾、爆炸等公共安全事件	房屋整体倒塌。2001年前建成，三层及以上的楼房	暴雨、台风、飓风等自然灾害	(1)暴风、龙卷风、台风、干旱、低温冷冻、雹、雷击、山体崩塌、滑坡、泥石流、风暴潮、海啸、地面突然下陷等自然灾害；(2)居家期间发生中毒、火灾、爆炸、氯气中毒、煤气中毒、触电等事故；(3)溺水；(4)飞行物及其他空中运行物体坠落	5级及以上地震风险	地震灾害及次生灾害	破坏性地震及其引起的次生灾害	台风、强降雨、地震等	干旱、低温、降水过多、流域洪水等自然灾害	暴雨、台风、地震、火灾、爆炸等，以及突发性公共安全事故	破坏性地震及其发生的次生灾害造成的房屋直接损失	地震及地震所发生灾害导致的直接损失
投保模式	政府统保	政府统保	政府统保	政府统保	政府统保	政府统保	自愿参保	自愿参保	政府统保	政府统保	政府统保	政府统保	强制自动附加
产品形式	单独、普通产品	单独产品	单独产品	单独产品	单独产品	单独产品	单独产品	单独产品	单独产品	单独产品	单独产品	单独产品	附加住宅火险

续表

实践地点	深圳	宁波	潍坊	云南	四川	全国	广东	黑龙江	厦门	张家口	我国台湾
保险范围	人身伤害、核应急救助、住房损失	人身伤害、见义勇为、公共安全、财产损失、住房保险、公众责任、海塘损失	公众责任险（死亡抢险费用、医疗费用、政府救助无事故、法律费用）、家庭房屋险（房屋损失、施救费用、压塌损失）	房屋损害、意外死亡、指数保险	城市住房、农村住房	城市住房、农村住房	—	农业保险、指数保险	财产损失、住房倒塌损毁、人身伤亡救助	住房保险	临时住宿、住房损毁
保险额度（单位：元）	人身伤害10万、核应急救助2500、住房损失2万	人身伤害10万、见义勇为10万、公共安全10万、财产损失2000、住房保险每平方米2500、公众责任50万含医疗10万、海塘损失标准海塘2000元/米·加固海塘500元/米	死亡抢险费用12万/次·抢险数次30万、医疗费用每人3万/次·事故数10万、政府救助无事故每次事故300万·每月60元/人、法律费用每人6万·每次6万、房屋损失7.8万、施救费用赔偿金20%、压塌损失每间1万·最高5000	意外死亡10万	城市住房5万、农村住房2万	城市住房5万起最高100万、农村住房2万起最高15万	—	指数保险	财产损失500、住房倒塌损毁10万、人身伤亡救助20万	楼房每户5万、平房每户2万	临时住宿新台币20万、住房损毁新台币150万
最高限额（单位：元）	20亿5亿、3亿、1亿、7亿	3亿、2亿、1亿、93.45亿、4000万、1.34亿	2亿、2亿	4.2亿、8000万	3亿和5倍保费取最高	各地区设定限额	各市分别设定限额	洪水限额3.25亿	10亿、10亿	—	单次地震新台币700亿
总限额（单位：元）	27亿	7亿、93.85亿	4.56亿	5亿	—	—	23.47亿	23.24亿	20亿	—	单次地震新台币700亿

实践地点	深圳	宁波			潍坊	云南	四川	全国	广东	黑龙江	厦门	张家口	我国台湾
费率厘定	单一	单一	单一	单一	单一	单一	差异化费率	差异化费率	差异化	干旱、低温、降水过多4%；洪水6.16%	单一	单一	单一
保费金额	3600万元	首年3800万元 2016年5700万元	204万元	78.65万元	每人每年2元，每户2元，车保费2413.8万元	3215万元	乐山绵阳农房76元，城镇60元；宜宾农房42元，城镇30元；甘孜农房122元，城镇90元	各地差异	汕尾3000万元	1亿元	2931万元	—	新台币1350元
保费补贴	财政全额	财政全额	财政全额	财政全额	财政全额	财政全额	政府补贴60%，民众自负40%；优抚对象财政负担	自付，暂无补贴	财政全额	财政全额	财政全额	财政全额	无

续表

实践地点	深圳	宁波	潍坊	云南	四川	全国	广东	黑龙江	厦门	张家口	我国台湾
巨灾基金	首年财政注资3000万元，吸纳社会捐助	吸纳社会捐助，首年财政注资500万元，次年注资100万元	无	保费计提巨灾风险准备金	政府拨款2000万元+保费20%计提+社会捐助	保费20%计提	无	无	部分结余保费转为巨灾风险准备金	—	机构捐助2000万元新台币
风险转移	承保人市场运作，提取巨灾风险准备金	市场运作	承保人市场运作	共保体、再保险、风险准备金	再保险	共保体、再保险、风险准备金	市场运作	保费80%分保给瑞士再保	承保人市场运作	—	风险共保、再保险、巨灾债券
责任分担	商业赔付+巨灾基金	商业赔付+巨灾基金回调机制比例赔付	多层责任分担	商业赔付	直接保险-再保险-地震保险基金-政府应急预案	投保人+保险公司+再保险+专项准备金+财政支持	商业赔付	商业赔付	商业赔付+巨灾风险准备金	—	多层级模式

（二）我国巨灾保险实践之比较分析

1. 保障对象

深圳、宁波、潍坊、大理、厦门试点保障对象为人和住房为主的家庭财产，其中深圳、宁波、厦门试点更侧重于人身伤害救助，大理试点仅限于农房，宁波、厦门试点涵盖室内财产，潍坊试点财产险除房屋与室内财产外还包括施救费用和瓦片损失；四川试点、张家口试点城乡居民住宅地震巨灾保险、我国台湾地区地震保险的保障对象为城乡居民住宅。由此可以看出，我国政策性巨灾保险实践经历了由保"人"到保"物"的变化过程。

2. 承保风险

深圳试点承保范围最广，涵盖 15 种常见自然灾害及其次生灾害，以及由这些自然灾害引起的核事故风险；宁波试点涵盖重大公共安全事件风险和 6 种自然灾害及其次生灾害，但将地震风险排除；潍坊试点承保包括地震在内的 17 种自然灾害、4 种事故灾害及 2 种意外伤害；广东巨灾保险由试点各市在台风、强降雨、地震 3 种重点灾害中自由选择；黑龙江巨灾指数保险承保责任包括干旱、低温、降水过多和洪水淹没 4 种；厦门试点囊括多种灾因；大理、四川、张家口试点及我国台湾地区地震保险、城乡居民住宅地震巨灾保险将承保风险限制为单一的地震及其次生灾害。

3. 赔偿范围

深圳试点包括人身伤亡救助、核应急救助、住房损失补偿；宁波、厦门试点包括人身伤亡抚恤（宁波含见义勇为抚恤）、家庭财产损失补偿；潍坊试点包括居民人身伤亡及家庭财产损失，另有政府无责救助、旱灾饮水保障、法律费用和救灾伤害救助；大理试点包含农房保险和居民地震意外保险；四川、张家口试点及我国台湾地区地震保险、城乡居民住宅地震巨灾保险仅限于住房损失赔付，但台湾地震保险无自负额要求；大理农房地震保险、广东巨灾保险、黑龙江试点采用指数保险方式，保险赔付直接转入财政账户。

4. 保费支付

深圳、宁波、潍坊、大理、广东、黑龙江、厦门、张家口试点均由财政支付，政府统保；四川、我国台湾地区地震保险采取"个人自愿＋政府补贴"模式；城乡居民住宅地震巨灾保险暂时采取投保人自付模式。

5. 保额限额

深圳试点总限额 25 亿元，宁波试点总限额 7 亿元，潍坊试点总限额 4.56 亿元，大理试点总限额 5 亿元，四川试点总限额为 3 亿元和 5 倍保费收入之间取最高；广东试点总限额 23.47 亿元；厦门试点总限额 20 亿元；我国台湾地区地震保险最高限额为单次地震新台币 700 亿元。

6. 巨灾基金

深圳、宁波试点巨灾基金由政府划拨资金建立，吸纳社会捐助；大理试点由保险公司计提地震风险准备金；四川试点采取由"政府拨款＋保费计提＋社会捐助"模式共同组建地震保险基金；城乡居民住宅地震巨灾保险目前仅以保费计提方式设置巨灾风险准备金；厦门将结合保费部分转入风险准备金；我国台湾地区巨灾保险基金先期由机构捐助，后包括保险费、资金运用收益、贷款及其他收入；广东、黑龙江试点因是指数保险，未设置巨灾基金。

7. 运作模式

深圳、宁波、潍坊、大理、广东、黑龙江、厦门、张家口试点为政府购买、完全市场化运作；四川、城乡居民住宅地震巨灾保险为财政支持、市场运作、政府分担赔付责任；我国台湾地区地震保险则为商业保险公司销售、巨灾保险基金统筹、政府兜底。

8. 责任分担

深圳、宁波试点采取"承保机构负责保额内赔付＋巨灾基金负责保额外赔付＋超额则比例回调"的模式；潍坊、大理、广东、黑龙江、厦门、张家口试点由保险人在保额内承担赔付责任；四川试点、我国台湾地区、城乡居民住宅地震巨灾保险采取多层级责任分担机制，我国台湾地区地震保险由当地政府承担兜底赔付责任。

9. 制度建设

我国台湾地区在"保险法"中增加了地震保险相关规定，并出台了系列行政法令。我国大陆各地仅有"巨灾保险方案""试点工作方案"，尚未出台相关法规。

（三）我国巨灾保险实践取得的突破

1. 积累了宝贵经验

先看农房保险。我国政策性农房保险自 2006 年福建开始试点以来，已有十年有余。尤其是以福建为代表的政府统保模式与以浙江为代表的自愿参保模式，在不断的探索与改进中，逐渐完善，在农村灾害救助中发挥了重要作用。农房保险涵盖了大多数巨灾风险，少数地区还将地震风险纳入保险范围，使之具有了巨灾保险的大部分本质属性，为我国随后开展的巨灾保险试点提供了有益借鉴。

再看巨灾保险试点。2012 年，深圳等地筹划巨灾保险试点。从 2014 年至今，深圳、宁波、潍坊、云南、四川、广东、黑龙江、厦门、张家口等地陆续展开试点工作。深圳、宁波、潍坊、云南、黑龙江、厦门、张家口试点均借鉴了福建政策性农房保险的政府统保模式，采取政府财政购买的方式，为当地民众赠福利、送"礼包"。四川地震保险试点则在充分总结深圳、宁波、潍坊试点经验与教训的基础上，结合本省省情，参考我国台湾地区地震巨灾保险的成功经验，摸索出一条较为成功、更具推广价值的路子出来，不仅在承保风险、保险对象、巨灾基金、基本保额等方面较为成熟，风险分散和责任分担机制也走在各地方试点之前。

最后是城乡居民住宅地震巨灾保险制度的确立，是对政策性农房保险、巨灾保险地方试点以及我国商业巨灾保险的经验和不足的充分总结，是对我国巨灾保险前期探索成果的提炼，在对我国灾情、经济发展水平、保险业发展水平透析的基础上做出的统筹安排。同样，现行的城乡居民住宅地震巨灾保险尚处于"试运行"状态，其目的也是通过产品的销售与理赔，测算保险的覆盖面和投保率，为地震巨灾保险制度的完善完成数据积累和经验总结。

2. 逐渐走向理性和成熟

深圳巨灾保险试点方案最初设计有财产保险，后来考虑到住房保险费率厘定复杂、赔付金额较大，最终选择了相对简单、容易操作的人身保险作为试点内容。但随着其他各地试点工作的展开，尤其是城乡居民住宅地震巨灾保险制度即将落地，深圳巨灾保险也顺应发展需要，于 2016 年增设了居民住房损失赔偿。

深圳、宁波、潍坊、厦门都是我国经济较发达地区，张家口地处地震多发地区，政府财政实力较强，所以选择了政府统保模式，也正因为如此，对于我国大多数地区，尤其是中西部经济欠发达地区而言，人口多，风险大，灾情重，想要采取统保模式实现巨灾保险区域内全覆盖，具有相当的难度。基数大、风险高，整体保额高意味着保费很高，财政压力太大，所以全面推广政府统保模式不太具有可操作性，而统保模式对于民众保险意识培育的反向作用也使之不具有较高的推广价值。放弃统保模式，选择保费分担、投保自愿的模式，受民众保险意识和收入水平的限制，同样会遇到难题。云南试点中楚雄方案的失败和大理方案的成功正是反映了这种矛盾和冲突。楚雄方案最大的冲突就是保费收取和保额争议，其实质就在于地方财政和民众经济实力的欠缺。而大理方案中，由政府统保解决了保费收取的困难，至于保额争议，则采取了指数保险的迂回战术，投保人、保险人的利益都得到了最大限度的实现。

四川地震保险试点，又前进了一大步，采取了保费分担、自愿参保模式，明确了巨灾基金和损失分担机制，尤其是在自愿参保可能导致投保率不高的情况下，借鉴政策性农房保险的成功经验，将有限的财政资金向优抚对象倾斜，在向所有民众提供保费补贴的基础上，对试点地区优抚对象的保费由各级财政分层全额承担，既提高了投保率，实现了风险的有效分散，又让最需要巨灾保险却买不起保险的这部分民众的住房得到了有效保障。

到了城乡居民住宅地震巨灾保险制度，则是充分总结了前期探索（商业保险、政策性农房保险、巨灾保险地方试点）的经验教训，选择住宅地震保险为突破口，先期成立住宅地震共同体，并对地震巨灾保险专项准备金的计提方式予以明确，使之运行有了基本保障。

总的来说，我国巨灾保险实践逐渐走向理性和成熟：

（1）由保"人"到保"物"。初期试点基于操作难度和先行先试的原则，深圳、宁波试点都侧重于人身伤害保险，甚至在大理试点中也包含有人身意外保险。直到四川试点，才真正意义上符合传统理论中巨灾保险的内涵，仅以住房为保障对象，这既是保险技术的进步，也是我国巨灾保险理念成熟的标志之一。

（2）由政府统保到自愿参保。初期试点，如深圳、宁波、潍坊、大理，出于提高投保率、覆盖全区域的考虑，基于自身财政实力，选择了政府统保模式，民众无须承担保费。但是，政府统保模式保证了投保率的同时，也对民众对于巨灾保险的了解、主动参与巨灾风险管理的积极性产生了消极影响。正是基于这方面的考虑，四川试点采用了自愿参保模式，通过财政补贴大部分保费的方式来鼓励民众参与巨灾保险，通过对优抚对象保费全补贴的方式保证最需要巨灾保险的人群有所保障，也在一定程度上保证了投保率。目前城乡居民住宅地震保险制度采用了自愿投保模式，暂未有保费补贴的相关规定出台，后期是否会采取半强制型投保模式尚不可知，但至少不会再走回政府统保的老路上去了。至于 2016 年广东、黑龙江开展的巨灾保险试点，其采用指数保险模式，在此不多作讨论。

（3）由综合巨灾保险到专项巨灾保险。从深圳、宁波、厦门选择的综合巨灾保险，到大理、四川、张家口选择的地震巨灾保险，再到全国范围内推行的城乡居民住宅地震巨灾保险，我国巨灾保险实践经历了从综合巨灾到专项巨灾的嬗变过程。这是巨灾保险探索理性的回归，符合当前我国政策性巨灾保险处于起步阶段的客观实际，但最终还得在保险市场发达、技术成熟、条件充分的情况下，将台风、洪水等巨灾风险纳入保险体系。

（4）由单方的损失承担到多层次损失分担模式。政策性农房保险的损失分担最初极为简单，即保险人单独承担，其后西藏试点、成都试点采取了政府分担部分责任的模式。深圳、宁波、大理、厦门巨灾保险试点虽建有巨灾基金（或风险准备金），但风险承担主要还是依靠保险人自身；潍坊民生综合险试点赔付责任由保险人单独承担；直到四川试点，才在参考日本、我国台湾地区损失分担机制的基础上，建立了较为合理的多层次损失分担模式，并加以完善，应用到城乡居民地震巨灾保险制度中来。

（四）我国巨灾保险实践凸显的不足

1. 法律制度建设滞后

对于我国巨灾保险制度发展而言，最大的遗憾就是在历次巨灾后未能及时出台巨灾保险的相关法律法规，尤其是《保险法》的数次修订中，也未增加巨灾保险相关条款。当然，这也是基于立法的严谨性，由我国国情所决定。我国幅员辽阔，灾情复杂，保险市场发展水平不高，如果匆匆上马巨灾保险制度，难免仓促和疏忽，甚至给保险业带来重创。但是，以上种种，仍然不能掩盖我国巨灾保险法律制度建设严重滞后的事实。即便是试点 10 年有余的政策性农房保险，目前可依据的仍然只是 2013 年 3 月 1 日施行的《农业保险条例》附则第 32 条"保险机构经营有政策支持的涉农保险，参照适用本条例有关规定"，这也直接导致各地农房保险发展不一、参差不齐。制度保障、立法先行。在巨灾保险制度的构建中，法律制度的设计居于首要地位，需要较为完备的法律制度来确定巨灾保险的运行机制和规则，为其实施提供良好的运行环境。只有充分发挥立法的引领、先行功能，对巨灾保险的相关制度进行前瞻性、创新性、可行性的设计，巨灾保险才可能从纸面走向实践；只有以法律制度提供强有力的保障，巨灾保险才能在我国巨灾风险管理体系中真正发挥作用。

2. 地方政府支持力度不一

巨灾保险实施难，并不仅仅在于市场失灵，政府角色定位也出现了一定的偏颇。一直以来，我国政府在灾害风险管理方面，重点关注应急管理与恢复管理，往往忽视了风险管理。作为重要的灾害风险管理工具，巨灾保险一直为地方政府所忽视，或虽有重视却缺乏积极主动性。这既与地方政府利用保险手段进行风险管理的意识淡薄有关，也与我国政府长期以来角色定位不明、地方官员片面追求短期回报大有关联。

3. 投保率偏低

目前投保率偏低主要受以下几方面因素影响。

一是民众保险意识薄弱。由于对保险了解不多，加之根深蒂固的保守思想影响，民众宁愿把钱存进银行或是置产投资，也不愿意花"冤枉钱"去购买保险，致使自愿投保的保险产品销售不佳，投保率偏低，这也限制了我国保险市场的快速发展。反映到巨灾保险市场更是如此，除去政府统保模式的巨灾保险试点，民众在享受财政保费补贴的情况下，也不太愿意主动投保。

二是宣传不到位。巨灾保险宣传，一靠政府尤其是基层政府的大力宣传；二靠保险公司的宣传；三靠各种媒介的宣传。目前看来，宣传效果还不明显，宣传力度还有待加强，尤其是自愿投保的保险产品，各级政府和承保机构须得通过各种方式大力宣传和推广，使之真正为民所知、为民所信、为民所用。

三是保险服务未跟上。民众保险意识淡薄，也与我国保险业服务质量不高、信誉度较差有关。实践中，一些保险案例中赔付不及时、不得力，往往带来很大的负面影响①。

---

① 在调研中，课题组走访四川宣汉某村时，发现大部分农户未购买农房保险，问及原因，则是受某一村民影响。该村民曾于1995年购买长效还本家财险，2006年房屋遇暴雨倒塌，报案后，多次与承保机构联系，前后到县城3次，最终获赔200元，连往返路费、生活费都不够。这使得当地民众对于保险有抵触心理，大多认为"保险无用""保险是骗钱的"。

第三章 我国巨灾保险法律制度现状与选择

第一节 我国巨灾保险法律制度现状评述

一 我国巨灾保险法律制度之现状

新中国成立以来，我国巨灾保险法律制度也走过了六十多年的风雨历程。从 1951 年《关于实行国家机关、国营企业、合作社财产强制保险及旅客强制保险的决定》，到即将出台的《地震巨灾保险条例》，我国所颁布的一系列法规涉及巨灾保险领域，在自然灾害风险管理领域的法律法规也偶有提及。

（一）自然灾害法律制度

当前，我国自然灾害风险管理领域的法律法规主要有：《防震减灾法》《防洪法》《保险法》《气象法》《海洋环境保护法》等法律；《地质灾害防治条例》《森林防火条例》《破坏性地震应急条例》《蓄滞洪区运用补偿暂行办法》《自然灾害救助条例》《突发事件应急预案管理办法》《中华人民共和国防汛条例》《草原防火条例》《军队参加抢险救灾条例》等行政法规；《山东省地震应急避难场所管理办法》《山东省气象灾害评估管理办法》《湖北省突发事件应对办法》《湖北省抗旱条例》《黑龙江省气象灾害防御条例》《黑龙江省防震减灾条例》《安徽省气象灾害防御条例》等地方性法规；国家及各省、直辖市、自治区防灾减灾规划；《受灾人员冬春生活救助工作规程》《救灾捐赠管理办法》《气象灾害预警信号发布与传播办法》《防雷减灾管理办法》《市政公用设施抗灾设防管理规定》等部门规章；《新疆维吾尔自治区级救灾物资储备管理暂行办法》《内蒙古自治区自然灾害生活救助资金管理暂行办法》《河北省印发气象防灾减灾绩效管理工作方案的通知》等地方政府规章；另各省、直辖市、自治区制定有"实施《中华人民共和国防震减灾法/防洪法》规定/办法"，如《湖北省实施〈中华人民共和国防震减灾法〉办法》《北京市实施〈中华人民共和国防震减灾法〉规定》《西藏自治区实施〈中华人民共和国防洪法〉办法》等。

从法律、行政法规、部门规章，到地方性法规、地方政府规章，我国巨灾风险管理法律体系已初步建立，但还有待完善。

（二）巨灾保险法律制度

1995 年，我国颁布的《保险法》主要对商业保险行为予以规范，其中并未涉及巨灾保险内容，其后的几次修订，也没有将巨灾保险添加。1998 年生效的《防震减灾法》提出"国家鼓励单位和个人参加巨灾保险"，2008 年修订为"国家发展有财政支持的地震灾害保险事业，鼓励单位和个人参加巨灾保险"，《防洪法》也提出要大力鼓励洪水保险的发展，但是，相关细则未见出台，巨灾保险一直处于无法可依的状态，工作进展不大，保险业在巨灾风险管理中所能发挥的作用也就极为有限。另外一些法律法规中，对巨灾保险也偶有提及，但大多模糊不清，不具有可操作性，很难发挥指导、规范作用。2016年 5 月中国保监会、财政部所印发《建立城乡居民住宅地震巨灾保险制度实施方案》，为目前我国巨灾保险领域唯一可见的专门性部门规章；即将出台的《地震巨灾保险条例》将成为我国第一部巨灾保险行政法规。

二 我国巨灾保险法律制度之困境

（一）立法进程缓慢

从国外巨灾保险的实践来看，往往是在某次巨灾之后，迅速立法，进而实施。我国是世界上自然灾害最严重的国家之一，近几年更是巨灾频发，损失惨重。2008 年南方冰雪灾害与汶川地震之后，学界、业界对巨灾保险的呼声高涨，相关研究呈现出井喷之势，保监会相关人士也多次提及立法工作，但直至今日，巨灾保险立法进程仍显缓慢，国家层面的专项立法仍未出炉。

（二）基本法律缺位

目前，我国尚未有一部专门调整巨灾保险的基本法律，现行《保险法》未提及巨灾保险，《防震减灾法》《防洪法》一笔带过，"已有的关于地震或供水保险的规定多属政策性文件或部门规章，并且经常变动，导致了我国巨灾保险的性质得不到确定，巨灾保险所涉及的各种法律关系得不到法律调整，巨灾保险的管理机构、经营目标、经营原则、基金筹集管理、政府在巨灾保险中的角色、投保模式、查勘理赔、风险转移、责任分摊、管理监督、法律责任等方面都无法可依"[①]。实践中，保险机构对于商业巨灾保险业务的开展具有很大的随意性、间断性和盲目性。政策性巨灾保险也因为没有基本法律的指导和规范，缺乏政府支持，而仅仅在极少数地区予以试点。

（三）现有立法效力等级较低

基本法律缺位导致现有立法的效力等级偏低。缺少了基本法律的统筹，相关政策性文件、部门规章、地方性法规散而乱，"多由'通知''决定'的形式下达，效力等级明显偏低。而低层次的立法一方面由于没有立法程序上的严格要求，往往随意性较大，变动频繁，缺乏作为法律应有的严肃性与稳定性；另一方面在宣传报道、贯彻执行上都会受到一定的限制，很难为人们广泛知晓和切实遵守"[②]。

（四）已有法规缺乏可操作性

现有涉及巨灾保险的法规中，大多只是对开展巨灾保险进行号召和笼统的指导，并没有对巨灾保险的具体制度进行设计，甚至还出现了下位法与上位法相冲突的情况。尤其是在实际操作中，巨灾保险业务所涉及部门，往往出于自身利益的考虑，在颁行的相关规章、文件中与上位法的规定相抗衡。如1996年中国人民银行就在《关于印发〈财产保险基本险〉和〈财产保险综合险〉条款、费率及条款解释的通知》（此文件直到2010年9月29日才被废止）中将地震风险列为保险除外责任，从企业财产基本险和综合险中排除；1998年《防震

---

① 曾文革、张琳：《对我国制定地震保险法的思考》，《云南师范大学学报》（哲学社会科学版）2009年第6期。

② 同上。

减灾法》规定"国家鼓励单位和个人参加巨灾保险",《防洪法》也提出"国家鼓励、扶持开展洪水保险";而到了2000年后,保监会在其所下发的系列文件中则要求"保险公司不得随意扩大保险责任以承担地震风险"①。因而,我国的商业巨灾保险经营时断时续,难以有效开展,几乎是名存实亡。

因此,在任自力教授看来,"巨灾保险及其立法在中国虽然均已有数十年的历史,但二者目前均仍处于初级阶段。中国社会现阶段存在巨大的巨灾保险需求,但巨灾保险产品的供给却严重不足。造成这一局面的根本原因在于:巨灾保险的准公共物品属性与保险公司作为商事主体追求利润最大化之间的矛盾"②。从国际经验来看,巨灾保险的健康发展必须要有政府的适度介入或干预,否则巨灾保险市场难免走向失灵。政府介入或干预的主要方式之一即是制定市场规则,而法律是一种最重要、最基本的市场规则。"因为法律规范作为一种可预见的透明性规则,其本身的稳定性、延续性、严肃性、约束力和强制力,可使巨灾保险制度的运行能够得到强有力的支持和维护。一旦以法律形式将巨灾保险的运行模式、投保方式、承保范围、巨灾基金等内容固定下来,并形成一整套完整的巨灾保险法律制度,则巨灾保险制度的实施和运行也就得到了国家强制力的保障。"③

三 《地震巨灾保险条例》即将出台

2014年8月20日,在国务院新闻发布会上,中国保监会副主席王祖继表示,我国将"首先以地震巨灾保险条例作为突破口,推动巨灾保险立法,将巨灾保险纳入法制化、规范化的灾后防范救助体系"④。

---

① 如2000年1月28日《关于企业财产保险业务不得扩展承保地震风险的通知》、2001年2月9日《关于进一步加强企财险扩展地震风险管理的通知》(保监发〔2001〕61号)、2001年4月10日《企业财产保险扩展地震责任指导原则的通知》(保监发〔2001〕160号),均对保险公司承保地震风险予以严格限制。

② 引自任自力《中国巨灾保险法律制度研究》,中国政法大学出版社2015年版,第74页。

③ 引自许均《法律先行 三方分担》,《中国保险报》2008年6月13日海外版第5版。

④ 《"新国十条"勾勒出巨灾保险发展空间》,《时代金融》2014年第25期。

2015 年初，保监会成立《地震巨灾保险条例》工作组，正式启动《地震巨灾保险条例》起草工作，几易其稿，完成《地震巨灾保险条例》初稿。2015 年 3 月，保监会在小范围内征求了保险行业意见，在此基础上作一定修改，形成了现有的《地震巨灾保险条例》（征求意见稿）。

2015 年 9 月 24 日，中国保险行业协会组织相关部委代表、在京高校部分专家学者，召开了《地震巨灾保险条例》（征求意见稿）座谈会。与会代表针对"征求意见稿"中一些问题展开讨论并积极建言献策。

（一）基本内容

从目前所获取的资料来看，《地震巨灾保险条例》（征求意见稿）共包括五章四十条：第一章总则；第二章地震巨灾基金；第三章经营规则；第四章法律责任；第五章附则。

第一章总则。作为总纲部分，主要就立法目的、适用范围、地震巨灾保险的定义、运行规则（实施原则）、组织机构、地震巨灾基金等基本内容作概括性表述。

第二章地震巨灾基金。主要内容包括：地震巨灾基金的设立、资金来源、管理机构、资金运用等。

第三章经营规则。主要包括：地震巨灾保险的经营资格、经营原则、管理机构的核查、地震巨灾保险合同（投保人、保险额度、保险费率及条款）、风险分散、查勘赔付、保费补贴及其他规定。

第四章法律责任。主要包括：非法经营、违规经营、骗保、侵占基金资产及直接责任人员的法律责任。

第五章附则。

（二）主要特色

从征求意见稿来看，《地震巨灾保险条例》与《建立城乡居民住宅地震巨灾保险制度实施方案》一脉相承。其亮点有五：

（1）选择了地震巨灾保险作为我国巨灾保险立法的突破口，将成为我国巨灾保险领域的首部专项立法，完成了地震巨灾保险的顶层法规设计，使得巨灾保险在实际操作中有了法律依据和法律准绳。

（2）明确了地震保险共同体与地震巨灾基金的运行模式、运行规则。

（3）明确了巨灾保险的运行模式和运营规则。

（4）明确了地震巨灾保险的损失分担模式。

（5）明确了政府的相应责任和义务。

第二节　我国巨灾保险法律制度之选择

一　我国巨灾保险立法模式之选择①

（一）巨灾保险现有立法模式之多维考察

1. 专项立法与综合立法

依据风险种类，巨灾保险法律制度可以分为专项立法和综合立法。

（1）专项立法。所谓专项立法，是指对单种巨灾风险的巨灾保险予以规制的立法模式。目前实行专项立法的有日本地震保险、美国洪水保险、土耳其地震保险、澳大利亚洪水保险、我国台湾地区地震保险及我国城乡居民住宅地震巨灾保险等。

（2）综合立法。所谓综合立法，是指对多种巨灾风险的巨灾保险予以规制的立法模式。目前实行综合立法的有新西兰巨灾保险、法国巨灾保险、挪威巨灾保险、西班牙巨灾保险、冰岛巨灾保险、瑞士巨灾保险等。

2. 单独立法、修订立法与补充立法

依据立法形式，巨灾保险立法可以分为单独立法、修订立法、补充立法。

（1）单独立法。所谓单独立法，是指由立法机关制定规范性文件对巨灾保险予以规制。

巨灾保险立法也有广义、狭义之分。广义的单独立法，是指从中央到地方一切国家机关针对巨灾保险制定和变动各种规范性文件的活

① 何霖：《我国巨灾保险立法模式研究》，《四川师范大学学报》（社会科学版）2017年第 2 期。

动。狭义的单独立法，则是由拥有立法权的立法机关专门制定规范性文件对巨灾保险予以规制，在我国，立法机关即全国人民代表大会及其常设机关常务委员会。

（2）修订立法。所谓修订立法①，是指通过对既有法律的修订，增加巨灾保险的相关内容。修订立法对承保风险没特殊要求，但修订对象为现有法律。

美国加州地震保险为修订立法，其主要通过对《加州保险法》之补充、修订而完成。最早见于1984年《强制提供法案》，强制要求保险人向投保人提供住宅地震保险，其后经过数次补充，仅1996年，加州议会就通过了3个有关加州地震保险局的《地震保险法修正案》。目前《加州保险法》在第二编第8.5章对地震保险予以规定。

澳大利亚洪水保险其实质亦为修订立法，其1984年《保险合同法》虽规定标准财险保单中包含巨灾风险，但直到2012年《保险合同法修正案》，方通过法律强制要求保险人须提供洪水保险。

（3）补充立法。补充立法亦称延伸立法，是对法律的一种补充规定，一般由行政机关因执行法律而订立的施行条例或细则。

在实践中，无论是采用单独立法模式，还是修订立法模式，一般都与补充立法相结合。这是因为法律的简明性往往致使其很难将其实施细则作出详细规定和说明，所以往往授权行政机关制定执行细则，以保证法律的施行。

我国台湾地区在"保险法"中增加了地震保险的相关内容，是为修订立法；其于2001年底公布了《财团法人住宅地震保险基金捐助章程》《财团法人住宅地震保险基金管理办法》《住宅地震保险共保及危险承担机制实施办法》等规定，是为补充立法。

（二）我国巨灾保险法律制度之现实选择

1. 战略规划

早在2006年，国务院下发《关于保险业改革发展的若干意见》，

---

① 梁昊然等学者将补充立法称为修订型立法模式。曾文革、张琳等学者称之为"补充立法模式"，任自力教授采用其观点，但笔者以为补充立法与修订立法不能混为一谈，二者有着本质上的区别。

就明确提出了"建立国家财政支持的巨灾风险保险体系"的目标。2014年初,"保监会会同有关部委,制订了'中央统筹协调、地方破题开局、行业急用先建'的'三条线,齐步走'的制度战略"。6月,深圳试点率先破冰。2014年10月14日,保监会副主席周延礼表示,我国"救灾保险制度建设分三步走:一是2014年底前完成专题研究工作,明确巨灾保险制度框架;二是在2017年底前完成巨灾保险立法工作,推动出台《地震巨灾保险条例》,研究建立巨灾保险基金;三是2017—2020年进入全面实施阶段,逐步将巨灾保险制度纳入到国家防灾减灾综合体系中"[①]。

2. 现实选择

实践方面。如前文所述,我国巨灾保险实践经历了由综合巨灾保险向专项巨灾保险转向的过程。在巨灾保险地方试点中,前期开展的深圳、宁波、潍坊试点均为综合型巨灾保险,后期开展的大理、四川、张家口试点则以地震这一单一风险为承保风险。2016年7月1日在全国范围内全面铺开的城乡居民住宅地震巨灾保险亦是专项巨灾保险。正如《建立城乡居民住宅地震巨灾保险制度实施方案》中所言,"选择地震灾害为主要灾因……以地震巨灾保险为突破口……尽早惠及民生"。

立法方面。最初,曾有制定《巨灾保险条例》的说法,到2014年我国巨灾保险制度顶层设计出台时,已确定以地震保险为突破口,先行制定《地震巨灾保险条例》。2014年8月20日,中国保监会副主席王祖继表示,我国将"首先以地震巨灾保险条例作为突破口,推动巨灾保险立法,将巨灾保险纳入法制化、规范化的灾后防范救助体系"[②]。2015年,《地震巨灾保险条例》已完成"行业内征求意见稿""专家征求意见稿",将通过城乡居民住宅地震巨灾保险的实践探索,予以完善后正式出台。

3. 未来需求

从目前情况来看,先行制定《地震巨灾保险条例》,突破巨灾保

[①] 《金融时报》评论员:《保险业叩开参与国家巨灾风险管理之门》,《金融时报》2015年11月16日第1版。

[②] 陈永强:《"三步走"勾勒巨灾保险路线图》,《云南经济日报》2014年10月23日第1版。

险立法困境，已成定局。但是，《地震巨灾保险条例》的出台不是终点，而是我国巨灾保险法律制度的起点。

首先，选择地震巨灾保险作为突破口，既是因为地震灾害破坏力强，所造成损失巨大，普通住宅和民众很难抵御；也是因为地震风险为多数商业保险产品所排除，即便是有地震附加险，考虑到风险因素，商业保险机构往往将费率设置较高，民众很难买到一款保额和价格都称心如意的地震保险产品，而洪水、台风等巨灾风险往往包含在普通商业保险承保范围，因此，在现阶段，政策性地震巨灾保险为民众之所需，为民众之所急。其次，在我国巨灾保险制度实施之初，需要选择难度较小、易于操作的单一风险巨灾产品来试水，通过在全国范围内的实践探索，为下一步立法工作提供参考。我国地震多发，地震数据积累较为丰富，风险区划较为成熟，且有商业性地震保险和地震保险地方试点为基础。从前期地方试点来看，深圳、宁波、潍坊、厦门试点均为综合巨灾保险模式，大理、四川、张家口试点以及我国台湾地区均为地震巨灾保险模式，其他的台风、洪水等专项巨灾保险试点尚未正式启动，因此，选择地震巨灾保险作为突破口，既方便吸取前期试点的经验教训，又利于后期地方试点与城乡居民住宅地震巨灾保险制度的衔接和并轨工作。再次，先期选择地震巨灾保险，也是符合我国保险行业发展水平的。我国保险业发展时间较短，综合实力、技术手段、风险抵御能力与发达国家相比还存在较大的差距，尤其是在家庭财产保险领域，这个差距更为明显。因此，选择单一风险保险品种，是符合我国保险行业发展水平的，也能够通过单一风险巨灾保险的推广，逐渐提升保险业的技术水平，在条件成熟之后发展综合性巨灾保险。因此，我们可以肯定的是，以地震巨灾保险为突破口，先行出台《地震巨灾保险条例》，正是基于我国巨灾风险现状与保险业发展水平作出的审慎选择，也是迫于现实困境的无奈之举。

换而言之，选择地震巨灾保险仅仅是权宜之计，无论是实践还是未来的立法，都需要将更多的如台风、洪水、暴雨、泥石流等巨灾风险予以囊括，一并纳入政策性巨灾保险体系中来。是不是有了政策性地震保险，其他巨灾风险可以通过商业保险予以解决？又或者继《地震巨灾保险条例》之后，另行制定《台风保险条例》《洪水保险条例》，在全国范围内推行各类主要性巨灾保险？还是参照新西兰地震保险法律制度，扩充地震巨灾保险承保风险范围，使之涵盖大多数巨灾风险？更为迫切的问题是，在延续单项巨灾保险制度，以《地震巨灾保险条例》规制我国巨灾保险经营活动的情况下，如何实现地震巨灾保险与政策性农房保险、巨灾保险地方试点的衔接与并轨，难道允许其在长时期内并行？

事实上，不久的将来，在各方面条件基本成熟的情况下，我国终将建立起综合性巨灾保险体系，以综合性巨灾保险法律制度为支撑，以国家强制力为保障，将地震、台风、洪水、雪灾、雹灾等巨灾风险纳入，真正实现巨灾风险的有效分散和民众财产的有力保障。因此，制定综合性巨灾保险法律制度为大势之所趋、发展之必然。

（三）我国巨灾保险立法模式之最终选择

本书对几种立法体例作简单评价，并对我国巨灾保险综合立法之必要性、可行性作简要探讨，认为专项立法是当前我国巨灾保险法律制度的现实选择，而综合性单独立法模式是当前我国巨灾保险法律制度的最终选择。

1. 综合立法之优势

（1）专项立法具有一定弊端。

专项立法模式下的巨灾保险法律制度，"以单一巨灾风险为承保对象，目标明确，具有立法难度相对较小的优势，且能对各项制度较为清晰地表达，对巨灾保险法律活动能够很明确地予以规范，国外巨灾保险立法多有采用此模式者，故为学界所认可"[1]。任自力教授认为，我国应"优先出台专门的地震保险法和洪水保险法"[2]，这样做的理由有四："一是专项立法的立法难度较小、可操作性较强；二是专项立法更符合国际上巨灾保险立法的规律、更为科学；三是专项立法更符合中国保险业的发展现状和大众对巨灾保险的接受水平；四是专项立法可为市场主体提供更多的选择自由。"[3]

---

[1]　何霖：《我国巨灾保险立法研究》，西南财经大学出版社 2014 年版，第 149 页。

[2]　任自力：《论中国巨灾保险立法的构建》，《首都师范大学学报》2013 年第 5 期。

[3]　任自力：《中国巨灾保险法律制度研究》，中国政法大学出版社 2015 年版，第 135—137 页。

　　事实上，专项立法同样存在一些弊端，尤其是在我国这样的地域广阔、灾情复杂的国家和地区，表现得更为明显。由于专项立法只针对某种巨灾风险而设置，其适用面就较为狭窄，只有该风险存在的那些地区才可能推行该保险，否则对其他无风险地区民众显失公平。

　　另外，任自力教授建议在"我国专门的地震保险法与洪水保险法出台之后，或可考虑将现行《农业保险条例》下大量非真正意义的农业巨灾风险，如农房巨灾风险等逐步剥离出来，合并到地震或洪水保险法中，并由后者进行调整"①，其实就是将政策性农房保险等涉农保险从农业保险中剥离，实现与巨灾保险制度的并轨。这是目前笔者所见的首次提出政策性农房保险与巨灾保险并轨问题的见解，也与2016年5月11日印发的《建立城乡居民住宅地震巨灾保险制度实施方案》中提出的"将现有农房保险、地方巨灾保险试点业务逐步纳入我国巨灾保险制度建设"的要求不吻而合，极具建设意义。但是，以即将出台的《地震巨灾保险条例》为代表的专项巨灾保险法律制度怎么实现政策性农房保险、地方巨灾保险试点与地震巨灾保险的完美并轨？这又回到前文讨论的并轨难点上来，是牺牲农房保险和地方巨灾保险试点，减缩其承保风险，将之分门别类地纳入各项巨灾保险制度如地震保险、洪水保险、台风保险、雪灾保险、雹灾保险等等之中，还是如实施方案中所述"推出适用现有农房保险、地方巨灾保险试点的地震巨灾保险产品，将之纳入"？倘若是后者，涵盖多种巨灾风险的地震巨灾保险还算是单一巨灾保险吗？规范其法律行为的《地震巨灾保险条例》还适用吗？是否需要修改或者在其之上再制定综合性巨灾保险法律制度，如《巨灾保险法》？

　　本书认为，在我国巨灾保险制度实施初期，针对不同风险分别专项立法，的确解决了我国灾情复杂、各地巨灾存在差异的问题，也符合我国保险行业发展水平；"但各类巨灾产品各行其是，是否都能有较高的投保率，有足够的偿付能力，从而达到预期效果？会不会对投保人经济承受能力和投保意愿造成不良影响？尤其是某些地区，本身

---

　　①　任自力：《中国巨灾保险法律制度研究》，中国政法大学出版社2015年版，第140页。

就面临多种巨灾风险，地震、洪水、飓风等都有可能发生，如果都采取专项立法，针对各种单一风险推出各自的巨灾保险产品，投保人是否必须购买所有这些巨灾保险？此种情形下，只有采用综合立法模式，先行制定巨灾保险基本法，对各地、各种巨灾风险进行统筹安排、分类指导，方能解决这个难题"①。

（2）综合立法更符合我国国情。

其一，建立统一的多风险体系的巨灾保险法律制度，更符合我国灾情所需。换言之，综合性巨灾保险法律制度，能够实现巨灾保险的全覆盖，充分保证巨灾风险最大地域化的分散，从而实现巨灾保险保障功能的最大化和最优化。

正如学界所言，"我国国土面积较大，巨灾风险种类繁多，有7大类40多种自然灾害，不同灾种的危害性和分布区域差异较大"②，反过来讲，我国各个地区的灾害种类和危害度差异性也是很大的，尤其是对以居民住宅为主的家庭财产所能造成巨大危害的巨灾风险地域差异性较为突出。此种情况下，尽管以单一巨灾风险为标的之专项巨灾保险立法具有立法难度较小、可操作性较强的优势，但放在整个国家的层面上来，很难实现该项巨灾保险在全国范围内的有效推行和全面覆盖，其中最大的困扰在于民众的逆选择，即地震风险较高地区的民众踊跃投保，地震风险较低地区的地震保险无人问津，洪水保险、台风保险等亦是如此。民众作出这样的选择其实是可以理解的，既然本地地震风险较低，住房比较安全，为什么要去购买地震保险？反而是因为其他灾害导致房屋受损，凭其购买的单项巨灾保险，无法得到赔付。正是基于此，无论是四川居民住房地震保险试点还是现行的城乡居民住宅地震巨灾保险，在采用自愿投保模式的情形下，均出现了覆盖面不够、投保率较低的难题。值得注意的是，四川选取的试点地还是地震风险较高地区，且有财政给予保费60%的补贴，民众自愿参保率仍远远低于预估水平。

---

① 何霖：《我国巨灾保险立法研究》，西南财经大学出版社2014年版，第149页。
② 任自力：《中国巨灾保险法律制度研究》，中国政法大学出版社2015年版，第135页。

综合性巨灾保险则能在国土范围内，最大可能地实现巨灾风险地域化分散。尽管各地灾情差异较大，但基本上都有着能对住房造成威胁的巨灾风险存在，使得当地民众购买巨灾保险具有可能性。至于学界担心的民众对综合立法模式下含有多种巨灾保障的一揽子巨灾保单无法做出选择的担忧，本书认为这恰恰是综合性巨灾保险立法模式下的优势所在。只要宣传得力，产品给力，补贴到位，赔付尽力，民众投保意愿自然上升，若再施加其他手段如强制性、半强制性手段，巨灾保险的覆盖面和投保率完全能够得到保证，民众的家庭财产安全得到充分保障，且不会引发民众对于巨灾保险及其强制手段的反感和抗拒。尤其是某次巨灾过后的赔付到位，更能有效刺激民众投保热情。这是单项巨灾保险在摈弃政府统保模式之后所无法企及的。而且，综合立法模式下的巨灾保险基于地域差异性，必然采取差异性费率，即保费随地域差异、建筑差异而波动，完全能够将保费控制在各地民众所能接受之范围。至于综合巨灾保险产品不利于市场创新的担忧，本书认为，作为政策性保险，巨灾保险产品与其他商业性产品具有天然的区别，最根本的在于其非营利性。因此，政策性巨灾保险及巨灾保险法律制度只需要在运行过程中，根据实际情况的发展变化，不断调整、不断完善即可。

其二，综合巨灾保险法律制度更符合我国巨灾风险管理水平。首先，从我国巨灾风险管理制度来看，灾前防御、灾中救援、灾后救济这一系列风险管理手段，基本上都依靠于政府财政支持。我们发展巨灾保险的目的不是将巨灾风险完全转移给民众，也不是将巨灾风险完全转移给市场，而是充分调动各方面的力量，将以前大部分依靠政府救济和受灾民众自救的巨灾风险尽可能地通过市场手段予以分散，将政府财政支持、民众自身力量、市场化风险转移有机结合起来，从而达到政府财政压力得以减轻、保险市场得以发展与民众利益得到更好保障的多赢局面。那么，在这一过程中，最为关键的环节就在于政府的参与。不仅需要国家层面的立法提供制度保障，还需要财政支持、税费优惠、管理监督，等等。财政投入最为重要，主要体现在三个方面：保费补贴——刺激民众投保意愿，保证巨灾保险的投保率；巨灾保险基金注入——直接关系到巨灾保险抵御风险能力；参与责任分担——在保险公司（或是共保体）、巨灾保险基金、再保险市场之外承担更多的给付责任甚至是兜底责任。作为政策性巨灾保险，如果依据灾害类型分别进行专项立法予以规制，是不是意味着政府须同时向多个巨灾保险提供财政支持？是否还如目前农房保险与巨灾保险那样分由不同机构管理，由多个部委各自牵头负责管理监督？是分别建立地震巨灾保险基金、洪水保险基金、台风保险基金还是在全国范围内建立统一的巨灾保险基金实施统一管理？这样一来会不会出现"九龙治水各管一头"的混乱局面？要破解这一难题，唯有在前期单项巨灾保险实践之基础上，通过综合立法，建立起综合性巨灾保险制度，让有限的财政投入发挥最大的功效；同时，建立统一的管理机构，政令畅通，管理科学，使得"心往一处想、智往一处谋、劲往一处使"，保证巨灾保险机制的高效运转。

至于有学者关心的"采用综合立法模式，可能加重保险人与投保人的负担"的担忧，本书以为，在政策性巨灾保险体系中，保险人的风险是完全可控的。当然，这一论断建立在完备的风险分散体系和责任分担体系基础之上。以我国城乡居民住宅地震巨灾保险制度为例，四十多家财产保险公司共同组建的地震保险共同体在责任分担体系中，其所需要承担的赔付责任是极为有限的。更多的赔付责任由巨灾保险基金、再保险市场和政府承担，在一定条件下甚至会启动回调机制实施比例赔付。在综合立法模式下，综合性巨灾保险责任分担体系应与此类似，保险公司甚至政府的赔付责任都将会被限制在一个可控范围，并不会出现由于巨灾风险保障种类增加而影响保险人风险偿付能力的情形。至于"综合立法模式下巨灾保险势必要求更高的安全附加保费，从而可能抑制投保人的投保意愿"的担忧，本书以为，虽然可能会出现某些地区保费较高的状况，但从另一方面来看，相较于多种单项巨灾保险并行、民众难以选择的情形，综合性巨灾保险产品或许更有竞争力，毕竟其囊括了各种巨灾风险，基本上达到"房屋受损即可获赔"的效果。至于保费较高的担忧，在财政提供保费补贴的背景下，投保人自付部分也不会存在太大的问题。

（3）综合立法具有可行性。

1）立法技术的日趋成熟

自十一届三中全会以来，我国法制建设进入快速发展时期，立法技术日趋成熟，中国特色社会主义法律体系已经形成。虽然尚无专门的巨灾保险法律法规出台，但相关法律法规中对巨灾保险也有所规定。尽管有难度，但目前的立法技术基本上能够满足巨灾保险综合立法之需要。而且，地方巨灾保险试点的开展、城乡居民住宅地震巨灾保险的全面推动、《地震巨灾保险条例》等专项立法的完成，都将为我国巨灾保险综合立法积累大量的经验，奠定坚实的基础。

2）国外经验的有益借鉴

从现有巨灾保险立法来看，不少国家实行了综合立法，巨灾保险承保风险是多种类的，而非单类巨灾。新西兰地震保险最初以地震风险为承保对象，其后逐渐扩展到范围更大的自然灾害，如海啸、地层滑动、火山、地热等；英国巨灾保险虽以洪水保险为名，其承保风险却十分广泛，所有可能发生的巨灾风险都涵盖在内；法国自然灾害保险承保地震、洪水、火山、海啸、风暴等7类风险；挪威自然灾害保险承保山体滑坡、洪水、暴风雨、地震、火山5种自然风险；西班牙巨灾保险承保地震、洪水、台风等自然灾害以及社会政治风险；冰岛巨灾保险、瑞士巨灾保险法律制度均采取综合立法模式。

3）国情灾情的现实需求

我国是单一制国家，坚持社会主义法制统一原则是所有立法的必然要求。但由于地域广阔，各地巨灾风险存在较大差异，因此，有必要在巨灾保险立法活动中，对这些可能造成巨灾损失、威胁社会经济发展的巨型自然灾害风险予以统筹管理，综合性立法势在必行；但又要考虑到各地的风险差异，予以分类指导，从而真正体现巨灾保险立法的科学合理原则。

4）保险市场的日益壮大

随着近年来商业保险机构推出的大量商业性巨灾保险产品，政策性农房保险的全面推广，以及巨灾保险地方试点的正常运行和不断调适，加之城乡居民住宅地震巨灾保险制度的正式实施和《地震巨灾保险条例》的即将出台，我国日益壮大的保险市场在保险技术上进步很快，以人保财险为首的多个商业保险机构在全国范围内开展了各类巨灾保险业务尝试，尤其是地震保险共同体的成立和运行，积累了丰富的经验，锻炼了人才队伍，提升了巨灾保险技术水平，为我国巨灾保险综合立法的实现奠定了市场基础。

2. 单独立法、修订立法之选择

（1）修订立法之劣势。修订立法"成本小，难度较低，便于修订。但修订立法依附于既有法，而非单独立法，所以立法层次不高，很难形成巨灾保险立法的制度化、体系化；更适用于较小地域空间内、风险单一的巨灾保险立法。对于地域广阔、风险种类较多的国家和地区而言，修订立法模式并非好的选择"[①]。所以，在巨灾保险法律制度建立初期，我们或许可以选择修订立法模式，在保险法中增加巨灾保险的条款，但随着巨灾保险法律制度的发展，修订立法模式很难满足现实需求，即将出台的《地震巨灾保险条例》充分印证了这一观点。

（2）单独立法之优势。巨灾保险涉及面广，仅靠修订立法难以将各方面予以囊括规制，最多也就是增设基本条款，再授权立法制定各项配套法规，立法层级较低且散，效力难免大打折扣。通过单独制定法律法规的形式对巨灾保险予以单独立法，是当下我国的选择，也确具修订立法所难及之优势。

1）权威性

无论是当下的《地震巨灾保险条例》，还是未来的《巨灾保险法》，以单独立法的形式出现，既能充分体现国家对巨灾保险法律制度的高度重视，又能彰显巨灾保险法律制度的权威性。

2）可操作性

通过单独立法的模式对巨灾保险整个运行程序予以规制，其可操作性远远高于以修订立法模式在相关法律中所增加的巨灾保险条文。一部完整的法律，从总则到细则，从立法目的、立法原则等基本规则到巨灾保险经营、巨灾保险基金、政策支持、监督管理、法律责任等基本内容——罗列规范，易于上手，便于操作。

3）易于宣传性

相关法规出台后，宣传是关键。就巨灾保险法律制度而言，加大其宣传力度，让民众知法守法用法，既是广泛宣传巨灾保险制度，让

---

① 何霖：《我国巨灾保险立法研究》，西南财经大学出版社2014年版，第149页。

民众知晓巨灾保险对于家庭财产的重要保障作用，使之积极投保；又是让民众了解相应法律法规，懂得在特定条件下运用法规保护自身合法权益。单独成法的巨灾保险法律法规的宣传难度明显低于修订立法模式下的相关法规，宣传效果亦大有不同。

（四）我国巨灾保险法律制度建设之展望

1. 短期目标：专项立法——《地震巨灾保险条例》；补充立法——修订《保险法》

从目前立法进程来看，《地震巨灾保险条例》近年内即将出台，通过专项立法打开突破口的短期目标即将完成。同时，修订《保险法》，增加巨灾保险的相应条款，亦是可期。至于在《地震巨灾保险条例》之后，是否会紧跟着制定《洪水巨灾保险条例》《台风巨灾保险条例》等专项法规，从而启动洪水巨灾保险、台风巨灾保险，本书以为暂无必要，洪水保险、台风保险的基本思路和运行规则类似于地震巨灾保险，完全可以参照地震巨灾保险法律制度执行，无须另行制定。下一步的立法工作重心应放在酝酿综合性巨灾保险立法《巨灾保险法》以及相应配套法规的建设上来。

2. 中期目标：综合立法——《巨灾保险法》

从目前学界的研究动态与保监会的动作来看，先行制定《地震巨灾保险条例》并于近期正式出台已成定局。但本书认为，巨灾保险，尤其是综合性巨灾保险远比农业保险、农房保险复杂，操作难度更大，"如果仅仅是行政立法或部门规章，很可能难以确保该法律制度的权威性，仍然有必要制定巨灾保险基本法——《巨灾保险法》，这是巨灾保险立法的方向，也是巨灾保险立法的必然结果"[1]。

另外，从立法层级的角度来看，当前仅仅是出台《地震巨灾保险条例》，而非《地震保险法》，也为我国巨灾保险综合立法——《巨灾保险法》留下了遐想空间。如果一开始就制定《地震保险法》《洪水保险法》，那么后面是否需要以法典的形式来制定综合性法律予以统领和规制？而《地震巨灾保险条例》《台风保险条例》《洪水保险条例》等行政法规、部门规章在层级和效力小毕竟要低于法律，在条

---

[1] 何霖：《我国巨灾保险立法研究》，西南财经大学出版社 2014 年版，第 152 页。

件成熟的情况下，完成我国巨灾保险法律制度之中期目标——《巨灾保险法》，也就理所当然了。

3. 中长期目标：补充立法——完成各项配套法规，构建完备的巨灾保险法律体系

政策性巨灾保险牵涉多方面，除了主干法规——《地震巨灾保险条例》及未来的《巨灾保险法》外，还需要通过主干法律的授权，由行政机关制定相应的配套性行政法规、部门规章等，甚至地方政府也有必要出台相应管理办法等地方性规章，从而形成从上至下较为完备的巨灾保险法律体系，为巨灾保险之惠民安民保驾护航。日本地震保险法律体系中，除了以《地震保险法》为主干，还分别制定有《地震再保险特别会计法》《地震保险法律实施令》《关于〈地震保险法律实施令〉部分修改的政令》《地震保险法律实施规则》等法规；我国台湾地区地震保险法律体系，除了在"保险法"中增加住宅地震保险相关规定外，于 2001 年底陆续公布"财团法人住宅地震保险基金捐助章程""财团法人住宅地震保险基金管理办法""住宅地震保险共保及危险承担机制实施办法"等规定，由此构成较为完整的法律体系。同样，在我国巨灾保险法律体系中，同样需要配套法规对一些核心问题予以详细规范，如共保体相关规则、巨灾保险基金提取及管理规则、各级财政对于巨灾保险实施保费补贴的相关规则、巨灾保险税费减免规则、巨灾保险与巨灾保险基金的监督审计规则，等等。

二 我国巨灾保险法律制度之基本框架

我国巨灾保险法律制度须对巨灾保险运行全过程予以规制，理应包括资金归集法律制度、管理运营法律制度、巨灾保险基金管理运营法律制度、监督审计法律制度等基本内容。本书主要对资金归集法律制度、巨灾保险运营法律制度、巨灾保险基金管理运营法律制度做具体探讨。

（一）巨灾保险资金归集法律制度

巨灾保险资金归集法律制度，是指为保证巨灾保险的正常实施，对巨灾保险保险方式、承保范围、费率厘定、保费收支（保费收取、保费补贴、保费去向）等流程进行规范的法律制度的集合。

保险方式。依据巨灾保险承保投保的自愿度，对巨灾保险采用自愿/半强制/强制承保、自愿/半强制/强制投保的方式作出制度安排，由国家强制力保证实施。从我国现有巨灾保险实践来看，基本上采取自愿模式，暂未对商业保险机构与投保人作出强制性或半强制性的要求。但结合巨灾保险的社会保障性及其发展前景，在我国实施半强制化巨灾保险制度更为妥当。

承保范围。承保范围是指巨灾保险法律制度对巨灾保险的保障对象与保险责任作出精确规范。保障对象即保险标的，是巨灾保险保障的目标，为巨灾保险双方当事人权利和义务所指向的对象。政策性巨灾保险作为准公共产品，一般具有广覆盖、低保障之特征，故大多选择民众生活最重要物资之住宅为保障对象。我国城乡居民住宅地震巨灾保险以"壳"为标的，保住宅，暂不涉及室内财产。保险责任，即保险人承担的危险范围。前文所述巨灾保险法律制度专项立法与综合立法即由保险责任来区分，保险责任为单一巨灾风险，其立法为专项立法；保险责任为多项巨灾风险，则为综合立法。从我国现有实践来看，暂将保险责任限定在地震及其次生灾害；从发展趋势来看，我国巨灾保险保险责任将扩展到其他巨灾风险。

保险价格。主要包括保险金额和费率标准两方面。保险费率即通过法律法规对巨灾保险的费率厘定规则予以确定，以此为基础实现保险定价。保险定价不同于费率厘定，前者为决策层面，后者为技术层面。就巨灾保险而言，保险定价依据标的物保险价值和费率而定；费率厘定则需依据固有原则，根据诸要素展开并作调整。本书暂不关注技术层面，主要确定巨灾保险是采用单一费率还是差别费率。结合我国灾情，我们认为采用差别费率更为适宜。

保费补贴。保费收支制度主要包括保费收取、保费补贴、保费去向等制度性安排。保费收支较为简单，在法律对巨灾保险保险方式予以明确之后，巨灾保险合同双方当事人依据合同履行保费收缴义务；保费补贴制度是指在巨灾保险法律制度中，为鼓励民众参与巨灾保险，通过财政支付的手段，对巨灾保险保费予以一定比例的补贴的制度安排，主要明确各级政府补贴比例等内容；保费去向是指法律制度对收取的巨灾保险保费流向所作安排，一般包括承保机构留存、计提巨灾保险基金、购买再保险、投资等。本书重点探讨保费补贴制度。

（二）巨灾保险管理运营法律制度

巨灾保险管理运营法律制度，是为实现巨灾保险制度的正常稳定运行，而对巨灾保险的管理运行进行全面规划和系统管理的法律制度。主要涵盖巨灾保险的运作模式、管理机构、风险分散、保险给付（给付额度、给付范围、给付标准、查勘程序、给付程序）、责任分担等制度。

运作模式。巨灾保险运作模式分为政府专营，政府与商业保险机构共同参与、部分市场化，完全市场化运作 3 种。在我国，政府独自运作巨灾保险的技术储备与运营网络较为欠缺，且易增加政府财政压力，削减民众、市场参与巨灾风险分散的积极性，不利于巨灾保险制度的健康发展，不符合我国实施巨灾保险制度之初衷，因此可以排除。而由商业保险机构完全市场化运作，则受限于我国保险市场实力不强、抗风险能力较弱、保险技术落后、保险人才匮乏、民众保险意识薄弱等因素，也很难真正有效开展。因此，我国只能选择由政府与商业保险机构共同参与，"政府主导、商业运作"的模式发展巨灾保险。

管理机构。是指在法律法规中对于巨灾保险的管理机构设置、权限予以明确。

风险分散。是指对巨灾保险保险人所承保的风险通过何种方式予以分散的制度安排。一般包括组建共保体、计提巨灾风险准备金、购买再保险、通过资本市场发行期货债券等方式。

保险给付。主要包括给付额度、给付范围、给付标准、查勘程序、给付程序等内容，也是巨灾保险最重要的环节之一。给付额度，是指巨灾保险的保险额度，一般依据保险价值或是特定标准而确定，目前国际上大多以建筑物重建成本为保险价值，从而确定保险额度。同时，现有巨灾保险法律制度大多对巨灾保险设置有免赔额、保险限额以及风险单位（单次灾害）总额限制。给付范围主要是指保险标的的直接损失或间接损失、巨灾损失或巨灾次生灾害损失，二者相结合从而确定巨灾保险制度的给付范围。如我国城乡居民住宅地震巨灾保险制度将给付范围限定为地震及其次生灾害所造成的直接损失。给付标准是指法律法规对于巨灾保险赔付标准的确定，一般分为分档定损支付、按实际损失支付、全损支付等。查勘程序是指灾害发生后，启动理赔机制时，由谁负责查勘、查勘具体程序的制度安排。给付程序是指巨灾保险责任分担主体依据法定程序向被保险人理赔给付的流程。

责任分担。是指依据法律之规定，由各责任主体承担应有之给付责任。政策性巨灾保险法律制度中，责任分担一般均为多层责任分担体系，尽可能地将风险予以分解。

（三）巨灾保险基金管理法律制度

王显勇在其论著《社会保险基金法律制度研究》中，将社会保险基金法律制度的要素总结为"收管支督"四个字，认为"社会保险基金法律制度的主要四实质上是解决社会保险基金的征收权、所有权、管理权、监督权、收益权之间如何配置的问题"①。参照其划分方式，本书将巨灾保险基金法律制度归纳为管理机构、资金来源、运营管理、支付模式、监督审计5项制度安排。

管理机构。即设置专门机构对巨灾保险基金予以管理。或者说，由法律明确巨灾保险基金是由政府机构直接管理或是委托专门机构进行管理。

资金来源。明确巨灾保险基金的资金来源。目前世界上各国巨灾保险基金的来源有保费计提、财政资金注入、社会捐助、投资收益等等，尤其是保费计提和财政资金注入，需要法律明确保费计提标准和政府注资方式和比例。

运营管理。为确保巨灾保险基金的正常稳定运行，保证巨灾保险"基金的资金安全，对基金的运行条件、管理模式、投资运营等进行全面规划和系统管理"②。

支付模式。巨灾保险基金管理机构依法支出，包括管理运营产生的费用、符合法律规定条件向被保险人作出赔付，等等。

---

① 王显勇：《社会保险基金法律制度研究》，中国政法大学出版社2012年版，第67页。

② 刘丽：《工伤保险基金中的预防费用管理研究》，硕士学位论文，首都经济贸易大学，2012年，第11页。

监督审计。国家授权专门机构依法对巨灾保险基金资金收缴、运营、支付等过程进行全面监督管理，对其资金收支进行审计，确保其正常运行的法律制度。

（四）巨灾保险监督审计法律制度

巨灾保险监督审计法律制度，主要是对巨灾保险的监审主体、监审范围、监审程序、监审后果予以规范。

监审主体。国家授权专门机构依法对巨灾保险的运营管理进行监督审计。

监审范围。巨灾保险运行全过程均属监审范围。

监审程序。行政监督、财政监督、审计监督、内部控制、法律监督、社会监督有机结合。

监审后果。一般后果以及列入法律责任。

第四章　我国巨灾保险法律制度设计

第一节　我国巨灾保险资金归集法律制度

一　保险方式

（一）保险方式之利弊分析

1. 投保模式

根据巨灾保险是否具有强制性，可以将巨灾保险分为自愿型、半强制型、强制型，各有优势与不足。

（1）自愿型巨灾保险。

所谓自愿型巨灾保险，即对投保人、保险人均无强制性要求。究其实质，更接近于商业性巨灾保险，但又不完全等同于商业性巨灾保险。应该说，商业性巨灾保险均为自愿型巨灾保险，但自愿型巨灾保险不完全是商业性巨灾保险。一些受到政策扶持、政府支持参与的巨灾保险制度也可能选择自愿投保承保模式，例如：我国现行的城乡居民住宅地震巨灾保险制度暂时采用自愿保险模式；由政府提供财税支持的智利地震保险制度也为自愿型巨灾保险制度；等等。

此类巨灾保险适用于保险市场高度发达、资金雄厚、民众保险意识和保险参与程度高的国家和地区，否则很难达到理想的投保率，难以充分发挥巨灾保险的设计功效。目前，英国、德国、意大利等国巨灾保险采取了完全自愿的保险方式。对自愿型巨灾保险而言，保险人亦可以自由选择产品模式，既可以在普通家财险、企业险的责任范围内涵盖巨灾风险，也可以将巨灾保险合同附加于普通财产险合同，还可以单独设置巨灾险种，供民众自由选择。

1）自愿型巨灾保险之优势

其一，政府财政压力较小。自愿型巨灾保险完全交由市场运作，政府起引导作用，一般仅限于提供公共服务，如为鼓励商业保险机构承保洪水保险，英国政府承诺加大防洪工程投入、提供灾情信息；德国建立全国性风险评估数据库，并发布公告使民众知晓；智利政府为地震保险提供税收优惠等。就政府而言，防灾减灾相关的公共服务原本就在国家灾害风险管理体系中，为政府应尽之责，不存在额外负担，此外，无须再投入资金到巨灾保险体系中，尤其不用承担赔付责任，财政压力相对较小。

其二，充分发挥市场作用。自愿型巨灾保险，由于政府参与度较低，主要通过保险市场分散巨灾风险，巨灾保险产品费率、定价、销售、查勘定损、赔付等均由商业保险机构负责，风险由保险人通过再保险市场等途径予以分散，赔付责任由保险人自行承担。因此，自愿型巨灾保险，尤其是商业性巨灾保险制度往往只适用于巨灾风险相对较低、保险市场高度发达、保险业风险抵御能力较高的国家和地区，而巨灾风险较高、保险市场相对落后、风险抵御能力较差的国家和地区往往会选择半强制型巨灾保险甚至强制型巨灾保险制度，以确保巨灾保险之财产保障与风险分散作用的有效发挥。

其三，尊重民众自由选择权。自愿型巨灾保险制度最大的特色在于买卖自由，商业保险机构可以根据自己的喜好、风险承受能力决定是否开展巨灾保险业务，也可以根据自身实力决定在哪些地区开展巨灾保险业务以及对巨灾保险产品的费率和价格作出调整；投保人可以根据自己财产所处区域风险程度决定是否购买巨灾保险产品，或者是购买哪家商业保险机构提供的巨灾保险产品。双方拥有自由选择权，不受国家强制力或者其他因素所影响。

其四，尽可能满足民众保险需求。自愿型巨灾保险尤其是商业性巨灾保险制度中，保险人（一般为商业保险机构）往往会根据市场需求，开发出多种巨灾保险产品供民众选择。民众可以根据自身实际需求选择保险产品及保险额度，而非政策性巨灾保险（尤其是半强制型、强制型巨灾保险）之基础保障原则导致的保额有限、保险标的有限（有的限定于一套住宅），能尽可能地满足民众对于巨灾保险之需求，保险额度和保险标的都较为灵活。

2）自愿型巨灾保险之不足

其一，市场抵御风险能力较弱，商业保险机构参与积极性不高。巨灾风险波及范围大，预测和防范极为困难，往往会造成巨大的财产损失和人员伤亡，对国民经济造成严重影响，甚至影响商业保险公司的偿付能力，对其运转造成极大冲击，有时甚至会导致资本不足的保险公司和再保险公司破产。国内国外的诸多案例均证明了在巨灾面前，商业保险机构凭借自身实力，很难有效化解风险，要么破产，要么就此退出巨灾保险市场。以美国为例，其现有巨灾保险制度（洪水保险计划、地震保险、飓风保险等）均是政府在商业保险机构遭到巨灾重创而退出巨灾保险市场后所推出的政策性巨灾保险项目。

其二，保费较高，投保率较低。巨灾风险的特殊性刺激了巨灾保险市场的逆向选择。一方面，商业保险机构不愿意在巨灾风险较高的地区向民众提供巨灾保险产品，即使提供，在没有政府提供保费补贴与税费减免的情况下，基于其风险测算，往往保费较高，打压了投保人的投保热情，抑制了投保率；另一方面，商业保险机构在巨灾风险较低地区提供的巨灾保险产品，尽管保费较低，但由于巨灾发生概率较小，民众不愿投保。两两相加，最终导致巨灾保险投保率较低，进一步加剧市场风险，形成恶性循环。从现有自愿型巨灾保险制度的实施效果来看，仅有保险市场高度发达、民众保险意识极强的英国洪水保险的投保率较高、实施效果最好，其余各国如德国、意大利、智利，包括我国四川城乡住房地震保险试点、城乡居民住宅地震巨灾保险制度投保率均处于较低水平，严重影响了巨灾保险风险分散功能的实现。

（2）半强制型巨灾保险。

半强制型巨灾保险是指通过法律制度要求采取一定强制性手段，对巨灾保险保险人与投保人的意愿给予一定限制，如将"巨灾保险强制附加于主保险保单上，或是将参加巨灾保险作为获得政府福利、救助、贷款的先决条件，以达到提高巨灾保险投保率的目的"①。

目前，日本、美国、新西兰、挪威、法国、瑞士、冰岛、西班牙巨灾保险法律制度均采用了半强制模式，具体强制手段又有所不同。我国台湾地区地震保险法律制度比较特殊，既将地震保险自动附加于住宅火灾保险，投保人一旦购买住宅火灾保险，则必须购买其所附加的地震保险；又在投保方式上采取了先决条件模式，将购买已附加巨灾保险的住宅火灾险作为申请银行贷款的先决条件。但是，"台湾地区除了地震保险强制附加于火灾保险外，飓风、洪水、其余的地质灾害保险为任意险，但仍为附加险，依旧附加于住宅火灾保单，未见独立险种"②。

1）半强制型巨灾保险之优势

其一，通过强制附加，增加了巨灾保险产品供给。将巨灾保险产品强制附加于其他保险产品如家财险，是巨灾保险半强制手段之一。也就是说，要求开展该项主险业务的保险公司必须承保巨灾保险，投保人在购买基本险时，如购买巨灾保险，保险人不得拒绝。对于在该地区开展主险业务的商业保险机构而言，依法必须在主险合同上附加巨灾保险，是"不得不保"。如此一来，保证了巨灾保险的市场供给，避免了保险机构在巨灾风险较高区域针对巨灾保险业务作出逆向选择，使得该地区民众能够顺利购买巨灾保险。以澳大利亚洪水保险为例，"洪水风险本为保险法规定之基本风险之一，但保险公司往往通过约定方式在保险合同中将之排除"。到 2012 年，《保险合同法修正案》要求保险人必须提供洪水保险而不得以约定方式排除，从而堵上了这一漏洞，使得洪水保险实现正常供给。

其二，通过半强制手段，提升了巨灾保险投保率。无论是对保险人还是对投保人予以半强制化手段，均能有效提升巨灾保险的投保率，达到风险分散之目的。对保险人实施半强制手段，巨灾保险

---

① 何霖：《我国巨灾保险立法研究》，西南财经大学出版社 2014 年版，第 167 页。
② 梁昊然：《论我国巨灾保险制度的法律构建》，博士学位论文，吉林大学，2013 年，第 189 页。

产品供给增加，随着民众对巨灾保险产品的了解，投保率自然增加；而通过先决条件对投保人给予一定的强制性，更能保证巨灾保险的覆盖面，对于那些达到强制投保要求的民众而言，巨灾保险是"不得不买"。正是通过这些半强制性措施，大幅提高了巨灾保险的投保率，有效分散了巨灾风险，也为更多的民众提供了财产保障。

其三，政府参与巨灾保险，分散了商业保险机构的风险。在半强制巨灾保险制度中，出于对保险人和投保人的"承诺"和"补偿"，政府往往深度参与到巨灾保险体系中，如支持或要求商业保险机构组建共同体，向投保人提供保费补贴，向保险人提供税费优惠，向巨灾保险基金提供财政支持，或是直接、间接作为保险人、再保险人参与市场风险分担，甚至承担最终担保或兜底赔付责任，极大地分散了商业保险机构的风险，也保证了巨灾保险的赔付能力。

2）半强制型巨灾保险之不足

半强制型巨灾保险，不管是强制自动附加于其他财产险，还是采取先决模式半强制投保，均有可能加重市场和民众的负担。

其一，加重市场负担。商业保险机构作为市场主体，以追逐利润为目标，而政策性巨灾保险往往与其营利目的背道而驰，大多被要求微利甚至保本经营（往往要求保险人所收取的保费在列支必要管理费用和一定利润之后，计提风险准备金）。也就是说，承接政策性巨灾保险业务，对商业保险机构而言，盈利有限，风险却极大，尽管风险仍然处于可控范围，但其收益与风险难成正比。因此，巨灾保险往往带有一定"公益"性质，这不仅仅针对政府而言，对于市场参与主体之商业保险机构亦是如此。保险市场主体往往基于社会责任感或法律强制性要求而参与巨灾保险、承担相应义务。

其二，加重民众负担。采取先决模式的巨灾保险制度，投保人须投保巨灾保险后方能享受某种利益或达成某种目的，如我国台湾地区民众，要申请银行贷款则需购买已附加地震巨灾保险的住宅火灾险。这对有保险需求且具经济能力的民众而言无特别压力，但对本无投保意愿的民众而言，可谓负担之加重。而采取强制附加（自动附加）模式的巨灾保险制度亦是如此，投保人购买主险，则必须购买附加的巨灾险；即便只想购买巨灾保险产品，却须与主险一并购买。

（3）强制型巨灾保险。

目前采用此类保险方式的是土耳其地震保险，"其投保人投保与保险人承保巨灾保险都是强制性的，负有法定义务"①。

1）强制型巨灾保险之优势

其一，最大限度地扩大了巨灾保险规模，消除逆向选择，实现巨灾保险全覆盖，使民众之财产得到有效保障。强制型巨灾保险以国家强制力要求所有保险公司必须承保，财产所有人必须投保，强制性推行巨灾保险，通过保险手段分散巨灾风险，最大限度地消除保险人与投保人逆向选择之可能，实现巨灾保险的全面覆盖，尽可能地将巨灾风险在地域内予以分散。

其二，强制性要求财产所有人投保巨灾保险，最大限度地增强保险人的赔付能力，减少其损失之可能。巨灾风险具有高相关度、高损失性的特点，巨灾一旦发生，其涉及面广，损失极为惨重，赔付金额巨大，传统商业保险机制无法分摊其损失，极有可能严重影响商业保险机构经营之稳定。基于此，许多商业保险公司出于自身经营风险与偿付能力的考虑，一般只承保基于大量非巨灾风险保单的纯粹风险，避开巨灾保险业务。因此，巨灾保险的顺利施行和健康发展，必须解决保险人的偿付能力问题。强制性投保要求相关区域内特定财产必须参保，巨灾保险实现全面覆盖，充分保证了保险人的保费收入，经年累积，能够最大限度地增强保险人的赔付能力和风险抵御能力，使其在面对巨灾赔付时尽量保持正常运转。基于巨灾风险的偶然性，在时间和空间上将巨灾风险有效分散，再加上科学合理的风险转移机制，极大地提高了保险人的偿付能力，保证巨灾保险制度的正常运行。

其三，政府承担了相应义务，在风险分散和责任分担体系中发挥了重要的作用。在强制型巨灾保险制度之中，政府往往承担了较多的

---

① 何霖：《我国巨灾保险立法研究》，西南财经大学出版社 2014 年版，第 167 页。

义务，除了前期相关工作、保费补贴、财税减免、财政投入、参与保险与再保险之外，往往还会承担兜底赔付责任或为巨灾保险提供最终担保，以保证巨灾保险的赔付能力，为保险业和投保人提供"定心丸"。就土耳其地震保险而论，在世界银行帮助下成立于 2000 年的土耳其巨灾保险基金为地震保险之专营机构，也是地震保险之直接保险人，商业保险公司代售巨灾保险而获得佣金。除了对巨灾保险基金进行管理监督，土耳其政府还建立了国家巨灾准备金，并为地震保险提供最终担保。

其四，以国家强制力推行巨灾保险，强制性提升民众保险意识，最终实现以保险代替政府救济的目标。对于财产所有人而言，购买巨灾保险是其权利，更为义务，必须而为之。强制保险能够促使民众减少对政府救灾的依赖心理，由"等、靠、求"转向自我风险管理，最后从"被迫投保"演化为"自愿投保"。对于政府而言，巨灾救济方式的转变，也意味着政府财政压力的极大缓解，使得有限的救灾资金能够更有效地投放到最需要的地方如基础设施、公共设施建设上去。对于保险市场而言，实力得到增强（规模得以扩大、技术得以提升、队伍得到锻炼），进而增强了市场抵御风险的能力，最终反哺到巨灾保险制度。

2）强制型巨灾保险之不足

其一，权利之限制。强制型巨灾保险制度基本原则之一——权利限制原则。巨灾保险法律制度对保险合同当事人相关权利予以限制。一是契约自由的限制，巨灾保险合同双方当事人的契约自由都受到法律限制，即投保人失去投保选择之自由，只要符合法定条件就必须投保；保险人失去承保自由，必须提供巨灾保险产品并承保。二是合同内容的限制，巨灾保险为独立险种，实行统一的保险单和保险条款。三是合同解除权的制约，未达法定条件，双方不得随意解除巨灾保险合同。

其二，义务之加重。强制型巨灾保险对保险人的承保义务予以规制，以保证巨灾保险产品的供给和商业保险市场的参与；但其重点在于对投保人投保法定义务的规定，以国家强制力保证巨灾保险的投保率，增强保险人的赔付能力；除了对投保人、保险人施以强制义务外，往往还对政府及其他参与主体的相关义务予以明确。

其三，保障之有限。强制型巨灾保险制度作为政策性巨灾保险制度，其目的在于为民众生活提供最基本之保障，保费相对偏低，在产品设计时，往往只对民众住宅等基本生活资料提供基础保障，更多、更高的巨灾保险需求则鼓励民众通过商业巨灾保险产品予以满足。

2. 险种设计

巨灾保险在险种设计上分为单独险种、综合险种和附加险种。单独险种即可以单独投保的险种；综合险种是指巨灾保险被融入普通财产险保单，其责任范围将巨灾风险涵盖；附加险种即不能单独投保，只能附加于主险之险种。自愿巨灾保险的险种设计灵活；强制巨灾保险的险种通常设计为单独险种；半强制巨灾保险一般是以附加险的形式出现，主要附加于财产保险保单。

（1）单独险种之利弊。便于选择。巨灾保险作为单独险种存在，便于民众选择，利于操作，具有相对灵活的优势。民众在作出选择时，可以直接购买其所需之巨灾保险产品，也可以购买其他商业保险，不会为购买被附加之巨灾保险而"被迫"购买基本险。

（2）综合险种之利弊。采用综合险种的巨灾保险制度一般为自愿型巨灾保险制度，如英国、德国、意大利等国巨灾保险均为自愿型，综合险种能为投保人提供全方位的保险保障，无论大灾小灾、自然灾害还是社会风险、意外事故，只要符合保险合同约定之保险范围，造成一定损失，均能获得保险赔付。但综合险种和附加险种一样，往往会限制投保人的选择权，在一定程度上影响到投保率。

（3）附加险种之利弊。附加险种的最大特点是捆绑式销售。附加险附加于主险（基本险）合同，不能单独存在，也不能单独投保。但附加险种又分为强制附加和自由附加两种，强制附加即前文所述之自动附加，一旦购买主险，附加的巨灾保险也必须购买；而自由附加则相对较为自由，投保人在购买主险时，可以选择是否购买主保单所附加的巨灾保险。但无论是强制附加还是自由附加，投保人欲购买以附加险形式存在的巨灾保险,则须以购买主险为前提。因此,以附加险种形式出现的巨灾保险往往会抑制投保人的购买热情。

实践中,有的巨灾保险法律制度规定巨灾保险采取单独险种,有的为附加险种,也有的既可为单独险种,也可以附加于其他财险合同。

(二)我国保险实践之选择

1. 农房保险采取自愿模式

我国政策性农房保险被确定为涉农保险,依《农业保险条例》之规定,采取自愿保险模式。尽管如任自力教授所言,"我国农业保险(含农业巨灾保险)虽然承投保实行自愿原则,但考虑到中国国情,其推广仍具有一定的强制性"[①],但从形式上看,基本遵循了自愿承保投保之原则。

首先是以福建为代表的政府统保模式。福建、安徽、湖北、江苏、河南等地农房保险采用"政府统保、财政支出"的方式,为区域内符合条件的农房提供保险保障。承保方面,大多采取招投标方式确定保险人,一般由一家或几家保险机构承保,因此,不存在强制承保行为。投保方面,保费由政府财政支出,投保人为政府或政府部门(一般为民政部门),民众无须承担保费,真正地成为"被保险人",因此,也不存在强制民众投保的行为。

其次是以浙江为代表的自愿投保模式。浙江、广东、四川、海南、辽宁、河北、陕西、青海、江西、西藏等地采用"财政支持、自愿参保"的方式,通过财政提供保费补贴来鼓励民众积极投保农房保险。承保和投保均为自愿参与。

再次是以宁夏为代表的完全商业化农房保险。宁夏农房保险试点中完全商业化运作,政府仅仅起推动作用,不提供保费补贴,坚持农户自愿原则。但因保费较高且无补贴,宁夏农房保险试点投保率极低,效果较差。

---

① 任自力:《中国巨灾保险法律制度研究》,中国政法大学出版社 2015 年版,第 134 页。

险种设计上，各地农房保险均为单独险种，有的地区还在农房保险保单中附加其他险种，如人身伤害保险等。

2. 巨灾保险地方试点采取自愿模式

目前，我国深圳、宁波、潍坊、大理、四川、广东、黑龙江、厦门、张家口等地开展了巨灾保险试点工作。其中，仅有四川城乡居民住房地震保险为完全自愿保险模式，其余各地为政府统保模式，民众均为"被保险"。

深圳、宁波、潍坊、厦门四地巨灾保险试点均为综合性巨灾保险，涵盖财产保险与人身保险两方面，且侧重于人身伤亡救助；大理农房地震保险试点为单风险巨灾保险，仅限于地震及其次生灾害所造成的损失赔付，包括农房保险和城乡居民死亡赔偿两方面；张家口地震巨灾保险试点亦为单风险巨灾保险，仅仅针对居民常住住宅；广东巨灾保险试点与黑龙江农业巨灾指数保险试点均为指数保险。以上地区开展的巨灾保险试点均为政府统保模式，由财政支付保费，民众无须缴费。承保机构由招投标产生，或是协商产生，均为自愿参与。

四川城乡居民住房地震保险试点采取"个人自愿＋政府补贴"模式，开我国大陆地区巨灾保险实践中民众自愿参保且承担部分保费之先河，保费由政府补贴60%，民众自负40%，也是制度设计最为科学合理的巨灾保险地方试点。但因自愿投保而最终凸显其不足——投保率偏低。

3. 城乡居民住宅地震巨灾保险制度采用自愿模式

（1）暂采用自愿模式。2016年7月1日正式销售的城乡居民住宅地震巨灾保险采取自愿投保模式，民众根据其自身需求，自主选择是否投保，并根据住宅建筑状况提供了多个档次的保额，以满足民众保险需求。承保机构为参与地震保险共同体的44家商业保险机构，共同体由符合条件的商业保险机构自愿参加。

（2）其实质带有一定强制性。城乡居民住宅地震巨灾保险制度的强制性主要体现在共保体的成员构成和运行规则上。

从共保体的成员构成来看，中国城乡居民住宅地震巨灾保险共同体由我国境内45家商业保险公司根据"自愿参与、风险共担"的原则发起成立。但正如任自力教授对于农业保险之分析，基于国情，地震巨灾保险是由国家层面启动、保险监管部门大力推动的政策性保险险种，地震保险共同体的成员名单将我国境内中资财产保险公司基本囊括在内。从共保体的运行规则来看，要求共同体成员均应提供巨灾保险产品。共同体成员公司各自销售产品，并按照约定的共保比例划分保费收入，承担相应保险责任。

同时，巨灾保险采取自上而下的推动方式，在《地震巨灾保险条例》出台后，地方政府势必通过广泛宣传、财政支持等方式加大推动力度，最终使得我国城乡居民住宅地震巨灾保险制度带有一定强制性色彩，但因未采取产品强制附加和先决条件投保的手段，暂为自愿保险模式。

（3）现阶段为何选择自愿投保模式。首先，现阶段我国城乡居民住宅地震巨灾保险制度的实施，作为《地震巨灾保险条例》出台前的前期实践，其主要目的在于收集运营数据，为地震巨灾保险后期的优化和完善积累经验、奠定基础，所以在运行初期，谨慎选择了自愿投保模式。

其次，城乡居民住宅地震巨灾保险产品风险单一，仅限于地震及其次生灾害，不适合在全国范围内强制或半强制性推广。我国幅员辽阔，灾情复杂，单一风险的巨灾保险产品很难在全国范围内强制推行，否则势必引发更大的不公平。尤其是在地震风险较低和极低地区，民众"对于地震巨灾保险的接受度较差，地震巨灾保险的推广难度极大"[1]，如若强制推行以实现地震风险之空间上扩散，势必有失公平。因此，只有在巨灾保险承保风险囊括我国境内大多数巨灾风险之后，才有可能在全国范围内借以一定强制手段推广。

最后，与农房保险、巨灾保险地方试点并轨问题尚待解决。当前，我国政策性农房保险、巨灾保险地方试点与城乡居民住宅地震巨灾保险并行，三者在保险范围、费率标准、保费补贴等方面

---

[1] 宗宁：《我国巨灾保险法律制度研究》，博士学位论文，西南政法大学，2013 年，第 9 页。

存在较大差异，尚未实现衔接并轨。在此情形下，选择半强制手段或是强制手段推广地震巨灾保险，三者之间极有可能产生矛盾和冲突。

（三）我国法律制度之选择

基于我国巨灾风险状况、保险市场实力、民众保险意识等因素，本书以为，未来我国巨灾保险法律制度宜在现有城乡居民住宅地震巨灾保险制度基础上，参照其他国家和地区巨灾保险做法，将巨灾保险限定为半强制型，主要通过对共保体成员的制约及以先决条件模式对投保人施以一定强制手段来实现①。

1. 半强制型巨灾保险之必要

半强制型巨灾保险的意义在于扩展巨灾保险的可保性，提高投保率，增强保险人赔付能力。就我国巨灾保险现状及发展前景而言，自愿保险效果不佳，强制保险有失偏颇，在未来选择半强制型保险不失为解决市场失灵问题的一剂良方。

（1）提高投保率。半强制保险较为完美地解决了保险人、投保人逆向选择导致投保率不高的难题。巨灾保险附加于普通财产保险，经营财产保险的保险机构则必须向投保人提供巨灾保险业务；而处于巨灾风险区的财产所有人，不论其风险程度高低，只要符合相应条件，均须强制性投保巨灾保险，这样充分保证了巨灾保险的投保率；同时，又考量了地区间风险程度差异，在费率上有所差别，对低风险区予以费用降低，适当照顾了投保者的情绪，提高了投保人防灾减损的主动积极性。

（2）扩大产品供给。"我国保险市场发展水平不高，保险技术相对落后，商业保险公司抵御巨灾风险的能力偏弱。"② 巨灾保险若完

---

① 起初，笔者更倾向于采取强制型巨灾保险模式，在全国范围内巨灾风险较高地区强制推行巨灾保险制度，但强制型巨灾保险存在两个难点，一是制度的公平性质疑；二是采取何种强制性手段来迫使民众购买巨灾保险，如参照土耳其地震巨灾保险的做法，将巨灾保险保单作为房屋过户的必需条件，执行力不高且容易激发民众反弹情绪，最终认为，在我国，半强制型巨灾保险制度较为适宜。

② 宗宁：《我国巨灾保险法律制度研究》，博士学位论文，西南政法大学，2013 年，第 10 页。

全商业化、自愿化，将会出现产品供给不足的问题。一方面，巨灾风险的特点决定了巨灾保险对保险技术的高要求，这恰恰是我国商业保险公司的短板之一，必然影响保险公司提供相关产品的效率。另一方面，逆向选择并非投保人所独有，在特殊情况下，保险人基于自身利益考量，同样会作出逆向选择。我国商业保险公司往往基于自身风险的考虑，对巨灾保险业务兴趣不大。尤其是曾经开办有巨灾保险业务的保险公司，因巨灾损失过大给公司造成严重影响之后[1]，更是让以营利为目的之商业保险公司对巨灾风险望而却步。因此，法律只能对保险机构之利益给予一定的限制，要求参与巨灾保险共同体的商业保险公司必须提供巨灾保险保单，以改善巨灾保险市场的供给状况，使得高风险地区和低风险地区的"保险产品供给趋于合理，并以财政支持等方式来推动巨灾保险的健康发展，从而更大程度地实现公共利益"[2]。

（3）提高民众风险意识。我国传统的巨灾救济以政府救助和民间慈善捐赠为主，尽管数额不会太大，但这种救济是免费的、无偿的，不需要民众再支付对价，因此很容易造成民众对政府、民间慈善救济"等、靠、要"的依赖心理。这无疑"降低了民众的风险意识及其防灾防损的主动性和积极性"[3]。不少人认为，与其花钱买保险，不如灾后"等政府、靠政府、求政府"，这也给巨灾保险制度的推行造成了不利的影响。美国洪水保险在自愿投保阶段同样面临过这样的问题，其最终选择了以参加洪水保险计划作为获得政府援助和贷款的先决条件，以此来对居民参保予以一定程度的强制。我国巨灾保险法律制度设计中，对投保方式的部分强制化也是很有必要，也可以借鉴美国洪水保险计划的设计，将参加巨灾保险作为政府援助的前提，断绝某些民众对政府救助的依赖心理，提高其自我风险管理意识；再通过合理的制度设计与保费补贴，让巨灾保险保险费用为大多数民众能承受，最终促使民众由"被迫投保"向"自

---

① 如 20 世纪 90 年代我国保险业洪水保险的实践。

② 何霖：《我国巨灾保险立法研究》，西南财经大学出版社 2014 年版，第 169 页。

③ 梁昊然：《论我国巨灾保险制度的法律构建》，博士学位论文，吉林大学，2013 年，第 133 页。

愿投保"转变。

（4）实现公共利益必然性。如前文所述，巨灾保险法律制度具有一定的社会法属性，它不仅是通过对投保人、保险人权利的维护来实现个体正义，更是通过对个体正义的实现来彰显社会正义，通过对社会经济秩序的维护和稳定来凸显社会利益。也就是说，巨灾保险法律制度既要体现契约自由原则以保障巨灾保险契约双方的利益，又要充分维护社会公共利益。如果是完全的契约自由，基于巨灾风险的特点和人类的趋利心理，必然导致保险人不愿意提供巨灾保险服务，或是通过在高风险区减少业务量、提高保费等手段间接抵制巨灾保险业务；而投保人也会因为自身所在地区巨灾风险较低而拒绝购买巨灾保险，从而导致巨灾保险的供给与需求都大幅度萎缩，投保率低，保费收入少，赔付能力和抗风险能力也很难提高，也就难以达到有效分散风险的目的。当巨灾来临时，未投保的民众财产受损却难以得到补偿，投保人与保险人的利益也因为抗风险能力偏低而受损，社会经济风险加剧，社会公共利益受到损害。只有对契约双方加以一定程度的制约，通过法律规定，要求部分保险人为民众提供巨灾保险业务，以满足民众保障自身财产的需要；而受到巨灾威胁的、需要获得其他一些利益（如政府灾后救济、银行住房贷款等）的住宅所有人则必须购买巨灾保险，以此提高巨灾保险投保率，增加保费收入，壮大巨灾保险市场，提高巨灾保险市场的赔付能力和抗风险能力，才能实现对个体正义与社会正义的共同追求。因此，要维护社会公共利益，必然对契约双方当事人的权利和自由有所限制，尤其是对契约自由予以一定的限制，也就是我们所说的给予一定强制性。

2. 半强制型巨灾保险之可行

（1）民众收入水平提高。巨灾保险的强制性是建立在投保者具有一定经济实力的基础之上的。如果保险费用超过了投保人的经济承受力，势必会引发反向效果，"良法"也变成了"恶法"。也就是说，半强制型巨灾保险能够顺利推行，最起码的条件是，民众买得起，有能力购买。尽管与发达国家之间仍存在较大差距，但不可否认的是，现阶段我国民众对巨灾保险的经济承受力已经有了很大的提高，如果加以政府补贴，半强制型巨灾保险的实施是可行的。

（2）民众风险意识增强。2008 年以来的数次巨灾给我国造成了惨重的损失。受此影响，"民众对巨灾风险的严重性有了更为清醒的认识，风险意识有所增强，对保险的认识和接受度也有所提高"①，这也在一定程度上为巨灾保险的半强制实施增加了可行性。

（3）政府给予财政支持。巨灾保险离不开政府的支持，这既是由我国保险市场发展程度决定的，也是由我国的灾情、民情所决定的。我国民众保险意识淡薄，收入水平不高，很难让他们主动去购买保费较高的商业巨灾保险。在此情况下，政府必要的财政支持（如保费补贴）与宣传推动就显得极为重要。巨灾保险始终具有政策性和公益性，只有政府提供必要的财政支持，如"财政建立巨灾保险基金、限额提取巨灾保险保证金、参与再保险、通过税收手段刺激市场热情"等②，提高巨灾保险的赔付能力和抗风险能力，充分保障保险人的经营安全；同时，通过保费补贴、费率交叉补贴等方式帮助民众参与巨灾保险，提高投保率，我国的巨灾保险法律制度才具有可操作性，半强制型巨灾保险也就能够顺利推行。

（4）保险赔付激励作用。基于巨灾风险的偶发性，投保人往往对巨灾损失抱有侥幸心理，即使强制其投保，投保人对巨灾保险的功效仍有疑虑，积极性不高，甚至有所抵触。在此情形下，域外成功范例和本国先期试点就显得极为重要。域外国家和地区巨灾保险制度大多具有一定强制性，其巨灾保险在巨灾救济中也发挥有重要的作用，这使得民众对巨灾保险以及巨灾保险的强制性有了一定程度的了解；而本国在条件较为成熟的地区搞巨灾保险试点，其意义不仅在于对巨灾保险制度及其运行的探索，还能够通过灾后赔偿，对其他地区民众予以激励作用，让投保人既能够清醒认识到巨灾风险的危险程度，又能够实实在在地看到巨灾保险在风险应对中所能发挥的巨大作用，从而真正接受巨灾保险，为半强制型巨灾保险的实施减少阻力。

---

① 何霖：《我国巨灾保险立法研究》，西南财经大学出版社 2014 年版，第 171 页。
② 何霖：《日本巨灾保险之进程与启示》，《灾害学》2013 年第 2 期。

3. 半强制型巨灾保险之原则

半强制型巨灾保险法律制度设计中,必须坚持以下原则。①

(1) 法律明确原则。正如任自力教授所言,我国保险法第 11 条第 2 款确立了保险合同自由订立原则,"除法律、行政法规规定必须保险的外,保险合同自愿订立",因此,在巨灾保险制度中,如要施加一定半强制性手段或是强制保险,则须有法律或行政法规的明确规定②。

(2) 权利限制原则。巨灾保险法律制度须对保险合同当事人相关权利施以一定限制。一是契约自由的限制。在被赋予一定强制性之后,巨灾保险合同双方当事人的契约自由都受到法律限制,即部分投保人失去投保选择之自由,只要符合法定条件就必须投保;部分保险人失去承保自由,其必须提供巨灾保险产品并承保。二是合同内容的限制。巨灾保险为独立险种,实行统一的保险单和保险条款。保险条款通常由巨灾保险监管机构监制,保险单和保险条款不得擅作修改。三是合同解除权的制约。通常情况下,在巨灾保险合同有效期内,"合同当事人不得因保险标的的危险程度发生变化增加保险费或者解除巨灾保险合同。但是,投保人对重要事项未履行如实告知义务、保险标的灭失的除外"③。

(3) 非营利原则。半强制型巨灾保险因其公共利益性,故须坚持非营利原则。就自愿巨灾保险而言,由于完全交由市场运行管理,自然要充分保证保险人的盈利可能,才会激发保险人的参与热情,否则保险人出于自身利益考虑,拒绝承保巨灾风险。而半强制型巨灾保险恰恰相反,不管其强制性是施加于投保人与保险人中之一方或即双方,其目的都是为了保护民众之基本利益,实现社会利益。半强制型

---

① 本小节内容参考了梁昊然的相关论述。梁昊然称之为"我国强制巨灾保险的规则设计",从依法对当事人保险合同权利加以限制、以"无亏无盈"或微利保本为原则、合同内容的设置以满足投保人基本需求为目标三方面加以论述。详见梁昊然《论我国巨灾保险制度的法律构建》,博士学位论文,吉林大学,2013 年,第 137—139 页。

② 任自力:《中国巨灾保险法律制度研究》,中国政法大学出版社 2015 年版,第 153 页。

③ 此处参考了《农业保险条例》。

巨灾保险中的保险人可以有盈利（保险人也可以选择自留部分风险，如果一直到保险期满没有巨灾发生，自然成为保险人之盈利），但不能以营利为目的，否则就与半强制型巨灾保险对公共利益的价值追求相悖。同时，强制性地要求部分投保人购买巨灾保险，政府也不断加大防灾投入及财政扶持，最终却使保险人盈利，岂不是将民众与国家之财富来满足保险人之逐利目的？这显然有失公平正义。也正因为如此，所有实行强制型巨灾保险制度的国家，无论是完全强制型还是半强制型，都会在费率厘定、保费定价时坚持非营利原则，从而降低保费，减轻投保人的经济负担，促进民众的参与积极性。

（4）基本保护原则。半强制型巨灾保险仅为可能受灾之民众提供最基本的保护，而非完全、充分之需求满足。这是因为巨灾保险追求个体正义，但更倾向于社会正义，更着力于社会利益的实现。这也符合分配正义的要求，即尽管投保人社会地位、经济地位不平等，但其通过巨灾保险获得补偿的权利与机会是平等的，而且，这种社会地位与经济利益的不平等，必须以满足"最弱者"——我们可以认为是收入最低者——的最大受惠度。对于经济状况较好、对保险有着更多更高需求的民众，其需求可以通过商业保险来实现。

4. 半强制型巨灾保险之内容

在我国巨灾保险法律制度设计中，基于我国灾情、国情，有必要采取半强制型巨灾保险，除了对巨灾保险的投保人的投保义务、保险人的承保义务以法律的形式予以明确外，还有必要对巨灾保险的监管人——政府的出资、监管义务予以规制。

（1）特定风险区域内特定财产所有人负有投保义务。半强制型巨灾保险的重点在于对投保人投保法定义务的规定，尤其是在保险市场发展不充分、民众保险意识不强的国家和地区。目前国内一些学者对投保人界定为我国境内所有居民住宅所有人，将强制型巨灾保险覆盖到全国范围。基于我国地域广阔，灾情复杂，本书将保险覆盖范围谨慎地界定在"巨灾风险区域内"，且满足法定条件之住宅所有人。由于我国保险市场尚不发达，保险覆盖率较低，民众保险意识薄弱，保险尤其是财产保险投保率较低，对投保人的投保义务予以明确，对于提高巨灾保险的投保率，增强保险业的赔付能力，促进巨灾保险市场的健康发展，具有至关重要的意义。同时，如果出于最大范围内分散风险的目的，简单地要求全国范围内的居民住宅都要投保巨灾保险，未免有失公平正义，因此，在地域上，有必要借鉴美国洪水保险计划相关制度设计，对全国巨灾风险地域分区分级，对一定风险级别的地区要求强制性投保，而一些风险极低，甚至无巨灾风险的地区，不作强制性要求；对于特定财产所有人，可以参考我国台湾地区地震保险法律制度之规定，要求申请贷款之住宅所有人须投保巨灾保险。

就我国而言，将购买巨灾保险作为申请住房贷款（包括商业银行贷款和公积金贷款）之前提，是具有一定可行性的。就汶川地震的相关案例来看，巨灾中损毁的住房的银行贷款，其购房人之还款义务不因抵押物之损毁而消失，购房人面临着房毁还得继续还款的局面。在引入巨灾保险后，其意义不仅在于强制性要求贷款申请人投保巨灾保险从而提高投保率，更重要的目的是通过保险手段保障贷款合同双方当事人之权益。即使保险标的（同时也是贷款抵押物）遭灾损毁，银行利益可以得到一定程度保障，投保人（房屋所有人）之利益保障亦是如此。

（2）共同体成员负有承保义务①。在我国巨灾保险法律制度中，应对特定保险人的承保义务予以规制，以保证巨灾保险产品的供给和商业保险市场的参与。如果不对保险人的承保义务加以确定，而仅仅是要求投保人必须投保，那势必会出现保险公司处于自身风险考虑而拒绝提供巨灾保险业务的可能，市场供需难以达到平衡，半强制型保险也就难以施行。从域外巨灾保险法律制度来看，除了完全市场化的英国，其他各国、地区均对保险人的承保义务予以规制，

---

① 将投保巨灾保险作为申请住房贷款之先决条件是具有较强可行性的，其符合住房贷款合同双方当事人之利益。从汶川地震震后案例来看，住房贷款人的还款义务并未随其住房在灾害中的损毁而消失，即"房子没了，贷款还得还"。将巨灾保险引入住房贷款，其意义不仅在于强制性要求贷款申请人必须投保而提高巨灾保险投保率，更重要的是住房贷款合同双方当事人的利益得到一定程度的保障。住房贷款合同为抵押合同，住宅为抵押物，亦即巨灾保险合同之保险标的。在灾害来临时，即使保险标的（贷款抵押物）因灾损毁，银行之利益、房屋购买人之利益均因巨灾保险之赔付而得到一定程度的填补，尽管这种填补往往基于建筑物之重置成本，与住房之购买价、时价不一定对等。

不管是土耳其的独立保单，还是日本、新西兰、法国、我国台湾地区的强制性附加保单，都对保险人作出了强制性要求。有的国家和地区还要求域内所有财产保险公司必须提供巨灾保险业务①。从我国巨灾保险体系设计来看，由国内45家财险公司秉承自愿原则共同组建的地震巨灾保险共同体为巨灾保险之承保人，当对其成员施以法定的承保义务。当然，对保险人的承保予以强制，当以巨灾风险转移机制的科学化和巨灾保险保费的合理化为前提，商业保险公司仅需承担部分风险及其相应的赔付责任。否则，保险人会因承保风险过大而退出市场，或是投保人因保费过高拒绝投保，使得巨灾保险"流于形式"。

（3）政府负有出资、监管义务。半强制型巨灾保险制度，除了对特定投保人、保险人施以强制义务外，还须对政府的相关义务予以明确。我国巨灾保险制度的建立和实施，离不开政府的大力支持。首先是财政资助，包括经费支持、保费补贴、巨灾保险基金的建立、巨灾保险责任准备金的提取、巨灾赔付责任的承担，财政支持巨灾风险分散机制的建立，等等。其次是监督管理，由国家相关部委牵头成立专门的监督管理机构，对巨灾保险业务实施全面监督管理，包括市场准入、保险金额确定、费率标准、巨灾保险基金的管理监督，以维护巨灾保险市场秩序。最后是政策支持，国家通过各种优惠政策支持巨灾保险事业，通过各种配套政策保障巨灾保险的实施。

（4）灵活设置险种。我国巨灾保险既可以设置独立险种，也可以附加于其他财产保险。我国城乡居民住宅地震保险制度对之予以明确，城乡居民住宅地震保险"可单独作为主险或作为普通家财险的附加险"。

我国巨灾保险可以是独立险种。设置独立险种，不用附加于普通家财险，可以满足巨灾保险投保人之需求，充分尊重其意愿，即使其有普通家财险需求也可以另行投保；对于受法定投保义务约束之投保

---

① 如挪威要求国内所有的产险公司必须加入巨灾风险共保体，提供巨灾保险保单；土耳其则要求国内所有的商业保险公司必须提供地震保险。

人，则"可以单独购买巨灾保险而无须捆绑式购买普通家财险"①。

我国巨灾保险也可以附加于普通家财险。这为财产所有人提供了更多、更方便的选择。就巨灾保险而言，大多数半强制性模式，尤其是对保险人承保义务的强制化，多通过强制附加的方式实现，即只要保险人经营财产保险，或者是与巨灾保险有着同一标的如住宅火险，就必须以巨灾保险为附加险。就我国而言，最起码，参与共同体的商业保险公司是必须提供巨灾保险产品的，它们可以针对负有特定投保义务的人群（其他人自愿购买）专门设置独立险种的巨灾保险产品，也可以针对不负有投保义务的客户推出含有巨灾保险附加险的家财险，供投保普通家财险之投保人自由选择是否购买巨灾保险附加险。

从我国保险业发展情况来看，我国保险市场虽然发展较快，但还不发达，尤其是保险密度、保险深度离世界平均水平还有差距，较之保险发达国家更是差距很大。同时，国民收入水平不高，风险意识不强，对保险的认识还存在一定误区，投保积极性不高，保险覆盖率较低。在这种情况下，巨灾保险既可以独立险种的形式出现，也可以附加于其他产险，分别满足不同人群之需要。

二　保险范围

（一）承保风险

如前所述，现有巨灾保险法律制度对承保风险的规定有单风险与多风险两类，并由此分别形成单项巨灾保险立法与综合性巨灾保险立法两种立法模式，在此不一一赘述。

前文分析（详见上一章中"我国巨灾保险立法模式之选择"部分），在我国巨灾保险制度实施之初，基于多种考量，暂时选择了以地震巨灾保险为突破口，实施单风险巨灾保险制度。但从政策导向与巨灾保险市场自身发展规律来看，未来建立综合性巨灾保险法律制度实属必然。

---

① 宗宁：《我国巨灾保险法律制度研究》，博士学位论文，西南政法大学，2013 年，第 56 页。

我国发生频次最高、分布范围最广、损失最为严重的重大自然灾害①，分别是地震②、洪涝③、台风④及旱灾。由于旱灾对居民住宅影响不大，主要对农业生产造成损害，一般将之列入农业巨灾保险范畴。因此，我国巨灾保险承保风险至少应包括地震、洪涝、台风三类，此外，雪灾、风雹灾、暴雨、泥石流、山体滑坡等均应纳入其中。

（二）保险标的

1. 现有法律制度之考察

目前，现有巨灾保险法律制度对巨灾保险标的的规定大致有：限

---

① 何霖：《美国洪水保险之进程及启示》，《四川文理学院学报》2015 年第 6 期。

② 2014 年，我国大陆地区共发生 5 级以上地震 22 次、6 级以上地震 5 次，集中发生在西部地区，……共造成全国 12 省（自治区、直辖市）和新疆生产建设兵团 310.6 万人次受灾，736 人死亡失踪，65.9 万人次紧急转移安置；35.7 万人次需紧急生活救助，11.5 万间房屋倒塌，137.1 万间不同程度损坏；直接经济损失 408 亿元。2015 年，我国大陆地区共发生 5 级以上地震 14 次、6 级以上地震 1 次，有 6.1 万间房屋倒塌，29.4 万间不同程度损坏。详见《民政部国家减灾办发布 2014 年、2015 年全国自然灾害基本情况》，2016 年 6 月，民政部门户网站（http://www.mca.gov.cn/article/zwgk/mzyw/201501/20150100754906.shtml）。

③ 自 2014 年 5 月 19 日以来，江南、华南和西南地区东部出现强降雨过程，2.5 万间房屋倒塌，5.2 万间不同程度损坏。2014 年全年造成全国 7200.1 万人次受灾，728 人死亡失踪，347 万人次紧急转移安置；26.9 万间房屋倒塌，123.1 万间不同程度损坏；直接经济损失 1029.8 亿元。2016 年上半年，"洪涝（含地质灾害）造成全国 26 个省（自治区、直辖市）1000 余县（市、区）3402.8 万人次受灾，367 人因灾死亡和失踪，141.9 万人次紧急转移安置；6.8 万间房屋倒塌，46.9 万间不同程度损坏"。详见《近期南方强降水过程造成 9 省 37 人死亡 6 人失踪》，2014 年 5 月，人民网（http://society.people.com.cn/n/2014/0526/c1008-25066377.html）；吴越：《洪涝地灾频发 风雹灾害突出》，《中国气象报》2016 年 7 月 14 日第 1 版。

④ 据国家减灾委数据，2013 年，台风"尤特"造成广东地区 3989 间房屋倒塌，广西地区倒塌农房 1080 间，严重损坏 1677 间；台风"菲特"造成浙江等地直接经济损失达 631.4 亿元；台风"海燕"造成东南地区 313.3 万人受灾，900 余间房屋倒塌，8500 余间不同程度损坏。"2014 年台风灾害共造成全国 12 省（自治区、直辖市）2659.5 万人次受灾，111 人死亡失踪，177.3 万人次紧急转移安置；5.2 万间房屋倒塌，62.6 万间不同程度损坏；农作物受灾面积 2483.1 千公顷，其中绝收 348.7 千公顷；直接经济损失 693.4 亿元。"2015 年，"台风灾害共造成 11 个省份受灾，浙江和广东 2 省各项灾情指标均占全国总数的 4 成以上，其中，因灾死亡失踪人口占 8 成以上，农作物绝收面积和直接经济损失占 7 成左右"。详见《民政部国家减灾办发布 2014 年全国自然灾害基本情况》，2015 年 5 月，民政部门户网站（http://www.mca.gov.cn/article/zwgk/mzyw/201501/20150100754906.shtml）；《民政部国家减灾办发布 2015 年全国自然灾害基本情况》，2016 年 3 月，宁夏国土资源厅门户网站（http://www.nxgtt.gov.cn/Content.jsp? urltype = news.NewsContentUrl&wbnewsid = 227580&wbtreeid = 1082）。

于住宅、住宅及部分家庭财产、家庭财产及中小企业财产、宽泛的财产对象几类。各国（地区）将住宅及家庭财产作为政策性巨灾保险的保障重点。

我国台湾地区地震基本保险只保障住宅建筑物，将住宅内的家庭财产、企业建筑、公共建筑排除在外。我国政策性农房保险以"被保险人自有的、用于日常生活居住的房屋"（仅限一处，多处房屋投保需求通过商业性保险满足）为原则性保险标的。巨灾保险地方试点中，深圳、宁波、潍坊、大理、厦门试点均以人、家庭财产为保险标的；四川、张家口试点以城乡居民住宅为标的，不包含室内外附属设施和室内财产；城乡居民住宅地震巨灾保险标的同于四川、张家口试点，仅仅保"壳"，不涉及室内财产。

2. 我国保险标的之选择

住宅是居民家庭财产的重要组成部分，是民众生活的基本需要。以住宅建筑巨灾保险为标的，是我国巨灾保险法律制度的最佳选择，极具必要性。

（1）选择住宅之必要性。

1）巨灾导致房屋受损严重

地震、洪涝、台风等巨型自然灾害，除了造成巨大人员伤亡外，对住宅建筑也造成破坏性损失，让受灾人居无定所，直接影响到受灾民众的生产生活。从近几年的数据来看，2013 年，全国自然灾害造成 87.5 万间房屋倒塌，770.3 万间房屋不同程度损坏；2014 年，全国自然灾害造成 45 万间房屋倒塌，354.2 万间不同程度损坏；2015 年，"全国自然灾害造成 24.8 万间房屋倒塌，250.5 万间不同程度损坏；2016 年上半年全国自然灾害共造成全国 6877.5 万人次受灾，10.4 万间房屋倒塌，111.2 万间不同程度损坏"①。这些受灾房屋绝大多数处在农村，尤其是贫困山区，不少农村家庭因灾致贫、因灾返贫。

2）政策性巨灾保险之基础保障性

基础保障性即保障有限性。基于巨灾风险的特性，政策性巨灾保

---

① 数据来源：民政部门户网站。

险往往具有保障有限性，而非完全之保障。巨灾保险之基础保障性不仅表现在实行限额给付上，保险标的之选择也与此大有干系。巨灾风险具有损失巨大及损失高度相关的特点，甚至"可能对全球再保险业造成巨大动荡"①。而在政策性巨灾保险制度中，政府也会因为参与巨灾保险的责任分担而可能付出极高的代价。因此，现有巨灾保险法律制度不仅设置有赔偿限额及免赔额，而且大多将具有社会保障性的巨灾保险的保险标的限定于居民家庭财产中估值定损较为容易、生活必需之不动产——居民住宅建筑，以此作为政府参与巨灾保险的重要风险控制手段。简言之，将巨灾保险标的限于住宅建筑，也是我国国情使然。

（2）对人身利益的取舍。在我国政策性农房保险试点中，有的地区已经将农房保险扩展到人身伤亡救助领域（厦门自然灾害公众责任保险、浙江苍南人员死亡伤残保险、安徽山区库区农房保险附加有死亡伤残抚慰金等）；巨灾保险地方试点中，深圳、宁波、潍坊、大理、厦门试点均将人身利益纳入保险范围，人身保险作为巨灾保险的一部分，甚至占有较大比重。在学界，巨灾保险是否适用于人身利益，也存在一定争议。

第一，巨灾救助中的人身伤亡救助的重要性毋庸置疑，但并非政策性巨灾保险所亟须解决的问题。巨灾往往造成重大人员伤亡和财产损失，人员伤亡救助是政府和社会救灾的重中之重，在"以人为本"的现代社会中，人员救助主要是通过国家灾害救助体系中行政手段予以承担，伤员的医疗费用由财政统一支付，等等。因此，人身伤亡救助反而因为国家行政力量和全社会的积极参与（举国救灾模式），其在保险救助方面不具有太大的紧迫性和必需性，大多能够通过商业保险予以解决。

第二，政策性巨灾保险具有社会保障性和公益性，其目的在于保障民生。保障民生，即为民众基本生存和基本生活之需求——"衣食

---

① 根据瑞士再保险发布的数据，2009—2015 年全球保险业巨灾损失分别为 240 亿、430 亿、1050 亿、650 亿、310 亿、340 亿、370 亿美元。数据来源：刘玮《2014 年全球灾害风险与巨灾保险发展（七）》，《中国保险报》2015 年 4 月 9 日第 1 版；《瑞再：2015 年全球灾害保险损失 370 亿美元》，《国际金融报》2016 年 3 月 31 日第 1 版。

住行"等日常生活事项提供保障。巨灾保险以居民住宅为标的，是为巨灾中受损之住宅提供维修或重建资金，使住宅所有人能"居有其所、居有定所"，虽有精神抚慰之功能，但仍以物质救助为主。而人身伤亡保险则有所不同，其保险救助在医疗救助由政府承担的基础上，往往只能承担精神抚慰之功效，故多有"人身伤亡抚慰金"之称，其物质保障的功效反而居于其次。从这一点看，将政府救助之外的更高的人身利益保障需求交由商业保险来满足是有其正当性和必然性的。

第三，人身保险市场供给较为充沛。一般而言，巨灾风险中的人身利益保障在普通人身保险（主要是人身意外伤害保险）中基本包含，对于那些有保险需求的人群而言，市场供给是充分的，能够满足其需求；而财产保险则由于风险过大，商业保险机构不愿涉及，即使推出商业保险产品，往往保费较高，民众很难接受。政策性巨灾保险主要针对的是商业保险不愿意介入的财产保险，尤其是在家庭财产领域，为遭受巨灾风险威胁的民众之家庭财产提供必要、基本、较低价格之保险保障。

第四，人身保险很难采用强制或半强制模式。与完全市场化的商业性巨灾保险制度有别，政策性巨灾保险往往具有一定的强制性，甚至如土耳其地震保险般采取完全强制手段。这主要是由于政府的深度介入（保费补贴、作为直接保险人、参与再保险、参与分担甚至兜底赔付），往往需要国家强制力的一定介入，以保障巨灾保险的正常运转，保证其功能得以充分发挥。出于对巨灾风险区特定财产之保全，对财产保险的强制性措施是具有一定正当性的；而在财产保全的同时，强制性要求民众通过保险对其生命予以保全，则是有失正义原则，很难获得法理支持，也为社会、民众所难以接受。因此，基于社会公益性也好，基于社会保障性也罢，对家庭财产巨灾保险给予一定强制性是可行的，对人身保险予以强制性则很难实现。

第五，其他国家和地区的政策性巨灾保险制度基于其社会保障性和保障有限性，往往将人身利益予以排除。正如任自力教授所言，国际上现有巨灾保险法律制度所确定的保险标的"多限于居民住宅和家庭财产,商业财产通常被排除在外,更无论非财产性的人身利益"①了。因此,我国巨灾保险法律制度亦有必要在充分考量国情的基础上,参照国际惯例,将人身利益排除在政策性巨灾保险保障对象之外。

3. 制度安排

(1)以居民住宅为保障对象。我国境内所有处于巨灾风险区的居民住宅,应当投保巨灾保险。居民其他财产、企业财产可以投保商业保险。

本书所称住宅,包括我国境内的所有城镇居民住宅和农村居民住宅,是指全部或部分用于居住的建筑物,包括门、锁。车库、仓库等附属建筑物除外。部分用于营业部分用于居住的建筑物,仅用于居住的部分作为巨灾保险之标的。

(2)暂不考虑室内财产。基于巨灾保险之基本保障性,且考量我国经济发展水平和保险市场承保能力,暂不考虑将室内财产纳入保障范围。这也是便于巨灾保险的承保与查勘定损,程序便捷化。

(3)未来可以考虑附加人身险供投保人选择。虽然政策性巨灾保险将人身利益予以排除,但为了方便投保人购买人身险,各承保机构可在巨灾保险上附加商业性人身险,供投保人自由选择。人身险业务须与财产巨灾险单独结算。

三 保险价格

保险价格,即保费。保险价格由保险金额和保险费率决定,保险费 = 保险金额 × 保险费率。因此,我们在巨灾保险法律制度设计中,需要对保险金额和保险费率分别加以确定。

(一)保险金额

保险金额,即保额。我国《保险法》规定:"保险金额是指保险人承担赔偿或者给付保险金责任的最高限额。"② 事实上,保险金额

---

① 任自力:《中国巨灾保险法律制度研究》,中国政法大学出版社 2015 年版,第 149 页。

② 粮文仲:《保险金给付的有关问题》,《中国保险》2003 年第 6 期。

也是投保人对保险标的实际投保金额。"保险金额以保险价值为计算依据"①，保险金额的确定则是保费的计算依据。保险金额既是对保险利益的体现，又是对给付责任的限制，这在政策性巨灾保险中表现得更为明显。

1. 域外法律制度之考察

（1）以重置成本为标准。美国加州地震保险、夏威夷飓风保险基金及土耳其地震保险，以重置成本为保险金额的确定标准。加州地震保险"对于建筑物与家庭财产，均以重置价值为保险金额基础，建筑物以20万美元为投保上限"②，其中公寓式建筑物上限为2.5万美元，家庭财产以10万美元为上限。

（2）以时价为标准。日本地震保险、法国巨灾保险、美国巨灾保险均以出险时家庭财产的市场价格（现金价值）为标准。日本地震保险附加于住宅或家庭财产保险，其保额在主险保额30%范围内确定；挪威巨灾保险赔偿金额设置为实际损失的85%。

2. 我国保险金额之考察

目前，我国保险法对保险金额的确定并无明文规定，仅要求保险合同中包含保险金额内容。从实践来看，我国家庭财产保险与企业财产（限于固定资产）保险合同中，对保险金额的确定各有不同。

（1）普通家庭财产保险。在我国普通家财保险中，多以房屋、室内附属设备、室内装潢的保险价值为出险时的重置价值，保险金额由被保险人根据购置价或市场价自行确定，也可由投保人参照保险价值自行确定。也就是说，家庭财产保险条款中，保险金额由投保人与保险人协商确定，其确定标准有三种：购置价、市场价、重置价。

（2）企业财产保险。目前，我国企业财产保险合同中，关于固定资产的保险金额确定方式有三种：一是账面原值；二是账面原值加成

---

① 何睿、孙宏涛：《超额保险的法律规制》，《金陵科技学院学报》（社会科学版）2006年第2期。

② 梁昊然：《论我国巨灾保险制度的法律构建》，博士学位论文，吉林大学，2013年，第103页。

数；三是重置重建价值①。将账面原值加成数作为保险金额时，须由被保险人与保险公司商定同意。

（3）政策性农房保险。在我国政策性农房保险实践中，保险标的——农村住房的保险金额多由地方政府与承保机构协商而定，主要参考各地经济发展水平和承保机构风险承担能力，以农房重置成本为主要标准。而政策性农房保险试点中大多由政府提供较大比例的保费补贴，因此，确定保险金额必须考量当地政府财政实力，这在实施政府统保、财政全额埋单的地区尤为明显。《民政部财政部保监会关于进一步探索推进农村住房保险工作的通知》中也明确提出："确定农村住房保险金额要充分考虑到农户缴费能力和保障需求，还要考虑地方财政保险费补贴能力以及保险公司风险防范和稳健经营的能力。保险金额可由参与各方结合当地农村住房的总体结构情况、平均再建成本、灾后补贴救助水平等情况协商确定，有条件的地区可以分不同房屋结构、不同经济发展程度设置差异化保额。"之所以要"结合灾后补贴救助水平情况"，则是基于当前我国农房的灾后救济实行的是政策性保险与民政救济并行的现实境况。从总体上看，我国农房保险的保险额度均处于较低水平，这也是由农房保险的基础保障性所决定的。而迫于地方财政支出压力，政府统保地区相较于财政补贴部分、农户自付部分的自愿投保的地区，保额往往会低一些，安徽山区库区农房保险保额最高达到30万元仅仅是个案。

（4）巨灾保险实践。

1）巨灾保险地方试点

我国巨灾保险地方试点具有明显的地方差异性。此处主要针对财产保险，人身保险的保额问题不作讨论。（事实上，在我国巨灾保险地方试点中，人身保险的分量反而更重一些）

深圳巨灾保险试点初期未设置财产险，仅有人身伤亡救助和核应急救助，2016年新增住房损失补偿，每户每次限额2万元；宁波巨

---

① 中国人民保险公司《企业财产保险条款》第9条规定："固定资产可以按照账面原值投保，也可以由被保险人与本公司协商按账面原值加成数投保，也可以按重置重建价值投保"，"固定资产保险价值按出险时的重置价值确定"。

灾保险试点中，财产损失的保额为年度累计最高 2000 元。就保险金额而言，深圳、宁波两地试点财产保险或许仅仅是出于精神抚慰之需要？（据安居客网站数据，2016 年 10 月，深圳房均价为 49301 元/m^2，宁波均价为 12281 元/m^2）如此低的保险额度根本无法用购买成本或是重置成本去衡量，只可谓人身伤亡险之"添头"，由地方政府与保险人根据保费标准最终确定的能大致平衡地方政府和保险人双方利益的额度。尽管保额极小，但受多次台风影响，宁波巨灾保险承保机构首年出现了 6000 多万元的经营亏损。值得注意的是，2016 年宁波镇海区实施的城镇居民住房综合险，则在一定程度上考虑了保险标的之修建年限（须为 2000 年之前所修建）、重置成本等多重因素，将住房保险金额确定为每平方米最高 2500 元，较宁波巨灾保险试点更具科学性。

2015 年启动的潍坊民生综合保险试点向前迈了一大步。其家庭住房保险参考重置成本和保费水平，保额确定为每户 6 万元，其中设置有施救费用与瓦片损失，优抚对象保险金额上浮 30%，最高可达 7.8 万元。

云南地震保险试点较为特殊，其吸取楚雄试点方案因保额保费分歧导致搁浅的教训，将财产险设置为指数保险，主要以民政救助标准为参考，最终理赔到户的标准为 1.4 万—2 万元。

四川城乡居民住房地震保险试点以重置成本为主要标准，分别为城市居民和农村居民设定三档保险金额，农村 2 万、4 万、6 万元，城镇 5 万、10 万、15 万元。考虑到试点采用由投保人自行承担部分保费的自愿投保模式，基于试点工作的推动难度，最终选择了最低保额，即农村基本保额 2 万元，城镇基本保额 5 万元。

厦门巨灾保险试点中，保额较之前农房保险有大幅提高，住房损失最高 10 万元，财产损失最高 5000 元。2017 年 5 月 12 日公布的张家口城乡居民住宅地震巨灾保险试点，将保险金额设定为楼房住宅每户 5 万元，平房住宅每户 2 万元。

2）城乡居民住宅地震巨灾保险

在其产品开发中，保险条款、保额确定、费率厘定均由中再产险具体负责、人保财险深度参与，地震保险共同体审议并报中国证监会通过后统一发布。最终，城乡居民住宅地震巨灾保险制度综合民政救灾标准、房屋重置价值等因素，充分体现了重置价值、城乡分布、试点状况的综合考虑，设置了最低保额和最高保额。超过最高保额的保险需求鼓励投保人通过购买商业保险予以满足。以最低额为起点，投保人根据住宅所处区域（城镇或农村）、建筑结构，在最高额度以内，以万元为单位，与保险人协商确定最终保险金额。

3）我国台湾地区地震保险

以重置成本为保险金额的确定标准。我国台湾地区"住宅地震保险共保及危险承担机制实施办法"第6条："本保险之保险金额以房屋之重置成本为计算基础，每户最高以新台币120万元为限。"[①]

3. 我国保险金额之标准

我国巨灾保险法律制度对保险价值、保险金额的确定，有必要借鉴美国加州地震保险、土耳其地震保险及我国台湾地区地震保险之规定，以建筑物重置成本为标准。

（1）巨灾保险之政策性决定其很难以市场价为标准。政策性巨灾保险具有特殊性，保费较低且有财政贴补，如果以市场价格作为保险金额和保险价值的确定标准，未免有失社会公益性。尤其是房地产市场价格失真的当下，国内一线城市房价上涨过快，即使是西部地区的三四线城市平均房价也超过了5000元/m²，倘若以市场价格为标准，一二线城市一套100 m²的普通住房估值数百万甚至上千万元，这既是政策性巨灾保险所难以承受的赔付风险，也很难由保险价值的确定来体现巨灾保险的政策性、赔偿有限性。

（2）十多年来房价波动导致以购置价为标准有失公允。自20世纪末推行住房改革以来，受供需关系、宏观经济政策及市场炒作等因素影响，我国房地产价格持续猛增，到2016年，一二线城市房价又开始了新一轮上涨。也就是说，这十多年来不同时间段购置的房产市场价格（时价）差距不会太大，但购置价却有几倍甚至十几倍之差，

---

① 姚庆海：《巨灾风险损失补偿机制研究——兼论政府和市场在巨灾风险管理中的作用》，博士学位论文，中国人民银行金融研究所，2006年，第65页；任自力：《中国巨灾保险法律制度研究》，中国政法大学出版社2015年版，第308页。

更何况于房价的未来走向尚不明确，倘若以购置价作为保险金额之确定标准，如房屋购置价与出险时市场价、重置成本（一般情况下，重置成本与市场价为正相关，但两者之间往往存在较大差距，如土地成本、市场成本、利润空间等）偏离过大，对于投保人和保险人都难免有失公平正义。

（3）以建筑物重置成本为标准是我国巨灾保险保额确定之最佳选择。一般而言，房产重置成本包括土地资产的重置与建筑物的重置成本。在遭受灾害损失时，土地价值是依然存在的，所以保险赔付主要考虑建筑物重置成本，即建筑物修复或重建之成本。以建筑物重置成本作为保险金额之主要确定标准，既充分考量了建筑物出险时的实际价值，又避免了市场价格波动所带来的不利影响，以建筑物修复和重建为目标，真正体现了保险之损害填补原则，其对于保险金额的必要限制，也符合巨灾保险制度之有限保障性。

（4）以重置成本为标准仍需考量的几个问题。

其一，民政救助标准。在相当长一段时期内，在灾害救济中，民政救助仍将发挥着最为重要的救济功能，即使巨灾保险制度业已建立并走向成熟，已经承担着相当部分的风险分散与灾后救济之责，民政救助也将与巨灾保险并存。这既是由我国社会制度所决定，也与巨灾保险的覆盖面相关联，即便是采取各种半强制性手段甚至强制性手段，也很难保证巨灾保险实现百分之百覆盖，除非在全国范围内采取政府统保的模式推行巨灾保险。因此，在设置保险额度时，须充分考量民政救助标准，让巨灾保险制度与民政救助实现互补。

其二，政府提供的财政支持。在商业性巨灾保险中，政府不会提供相关财政支持，因此很少对其实施干预。而在政策性巨灾保险制度中，政府往往深度参与，尤其为减轻民众负担、刺激民众投保积极性而提供一定比例的保费补贴，甚至参与巨灾保险经营管理，作为保险人、再保险人承担部分赔付责任。在此种情形下，对于保险额度的设置往往还需得到政府方面的认可。这既是要考虑到各级财政投入力度，也要顾及其巨灾风险承担能力。

其三，需以平均成本为标准。政策性巨灾保险涉及面广，很难以单个保险标的重置成本单独确定保险金额，且各地区建筑成本本身存在一定差距，因此，在设置保险额度时，只能"效率优先、兼顾公平"，以该地区建筑之平均成本为确定标准。同时，根据投保人经济承受能力和风险承受能力，可以在最高额度之内设置多层次保额供投保人选择。在我国政策性农房保险与城乡居民住宅地震巨灾保险实践中，也充分体现了这一要求。

其四，保险期限当以 1 年为最佳期限。保险期限过短，人为增加成本，民众也很难接受；保险期限过长，一则保费必然较高，二则保额和费率难以及时调整，可能增加市场风险。房地产价格的短期波动，往往只是市场价格的波动，建筑成本排除政策因素等特殊事件，在短期内不会有太大起伏。将巨灾保险的保险期限设定为 1 年期，既可以保证该时间段内建筑成本的波动不会太大，也方便在保险期满后随建筑成本的变动和其他因素的影响及时调整保险金额。

（二）费率标准

所谓费率，是指投保人所缴纳的保费与保险人承担的保险金额（最高赔偿金额）的比率，是保险人核定保费的标准。费率由基本费率、附加费率两部分组成。保险金额的确定与费率的厘定，是巨灾保险制度的基础性内容，也是巨灾保险法律制度的重要规范对象，本书对我国巨灾保险费率的厘定相关问题作简要探讨。

1. 不同费率标准之考察

目前，对于巨灾保险费率标准之分类，学界存在一定争议。多数学者将巨灾保险所执行的费率标准分为单一费率和差别费率，也有学者称之为"基准费率"和"梯度费率"[1]。笔者以为单一费率、差别费率与基准费率、梯度费率属不同的分类标准，基准费率与梯度费率相对应，只能存在于差别费率之中。

（1）单一费率。新西兰巨灾保险实行单一费率，目前，强制地震保险费率为万分之五。法国巨灾保险执行统一的费率标准，不考虑地区风险高低差异，目前费率为基础保费的 12%。挪威自然灾害保险，全国执行统一的费率标准，目前为 0.1%。

---

① 石兴：《巨灾风险可保性与巨灾保险研究》，中国金融出版社 2010 年版，第 265 页；任自力：《中国巨灾保险法律制度研究》，中国政法大学出版社 2015 年版，第 156—157 页。

1）单一费率之优势

单一费率最大的优势在于全区域执行一个标准，手续简单，便于操作，既利于投保人了解和接受，顺利投保，也便于保险人核定费率、计算保费。但单一费率往往适用于一些风险差异不太明显的国家或地区。法国、挪威实行单一费率是因为该国整体巨灾风险处于较低水平，各地区之间不存在较大的风险差异；新西兰则是巨灾风险较为平衡，一直沿用单一费率标准；我国台湾地区地震保险实行单一费率，其原因是地方小、数据缺乏，实行单一费率能够简化手续，便于操作。

2）单一费率之弊端

单一费率难以适应巨灾风险差异较大的区域。尤其对于国土面积较大的国家，各地区之间巨灾风险相差甚远，不仅仅是单项巨灾风险差异，基本上所有的巨灾风险都难以处于同一水平，很难执行统一的费率标准，而必须通过费率的差别来调整保险价格，使之充分体现巨灾的地域分布差异。

单一费率难以体现不同标的物的风险抵御能力之差异。不同标的物之间风险状况可能存在较大差异；同一类标的物之间也会因为年限、结构、维护水平的差异在风险抵御能力方面有所差别。因此，采用单一费率往往忽略掉标的物之间的差异性。

（2）差别费率。美国洪水保险计划的费率由联邦政府统一制定，其依据是政府制定的洪水保险费率图，根据投保财产的区别而分为精算充足费率、贴补费率两种。"前者适用于百年一遇洪水风险区以外的居民，及其建筑在费率图制定后按照风险程度建造或改建的建筑；后者主要适用于美国洪水保险费率图制作前建造的老建筑"[1]，其保费补助并非来自财政补贴，而是由美国洪水保险基金资助。加州地震保险采取差别费率，其厘定主要考量离地震带的距离、土质、建筑物状况等因素。佛州飓风保险也采取差别费率。此外，日本地震保险、西班牙巨灾保险、土耳其地震保险均采用差别费率。

---

[1] 梁昊然：《论我国巨灾保险制度的法律构建》，博士学位论文，吉林大学，2013年，第87页。

1）差别费率之优势

差别费率充分考量了地区之间、标的物之间的风险差异，更为科学、合理地体现了不同风险区不同标的物之风险抵御能力。

2）差别费率之弊端

差别费率在费率厘定过程中，需要以足够多的风险数据为基础，成本较高，程序较为烦琐；在执行过程中，计算方式较之单一费率复杂，不如单一费率简明易懂。

2. 我国相关实践之选择

（1）《农业保险条例》之规定。目前，我国农业保险费率由保险公司厘定，基本上"一省一费率"，且"厘定方法粗放，定量依据不足，很难形成科学合理的报价"①。也就是说，在省级区域内，执行的是单一费率，省内不同风险区域的风险水平往往和费率不相匹配，往往影响到农业保险的实施效果。

（2）政策性农房保险。政策性农房保险与农业保险类似，都是由各省自行制定实施方案，最终由承保的保险公司根据政府提供的风险数据，结合自身经营成本和政府提供补贴力度，确定政府、保险人、农户均能接受的保额与费率。

目前，福建（含厦门）、安徽、湖北、江苏、甘肃、河南、北京、吉林、陕西、青海、广西、西藏等省份执行的是单一费率；浙江、贵州、湖南、广东、重庆、四川、海南、河北、江西、云南、宁夏等地执行差别费率。

（3）巨灾保险地方试点。在我国巨灾保险地方试点中，深圳、宁波（包括城镇居民住房综合险）、潍坊、大理、厦门试点均包含有人身伤亡救助，保费固定，执行单一费率。之后试点的四川城乡居民住房地震保险执行差别费率；广东巨灾指数保险试点与黑龙江农业财政巨灾指数保险试点亦为差别费率。

（4）城乡居民住宅地震巨灾保险制度。我国城乡居民住宅地震巨灾保险制度采取差别费率。考虑各省地震风险差距较大，故以"一省

---

① 《农业保险拟出新政促发展 财政补贴政策需完善》，2016 年 6 月，财经网易（http://money.163.com/14/0911/08/A5RNOFRA00253B0H.html）。

一定价"的方式确定基准费率；考虑到同一省份内部的地区风险差异，设置有省内区域调整因子；根据建筑物建筑结构差异，设置有建筑结构调整因子，分为钢结构、砖木结构与其他结构三类。最终，年保险费 = 保险金额 × 年基准费率 × 区域调整因子 × 建筑结构调整因子。

3. 我国法律制度之选择

我国巨灾保险应实行差别费率。即由政府从总体上衡量全国范围内主要巨灾风险的大小，依据各地区风险差别、建筑物结构、抗灾能力的差别，分区分级制定全国巨灾风险费率图，并"根据保险标的的防灾减损措施给予一定的保费折扣和优惠"[1]。

（1）差别费率之必要。在我国，不同的地区，所面临的巨灾风险种类有所不同，各类风险强度亦有不同。因此，在制度设计过程中，有必要在对我国境内巨灾风险特点充分把握的基础上，选择差别费率，以确保公平公正，有效应对地域内的巨灾风险。

1）我国国情、灾情的要求

巨灾保险实行差别费率，是我国国情、灾情的客观要求。

其一，风险概率不等。我国国土面积居世界第四，幅员辽阔，灾情复杂。我国又是世界上自然灾害最严重的国家之一，其种类之多，强度之大，频次之高，损失之大，均列世界之前列。然而，我国各省市自然灾害的发生频次以及造成的损失是不均衡的。据国家减灾网数据，2008 年 1 月至 2013 年 6 月初，我国共发生自然灾害 6943 次[2]，其中，四川 536 次（7.72%），云南 447 次（6.44%），贵州 342 次（4.92%），重庆 269 次（3.87%），云、贵、川、渝四省市占据 22.95% 的较大比例[3]。有的省市自然灾害发生频次较小，损失也不严重。如若在全国范围内，不论风险状况，统一执行单一费率，必然

---

[1] 杨芸：《中国巨灾保险制度构建的探析》，硕士学位论文，安徽大学，2010 年，第 36 页。

[2] 从灾害类型看，其中洪涝灾害 2585 次（37.25%），风雹 1551 次（22.34%），低温冷冻、雪灾 760 次（10.94%），地震 644 次（9.28%），旱灾 625 次（9.00%），山体滑坡 326 次（4.70%），台风 265 次（3.82%）。

[3] 何霖：《我国巨灾保险立法研究》，西南财经大学出版社 2014 年版，第 174 页。

引发投保人的逆向选择，导致巨灾保险投保率（尤其是在低风险地区）难以达到预期水平；即使推行强制型巨灾保险，也会导致投保人的投保意愿受到影响，甚至激发社会矛盾。

也正是基于此，我国城乡居民住宅地震巨灾保险制度设计中，采用标准示范条款，按照区域风险、建筑结构、城乡差别制定了差异化费率。

其二，收入水平不等。任何一项产品的定价都须充分考虑购买者的支付能力，因此，巨灾保险的定价也得充分考量投保人的收入水平与支付力。从巨灾保险的购买力看，城市居民、经济发达地区居民购买力强，农村居民、经济欠发达地区居民购买力偏弱。如果采用单一费率，费率过高，很容易给农村居民、经济欠发达地区居民造成一定的经济负担；费率过低，又会影响巨灾保险的偿付能力。

因此，在制定巨灾保险费率厘定规则时，我们有必要充分考量我国的国情、灾情，权衡各地区之间的巨灾风险状况、经济发展水平、居民收入水平等因素，充分调动民众的投保主动性与积极性。

2）科学立法原则的要求

立法之科学原则，就是要求立法要尊重客观规律和实际情况，克服主观任意性和盲目性。实行差别费率，正是我国巨灾保险立法之科学原则的基本要求。

3）法律价值目标的要求

执行差别费率，是法律正义价值的要求。通过立法，将费率厘定规则予以明确，制定出我国巨灾保险费率标准——全国巨灾保险费率图，确保了程序、制度上的正义，实现了形式正义价值。依据各地区实际情况执行差别费率，真正达到了对民众财产安全保护的平等、公正性。

执行差别费率，扩大了巨灾保险保障范围，提高巨灾保险投保率，实现了效率价值。

执行差别费率，充分保障所有巨灾风险区域内民众的财产安全和受偿权，又充分考量各地差异，照顾低风险、低收入地区民众的经济实力，实现了巨灾保险立法的安全价值和民众的幸福价值。

（2）费率厘定之原则。在厘定巨灾保险费率时，应坚持充分、非营利、公平、合理、简明、可持续发展及防损原则。

1）充分原则

所谓充分原则，就是要尽量保证保险人的营业费用和偿付能力。营业费用既包括保险公司的业务支出，也包括巨灾保险基金的运营费用。

2）非营利原则

所谓非营利原则，是指坚持巨灾保险业务总体上不盈利不亏损的原则。由于巨灾保险业务秉承不盈利原则，且享受免税待遇，所以巨灾保险保费中不涉及保险人的营业利润、税收费用部分。

3）公平原则

所谓公平原则，包括两个方面。一是保险费用须与保险赔付相对称；二是保险费用须与标的物风险状况相对称。

4）合理原则

所谓合理原则，是指保险费率的厘定应坚持科学合理原则，须充分考量各地风险差异和民众收入水平。

5）简明原则

巨灾保险费率图表必须简单明了，投保人很容易了解并接受。

6）可持续发展原则

一方面，巨灾保险费率应当在一定时期内保持稳定，以保证保险人的信誉度和市场的稳定性；另一方面，根据巨灾保险人的盈亏状况、巨灾风险的变化等因素，适当加以调整，保持一定的灵活性，促进巨灾保险制度的可持续发展。

7）防损原则

防损原则是指费率的制定应有利于促进投保人防灾防损。居民住宅结构类型或社区布局符合防灾减灾标准的或投保住宅进行了抗灾加固的，保险费率应当有所降低。

（3）差别费率之厘定。

1）厘定主体

作为政策性保险，巨灾保险费率厘定主体为我国政府。应在国家巨灾保险委员会领导下，由国务院保监会会同财政、民政、住建、农业、国土资源、林业、地震局、气象局等部门及各保险公司参与厘定。

我国政府作为巨灾保险费率的厘定主体，是由巨灾保险的政策性、一定强制性所决定的。作为政策性、半强制型保险，巨灾保险具有一定的公共产品属性，其费率就不能交由市场来决定，而是要以保监会为主体的多个政府部门、机构共同厘定。

同时，巨灾保险费率的厘定离不开商业保险公司的配合和参与。商业保险公司有着大批专业人才和精算技术，可以参与各地巨灾风险数据的采集、分析，建立巨灾模型，为巨灾保险费率的厘定提供参考。

2）厘定依据

其一，风险数据。对全国范围内巨灾风险数据的调查、分析，是厘定巨灾保险费率、推出巨灾保险产品的基础和前提。尤其是采取综合性巨灾保险模式，对巨灾风险的调查研究要求更高、难度更大。应在现有自然灾害区划图的基础上，对我国地震、洪水、台风等巨型自然灾害进行详细的数据采集、分析，根据风险概率、风险大小程度，绘制出全国巨灾风险区划图，划分出多个等级的风险区[①]。对巨灾风险数据的充分考量，制定出合理的费率，能在一定程度上降低地域之间的逆向选择。

其二，建筑抗风险能力。所谓建筑抗风险能力，主要是对保险标的——住宅建筑物的土质、构造类别、使用年限、建筑质量、防灾加固措施等因素的考量，这些因素对建筑抗风险能力起着至关重要的作用，也对其保费费率造成了一定的影响。从域外巨灾保险费率厘定规则来看，建筑状况占了极为重要的部分。日本地震保险基本费率除地区级别外，主要将建筑状况分为木制结构和非木制结构，在同一地区内，非木制结构建筑的基本费率远远低于木制结构建筑。

其三，经济水平。厘定我国巨灾保险费率时，应考虑我国经济发展整体水平和各地经济发展水平的相关影响。一方面，由于涉及保费贴补和巨灾保险基金等方面，财政投入将直接影响到巨灾保险的偿付

---

① 即使是以行政区划为界定的巨灾风险区划之中，仍要对风险程度予以区分，对离地震带的远近、离河流湖泊的远近与地势高低等因素加以考量。

能力，因此有必要对我国经济实力和财政收入情况进行充分考量；另一方面，为保证巨灾保险的购买力和覆盖率，有必要充分考量各地区之间的经济发展水平差异，制定出与我国经济发展水平、民众收入水平相适应的费率标准。

3）厘定程序

其一，绘制全国巨灾风险区划图。在1—3年内，分区、分批次完成对全国主要巨灾风险分布、强度的精确评估[1]，并绘制出全国巨灾风险区划图。巨灾风险区划图应由国家救灾委、国家防总、保监会、住建部、国家地震局、气象局以及其他有关部门参考《中华人民共和国防震减灾法》《中华人民共和国防洪法》《中华人民共和国水法》《地质灾害防治条例》等法律法规所依据的全国地震烈度区划图、地震动参数区划图、全国洪水区划图、全国洪水灾害危险程度区划图、暴雨巨灾风险区划图、江河湖泊流域区划、台风灾害风险区划图、地质灾害防治规划等绘制。

其二，制定全国巨灾保险费率图。在绘制出全国巨灾风险区划图的基础上，对建筑物土质、构造类别、使用年限、建筑质量、防灾加固措施等抗风险因素进行分析归类，综合地区风险区划与建筑物抗风险能力，参考经济发展水平，制定出全国巨灾保险费率图，作为我国巨灾保险费率的执行标准。

其三，评估与听证。为保证程序的合法性、内容的民主性，国家巨灾保险委员会在厘定保险费率时，应当聘请专业机构对拟定的费率标准进行评估，"并举行听证会"[2]，听取居民代表、保险业界、学术界等社会各界的意见、建议。

其四，费率的调整。保险公司不得私自调整保险费率。如因风险变化或出现其他影响保险公司经营安全因素，确需调整的，须报国家巨灾保险委员会，由国家巨灾保险委员会议定调整。

---

① 黄蓉蓉：《中国巨灾保险体系探析》，硕士学位论文，华东师范大学，2009年，第38—39页。

② 此处参考了《机动车交通事故责任强制保险条例》，《新法规月刊》2006年第6期。

四　保费补贴

（一）域外巨灾保险之考察

从现有巨灾保险法律制度来看，各国、地区政府均不同程度地给予了财政支持，保费补贴成为政府支持的重要内容。日本政府对地震保险予以保费补贴；美国政府对洪水保险计划予以税务免除和费率贴补；等等。

（二）我国保险实践之考察

1. 农业保险

自2007年中央与地方财政加大农业保险保费补贴以来，我国农业保险得到迅猛发展，原保险保费收入方面，2006年仅为8亿元，2015年达到374.90亿元，2016年1—8月为340.28亿元。目前，各级财政保费补贴均在80%以上，部分地区补贴比例更高，甚至实现地方财政全额埋单。但也存在立法不完善、补贴范围窄、地方财政吃紧、农民保险意识淡薄、巨灾风险分散机制不健全等问题，有待制度的进一步完善。

2. 农房保险

保费补贴是我国政策性农房保险"政策性"表现之一。目前开展农房保险工作的各省份中，除宁夏外，均由各级财政提供一定比例的保费补贴。福建、安徽、广西、湖北、江苏、河南等地实施政府统保，财政全额补贴；浙江、广东、四川等地各级财政提供50%以上的保费补贴，其中西藏地区财政补贴高达97%。值得注意的是，在各地农房保险实践中，均对特殊人群（如农村低保户和没有实行集中供养的五保户）的保费补贴予以倾斜，基本实现财政全额补助，部分地区如贵州省鼓励农户自愿增保，对散居五保户、特困户增保保费给予补助。政策层面，《民政部财政部保监会关于进一步探索推进农村住房保险工作的通知》要求"政府给予农户一定的保险费补贴"[①]。2015年，民政部提出"争取将农房保险保费补贴纳入中央财政农业

[①]《农村住房保险受灾农户受惠》，2016年5月，和讯网·房产频道（http://house.hexun.com/2013-08-21/157273392.html）。

保险保费补贴范围"①，倘若能够顺利实施，我国政策性农房保险将和农业保险一样，迎来一个高速发展期。

3. 巨灾保险地方试点

现有的巨灾保险地方试点中，除四川城乡居民住房地震保险为比例补贴外，其余各地均由财政埋单、全额补贴。四川试点采取"个人自愿＋政府补贴"模式筹集保费，其中投保人自缴 40% 保费，各级财政累计提供 60% 的保费补贴；农村散居五保户、城乡低保对象、贫困残疾人的最低档保费则由财政全额承担。（自愿投保部分的保费收入为 1043.7 万元，按 60% 计算，财政补贴资金为 626.22 万元，居民自付额仅为 417.48 万元，占保费总收入的 14.1%）

4. 城乡居民住宅地震巨灾保险制度

作为《地震保险条例》出台前之探索，城乡居民住宅地震巨灾保险目前暂未提供财政补贴，保费由投保人自行承担。但依据现有之投保率，在《地震保险条例》出台后，由各级财政提供一定比例的保费补贴是值得期待的。《建立城乡居民住宅地震巨灾保险制度实施方案》也提出"鼓励地方财政对民众购买城乡居民地震巨灾保险产品给予保费补贴"。

（三）我国法律制度之选择

1. 保费补贴之必要性

（1）对低收入人群的政策倾斜。我国巨灾风险种类较多，灾情复杂，加之东部与中西部地区经济发展水平不平衡，收入差距较大，巨灾风险较高的地区，往往受灾最为严重的就是低收入人群，其抵御风险能力较弱，所能采取的防灾减损措施也极为有限。因此，在巨灾保险制度中，有必要向这一类弱势群体予以政策倾斜，向其提供一定比例的保费补贴，确保其能获得经济承受范围内的巨灾保险保障，使之能够通过巨灾保险制度分散巨灾风险，保障基本生活需求。我国农房保险、四川巨灾保险试点均在制度安排中有所体现，实践中也收到了较好的效果。

---

① 宫伟瑶：《民政部：农房保险争取纳入农险保费补贴范围》，《中国保险报》2015年 8 月 20 日第 1 版。

（2）刺激民众投保积极性。当前，在我国实施强制型巨灾保险制度，强制性要求民众购买巨灾保险的条件还不成熟，较为现实的做法就是采取一定半强制性手段提高巨灾保险投保率。在此情形下，既要通过强制力要求部分满足条件的民众必须投保，又要通过其他措施刺激民众积极主动地参与巨灾保险，以保费补贴的方式予以刺激就是其中较为有效的办法之一。一直以来，我国家庭财产保险投保率都处于极低水平，民众保险意识极为淡薄。通过财政补贴的方式减轻民众的经济负担，既能够让有投保意愿困于经济压力的民众顺利投保，又能够对原本缺乏保险意识的民众产生一定吸引力，从而提高其投保积极性，尽可能地扩大巨灾保险覆盖面，达成风险分散与民生保障之目标。

2. 保费补贴之可行性

（1）政府对巨灾保险的重视。进入新世纪以来，随着巨灾损失的扩大，风险管理意识的提高，我国政府对巨灾保险的防灾减灾功能愈加重视，尤其注重以巨灾保险为主的市场手段在巨灾风险管理体系中的作用发挥。强化风险管理，分散巨灾风险，成为各级政府的工作重点之一。从 2006 年开始试点的政策性农房保险，到 2007 年加大财政补贴的政策性农业保险，再到巨灾保险地方试点，各级政府均提供了极大的支持，其中就包括保费补贴。应该说，在上述保险项目中，各级财政提供的相应保费补贴发挥了极其重要甚至关键性作用。

（2）经济实力的增强。改革开放以来，我国经济保持了长期的高速增长，综合国力不断增强。据国家统计局、财政部发布的数据，"我国 2015 年国内生产总值 676708 亿元"[①]，稳居世界第二；2015 全年一般公共预算收入 15.22 万亿元，较之 2000 年 1.3395 万亿元增长了 10.36 倍之多。据国家统计局数据，2016 年我国国内生产总值 744127 亿元，一般公共预算收入 159552 亿元，全年国民总收入 742352 亿元。随着经济实力的不断增强、财政收入的不断提高，国家也不断加大风险管理领域的财政投入，这在农业保险规模的数十倍扩大、农房保险

①　梁正国：《脱贫攻坚是中国特色社会主义的本质要求》，《黔西南论坛》2016 年第 2 期。

覆盖全国、巨灾保险试点顺利开展等方面得到充分展现。

3. 保费补贴之原则

（1）多级补贴原则。巨灾保险保费补贴应纳入中央财政预算，从上而下推动巨灾保险财政补贴工作，既能在一定程度上缓解地方各级财政压力，又能将保费补贴制度化，确保财政资金及时到位。

（2）适度刺激原则。政府提供保费补贴不应该大包大揽，前期试点中的政府统保模式并不科学。在制度设计和实践中，须明确的是，保费补贴只是手段，而非目的，只是为刺激民众投保积极性、提高投保率、扩大覆盖面、保证市场规模、提升抗风险能力，而不能成为完全的"福利"制度，反而抑制民众之保险意识。

（3）定向倾斜原则。可参照政策性农房保险和巨灾保险地方试点中的一些做法，对部分经济较为困难或是特定群体的群众（如湖北农房保险覆盖的"两属两户"），可以考虑加大补贴力度，为其参与巨灾保险、获得基本保障提供更多的政策扶持。

4. 保费补贴之制度安排

（1）保费直接补贴。保费直补，即由财政提供一定比例的补贴，投保人承担其余部分保费。相较于通过费率调节民众收入差距带来的经济压力，以保费直补的方式予以支持更具有可操作性且容易让民众理解和接受。由财政提供补贴，既保证了保险额度不会缩水，又减轻了投保人的负担，还能让财政资金通过杠杆得以放大，效能扩大化，这也是实践中较为常见的做法。

（2）保费间接补贴。间接补贴主要是通过对保险人之税费减免，降低其运营成本，间接达到降低保险费用之目的。保险运营成本中税费占据了相当大比例，作为政策性、非营利性保险项目，巨灾保险理应获得政府给予的政策优惠，对相关税费予以减免，使之在费率厘定过程中通过成本核算完成保费的减少，实现对保费的间接补贴。此种补贴模式的弊端在于主要利好于保险人，普通民众不容易理解。

第二节　我国巨灾保险管理运营法律制度

巨灾保险管理运营法律制度，主要涵盖巨灾保险的运作模式、管理机构、保险给付、风险分散与责任分担等制度。

本书对域外现有巨灾保险法律制度中巨灾保险的运作模式予以总结，结合我国政策性农业保险、政策性农房保险、巨灾保险地方试点及城乡居民住宅地震巨灾保险实践，探讨我国巨灾保险法律制度中巨灾保险管理运营制度的设计。

一　运作模式

（一）域外法律制度之考察

从总体上看，在现有巨灾保险法律制度中，政府在巨灾保险运作中均承担有一定义务。

1. 政府专营

巨灾保险由政府设立专门机构进行经营和管理。商业保险机构仅仅是以"中介"的身份出现，并不承担巨灾风险和赔付责任[①]。目前采用该模式的有冰岛巨灾保险、美国洪水保险计划、新西兰地震保险、西班牙巨灾保险、泰国巨灾保险法律制度。冰岛政府为巨灾保险直接保险人；由"联邦保险管理局"（FIA）直接管理的美国洪水保险基金，统筹国家洪水保险计划；西班牙保险赔偿联合会（CCS）专门负责巨灾保险相关业务；泰国政府于2012年组建巨灾保险基金，负责巨灾保险的经营管理，为家庭和中小企业提供巨灾保险。

2. 部分商业化

这类巨灾保险制度一般由政府、保险公司共同参与，共同承担巨灾风险。在巨灾保险运营中，商业保险机构作为承保机构发挥了重要作用，承担部分赔付责任。大多数巨灾保险法律制度选择了此方式。

3. 完全市场化

在完全市场化巨灾保险运行模式中，私营保险公司独立运营，通过其分销网络完成巨灾保险的销售和服务，承担所有的风险。以英国洪水保险、德国洪水保险、意大利巨灾保险、澳大利亚洪水保险为代表。此类巨灾保险制度往往为自愿型巨灾保险，其政策色彩较淡。如英国政府不参与经营管理，也不需要提供资金支持和税费减免，其只

---

① 何霖：《我国巨灾保险立法研究》，西南财经大学出版社2014年版，第154页。

需提供相关公共服务。

（二）我国保险实践之考察

1. 政策性农业保险

我国政策性农业保险实践中主要采取"政府引导、市场运作"模式，但《农业保险条例》也明确了省级人民政府本地区农业保险经营模式之自主权。也就是说，尽管各级财政给予了本辖区内农业保险较高比例的保费补贴，但大多数地方政府不会参与到农业保险的具体运营中去，仅对农业保险负有监督、管理之职责。农业保险保费的收取、保费的支出、风险分散、赔付责任等具体运营活动均由商业保险机构自行负责。在实践中，一些地区也探索出政府参与农业保险运营、多个保险公司联合共保的路子。

总的来说，可以概括为三类：[1]

一是自办模式，保险公司承担全部赔付责任，实践中较为普遍，大多数省份农业保险采用该模式。

二是共保模式，多个保险公司合作，按比例分摊保费收入和承担赔付责任。较为典型的如浙江省政策性农业保险共保体。

三是联办模式，政府和保险公司共同参与。如江苏省在苏北地区推出的"联办共保"模式，就是政府和商业保险机构共同经营、共担风险。西藏农业保险最初为商业保险机构代政府经营的"代办模式"，后调整为苏北所创"联办共保模式"，并积极向商业化运作模式推进。

2. 政策性农房保险

我国政策性农房保险现界定为涉农保险，与农业保险一样，主要采用市场化运作模式，以承保的商业保险公司为核心，由其负责承保、理赔以及风险分散工作，这也是基于农房保险的风险能够通过再保险等市场运作方式予以分散和化解所作出的制度安排。政府主导性主要体现在政府组织推动、财政支持，又体现在制度建设、监督管理上，并未涉足巨灾保险的具体经营活动。2012 年《民政部

---

[1] 详见王和等《中国农业保险巨灾风险管理体系研究》，中国金融出版社 2013 年版，第 34 页。

财政部保监会关于进一步探索推进农房保险工作的通知》明确提出："要充分发挥市场配置资源的基础性作用，以保险公司的市场化经营为依托，确保保险公司的独立正常运营。"① 从各省实践来看，福建模式、浙江模式、广西模式、宁夏模式均采取了市场化运作模式，区别主要在于保费补贴模式；西藏模式中，西藏自治区农房保险采用"联办共保模式"，四川成都农房地震保险则采用"政府＋市场"模式。

3. 巨灾保险地方试点

我国巨灾保险地方试点中政府之主导性是毋庸置疑的。深圳、宁波、潍坊、大理、四川、广东、黑龙江、厦门、张家口等地试点均由地方政府主动发起，由地方政府、保监机构与商业保险机构共同筹备推出。地方政府不仅为巨灾保险试点工作提供政策支持、财政支持，加强宣传引导，还深度参与到前期运行规则的制定、后期管理监督、风险分散与责任承担中去。但具体的业务开展仍由承保之商业保险机构负责，即运行机制上，以商业保险机构的市场化运作为主，政府不同程度地参与进来。值得注意的是，四川城乡居民住房地震保险试点中政府参与力度较大，远远高于其他地方试点。

4. 城乡居民住宅地震巨灾保险制度

2016年7月1日正式实施的城乡居民住宅地震巨灾保险制度，坚持"政府推动、市场运作"的原则。除了政府提供的政策导向、立法支持、顶层设计、框架设计、财政支持、监督管理之外，《地震保险实施方案》也明确提出，要充分"发挥商业保险公司在风险管理、专业技术、服务能力和营业网点等方面的优势，为地震巨灾保险提供承保理赔服务"②。尤其是在其前期运行中，暂时采取自愿投保模式，且未提供保费补贴，因此参与地震保险共保体的各商业保险公司作为运营主体，承担着住宅地震巨灾保险的销售、承保及理赔工作。

（三）我国法律制度之选择

巨灾保险制度的创立，离不开政府的主导和支持，也离不开商业

---

① 《新政》，《农村经营管理》2013年第1期。

② 《保监会财政部印发〈建立城乡居民住宅地震巨灾保险制度实施方案〉》，《应急管理》2016年第5期。

保险公司积累的保险经验、销售渠道网络及其大量的专业知识和专业技术人才；商业保险公司的销售、理赔网络与政府力量相结合，能够在最短时间内将巨灾保险业务全面铺开；巨灾风险的分散和转移，也需要政府财力支持与商业保险公司的积极参与。从保险市场实力来看，据保监会网站数据，2016 年，我国保险业实现原保险保费收入3.1 万亿元；资金运用余额为 13.39 万亿元；总资产为 15.12 万亿元；净资产为 1.72 万亿元。从保险深度和保险密度来看，2016 年，我国保险深度为 4.16%，远远低于 6.2% 的全球保险深度；保险密度为人均 2258 元，与 662 美元的全球市场人均保险支出尚有相当大的差距。可以说，我国保险业经过三十多年的高速发展，已初具规模，能够承担一定风险，但总体上讲，抗风险能力还很薄弱。因此，"政府主导、商业运行"的运作模式是我国巨灾保险法律制度的必然选择。

二 管理机构

（一）域外法律制度之考察

从现有法律制度来看，除开完全商业化运行的巨灾保险制度，其余政策性巨灾保险制度，无论强制型、半强制型还是自愿型，均因政府的参与，而接受政府管理监督。

新西兰地震委员会（EQC）由政府全资持股，"为新西兰地震保险的运营主体，负责各项重大自然灾害保险的总体运营计划"[1]。

美国洪水保险计划（NFIP）现主要由"联邦保险管理局"（FIA）和"减灾理事会"来管理。NFIP 由财政部下设的全国洪水保险基金负责积累和管理资金。加州地震保险局是加州地震保险的核心组织，由加州政府营运、管理，受"加州州长、加州财政厅长、加州保险监督官、参议院临时主席以及国会五个单位组成"的加州地震局委员会监管。"佛罗里达飓风巨灾基金"（FHCF）由佛州管理委员会（SBA）管理，SBA 以"佛州州长任主席、州司法部长任秘书、州财

---

① 何霖：《我国巨灾保险制度构建之方向——以新西兰、日本两国为参照》，《价值工程》2012 年第 25 期。

政部长任财务主管"的三人委员会为最高权力机构①。

法国财政部负责统一管理商业保险公司、中央再保险公司的巨灾保险经营行为②。

挪威自然灾害保险共保组织——挪威自然灾害基金即该国巨灾保险之管理机构,政府管理权限较小。

西班牙现行巨灾保险制度以西班牙保险赔偿联合会("CCS")为核心。CCS是隶属于西班牙经济部的独立法人,成立于1990年,专门负责巨灾保险具体业务。保险监管机关、国家审计机关对其业务进行审计。

土耳其地震保险基金("TCIP")的运营过程中,政府处于核心地位,财政部负责"TCIP"的领导及监管。

任自力教授对美国、日本、俄罗斯、澳大利亚、英国等部分发达国家巨灾风险管理机构设置进行了考察,认为这些发达国家"均设有一个以国家行政首脑为核心的中央决策机构,以协调整合不同部门,确保全国范围内巨灾管理行为的高效统一";通过"较为完备的巨灾管理法律体系,依法进行巨灾应对";"巨灾管理机构权利源于法律而非某一行政机构","相关管理机构或部门职责分明,且能相互支持、相互协调,不存在管理真空"③。

(二)我国保险实践之考察

1. 我国现有巨灾风险管理机构

目前,我国在中央层面设置有多个巨灾风险管理机构,用于协调各部委灾害管理与救济工作。如设于国务院办公厅的国务院应急管理办公室,由民政部承担具体工作的国家减灾委员会、国家减灾中心、全国抗灾救灾综合协调办公室,由水利部承担具体工作的国家防汛抗旱总指挥部,由国家地震局承担具体工作的国务院抗震救灾指挥部,

---

① 夏益国:《佛罗里达飓风巨灾基金的运营及启示》,《金融危机:监管与发展——北大赛瑟(CCISSR)论坛文集》,2009年,第193页。

② 杨爱军、李云仙:《国外巨灾风险管理制度分析及启示》,《上海保险》2011年第6期。

③ 任自力:《中国巨灾保险法律制度研究》,中国政法大学出版社2015年版,第198—199页。

由国家林业局承担具体工作的国家森林防火指挥部等。基本上"主管部门负责与之相对应的巨灾风险防治",如地震局负责地震灾害管理、水利部负责洪涝灾害防治、林业局负责森林灾害防治,民政部因其民生救济职能而承担所有巨型灾害之救济工作。这一机构设置也下行到地方层面,其职责划分与中央部委大致相同。

正如任自力所言,目前我国"巨灾风险管理体制顶层设计不到位","巨灾保险管理机构明显缺位","既有巨灾风险管理机构的权威性不足","相关机构职能模糊和重叠,边界不清晰","巨灾救助资金方面缺乏统一的考虑与制度安排","在巨灾管理方面缺乏一套健全的法律制度",灾害防治与救助相分割,亟须建立统一的巨灾风险管理机构。

2. 我国相关保险实践

(1) 政策性农业保险。我国政策性农业保险由政府实施管理监督。早期政策性农业保险试点中,省、市、县三级政府均成立有政策性农业保险试点工作领导小组,金融办统筹协调,由财政部门负责具体实施工作,保监部门提供业务指导、监督和保险机构协调,其他相关部门协助配合。

《农业保险条例》出台后,对农业保险之管理机构予以明确:"国务院保险监督管理机构对农业保险业务实施监督管理。国务院财政、农业、林业、发展改革、税务、民政等有关部门按照各自的职责,负责农业保险推进、管理的相关工作","县级以上地方人民政府统一领导、组织、协调本行政区域的农业保险工作"[1]。也就是说,从管理机构来说,仍以财政部牵头实施并承担主要管理职能,保监部门更多地行使监督权力。

(2) 政策性农房保险。目前,我国政策性农房保险在中央层面由民政部牵头,财政部、保监会等部委协同实施;地方上以地方政府为管理主体,具体由民政、财政、保监等部门负责相关工作。2012年《关于进一步探索农村住房保险工作的通知》要求:"民政、财政、保险监督管理等有关部门按照各自的职责负责农村住房保险

---

① 《农业保险条例》,《人民日报》2012年12月7日第16版。

推进、管理的相关工作，建立农村住房保险相关信息的共享机制，完善探索推进农村住房保险发展的工作机制。"实践中，尽管各省份农房保险实施方案、工作进展、实施效果均有所差异，但基本上都成立有农房保险试点工作领导小组，由民政部门牵头推进，并承担管理监督职能。

（3）巨灾保险地方试点。我国巨灾保险地方试点中，多由政府行使管理监督职能，其中，民政部门承担了主要的组织、管理工作。

深圳巨灾保险试点设置有深圳市巨灾保险工作联席会议，由深圳保监局牵头组织，并负责制定实施方案、提供业务指导监督，财政部门安排财政资金支付保费，应急办灾害发生后通知民政部门与保险公司，民政部门负责巨灾保险的具体实施工作。

宁波市成立了以市长为组长的巨灾保险试点工作领导小组，负责领导和决策巨灾保险工作，其办公室设在民政局，负责日常组织、管理、协调、督促工作；金融办组织协调；财政部门落实资金，监督资金使用；保监部门负责督促指导工作；等等。潍坊、大理、四川、广东、黑龙江、厦门、张家口等地试点管理监督机构的设置与深圳、宁波大致相同。

（4）城乡居民住宅地震巨灾保险制度。我国城乡居民住宅地震巨灾保险制度由保监会、财政部牵头实施："由保监会、财政部牵头相关部门设立制度实施领导小组，办公室设在保监会财产保险监管部，具体负责推进制度落地实施。"[1] 其中，保监会负责组织、实施工作，承担巨灾保险管理监督职能，巨灾保险专项准备金暂由中国保险保障基金有限责任公司设立专门账户代为管理。[2]

此外，我国台湾地区"地震保险基金"（TREIP），主管机关为"行政院金融监督管理委员会"，接受政府审计监督。

（三）我国法律制度之选择

1. 设置专门的巨灾保险管理机构

建议国务院成立国家巨灾保险委员会，对全国范围内巨灾保险业

---

① 《保监会财政部印发〈建立城乡居民住宅地震巨灾保险制度实施方案〉》，《应急管理》2016年第5期。
② 中国保险保障基金有限责任公司系国有独资公司，非营利性企业法人。

务、巨灾保险基金的运营实施管理监督①。

国家巨灾保险委员会依法执行巨灾保险的总体运营计划，对参与巨灾保险的各部委工作进行统筹协调。

2. 明确相关部门之职责

在巨灾保险的管理监督中，应通过立法对参与各部门的职责予以明确，对其赋予相应的权利和义务，使之职责分明、分工合理，在巨灾保险的实施过程中，能够各司其职、相互配合。

三　保险给付

（一）给付额度

现有巨灾保险法律制度大多设置有免赔额、保险限额及总额限制②。

1. 域外法律制度之考察

一般而言，巨灾保险给付限额主要包括设置免赔额、保险金额限额及单次巨灾给付总额限制三方面。有的国家和地区巨灾保险设有生活补助款（或临时住宿费），也有保障上限。

（1）给付限额。日本地震保险、美国洪水保险、加州地震保险、新西兰地震保险、西班牙巨灾保险、挪威巨灾保险均设置有限额和免赔额。法国巨灾保险未设置赔偿上限。但设置有免赔额，且以低免赔额为特色。瑞士巨灾保险免赔额为 10%，最低 5000 瑞士法郎；每一危险单位以保险价值为基础赔付限额 2500 万瑞士法郎，以市场价值为基础限额 2.5 亿瑞士法郎。加勒比海地区巨灾保险基金单次巨灾最高赔偿金额为 7000 万美元。

（2）不限额。英国巨灾保险由于完全市场化运作，保险金额依据保险合同而定，未针对巨灾风险单独设置保险限额和免赔额。

2. 我国相关保险实践

（1）政策性农房保险。我国政策性农房保险试点中，大多对保险

---

① 马菲菲：《中国适应气候变化保险制度研究》，硕士学位论文，清华大学，2015 年，第 45 页。

② 梁昊然：《论我国巨灾保险制度的法律构建》，博士学位论文，吉林大学，2013 年，第 107 页。

金额作了明确安排，但由于大多数地区未将地震风险纳入保险范围，故未对单次风险赔付总额作特别限定。福建农房保险省级统保每户保额为 1 万元；三明市附加室内财产险每户每年限额 1000 元；厦门农房保险保额每户 1.6 万元。浙江每户保额 2.25 万元，每间最高 1500 元；苍南县、台州黄岩区增加室内财产险每户限额 5000 元。广东基本保额每户 1 万元，江门、揭阳等地保额 2 万元；珠海市提高到 6 万元。广西每户保额 1.8 万元，单间最高 3000 元。西藏保额每户 1.2 万元。甘肃保额 3 万元。湖北保额为每户 3000 元。安徽保额最高 16 万元。海南保额设定为 1.5 万—2 万元。基于政策性农房保险之基本保障性及承保机构之风险考量，各地农房保险保额均处于较低水平。

（2）巨灾保险地方试点。我国巨灾保险地方试点因巨灾风险之巨大且相关性，均在给付金额上作出严格限制，也因地方差异性而各有不同。深圳巨灾保险初期总限额 25 亿元，2016 年增加住房保险，每户每次限额 2 万元，总限额增加到 27 亿元。宁波试点人身伤亡每人限额 10 万元，总限额 3 亿元；财产损失年度累计 2000 元，总限额 3 亿元；重大公共安全人身伤亡救助，每人限额 10 万元，三项累加总限额 7 亿元。宁波镇海城镇居民住房综合险总限额为 93.85 亿元。宁波北仑区海塘巨灾险保额为 1.34 亿元。潍坊民生综合保险试点包含人身伤亡、居民基本饮水保障、政府无责救助、法律费用、住房损失救助、施救费用、瓦片损失等，总限额 4.56 亿元。大理农房地震保险最高限额为 4.2 亿元，意外死亡险最高限额 8000 万元，总计 5 亿元。四川城乡居民住房地震保险试点中城镇住房保额限定为 5 万元，农村住房为 2 万元，在 3 亿元和 5 倍保费收入之间取最高的赔偿总额。广东巨灾指数保险最高限额由各试点地区设定，韶关市为 3.55 亿元，全省项目总额 23.47 亿元。黑龙江农业财政巨灾指数保险最高限额为 23.24 亿元。厦门巨灾保险人身伤亡最高 20 万元，住房损失 10 万元，财产损失最高 5000 元，住房及财产险总限额 10 亿元，人身伤亡及医疗救助险总限额 10 亿元，共计 20 亿元。张家口城乡居民住宅地震巨灾保险试点中楼房住宅保额为每户 5 万元，平房住宅保额为每户 2 万元，暂未公布总限额。

（3）城乡居民住宅地震巨灾保险制度。目前，我国城乡居民住宅地震巨灾保险制度尚处于《地震保险条例》出台前之试运行阶段，相关规则还未健全，且暂时采用自愿投保模式，投保率极低，故仅对自负额和保险金额加以规制，未对单次风险赔付总额予以限制。

（4）我国台湾地区地震保险制度。我国台湾地区地震保险法律制度限额给付，但无自负额要求。

3. 我国巨灾保险给付额度之选择[1]

（1）给付限额之必要性。

1）总体风险控制

由于巨灾损失的巨大性和不可预估性，巨灾保险制度设计中，必须贯彻风险控制原则。也就是说，既要对投保人可能发生的损失加以控制，又要对保险人的承保风险加以控制。事实上，巨灾保险保费收入与政府财政投入毕竟有限，相对于特大型自然灾害所造成的损失（如 2008 年汶川地震，经济损失达 8451 亿元），即使通过再保险、巨灾债券等方式予以分散转移，也很难完全补偿。为此，有必要通过给付限额等手段来控制巨灾保险市场的总体风险，保障投保人的基本利益，维持和推动巨灾保险制度的可持续发展。

2）明确赔付责任

赔付限额，其实就是对赔付范围、赔付标准的确定。通过法律法规对具体赔付范围、赔付标准的规定，对保险人赔付责任予以明确，既可以避免实际操作中赔付金额争议的出现，又是对投保人利益的确认和保障。

3）提高投保人防灾减损意识

巨灾保险给付限额，既是体现巨灾损失多方分担原则，"让投保人自行承担部分风险，又能有效避免道德风险，提高民众防灾减损意识，鼓励其积极主动地应对巨灾风险，提高自有财产抗风险能力"[2]，灾害发生后主动减损止损，尽量减少财产损失。

4）鼓励投保商业性巨灾保险

巨灾保险的宗旨是保障受灾民众的基本生活需要，是政策性保

---

[1] 何霖：《我国巨灾保险立法研究》，西南财经大学出版社 2014 年版，第 190 页。

[2] 同上。

险，在一定程度上依赖于政府财政投入。对巨灾保险给付限额，既能充分保证巨灾保险的赔付能力，更大程度、更大范围、更有持续性地为民众提供基本生活保障①，又通过保险给付的有限性，鼓励、刺激有经济能力、有更高保险需求的民众去购买商业性巨灾保险。

（2）给付限额之内容。

1）免赔额

所谓免赔额，是指由被保险人自行承担的损失额度。免赔额分为绝对免赔额、总计的免赔额、相对免赔额、消失的免赔额、等待期等几类。在巨灾保险领域，一般较为常见的是绝对免赔额，法国巨灾保险法律制度较为特殊，实施阶梯式免赔额，随着该地区发生同样巨灾次数的增加而倍增②。

在我国巨灾保险法律制度设计中，应对巨灾保险设置一定的免赔额。

2）保险金限额

保险金限额，又称赔付限额，是巨灾保险保单承保上限，所有保单保险金额均不可超过此金额，保险赔付也以此为限。

在我国巨灾保险制度设计中，应根据我国住宅建筑重置成本、我国经济发展水平、巨灾风险承保能力来确定保险金限额。

3）总额限额

总额限额，是指单次巨灾事件的损失赔付总额设置有最高赔付额度，以确保巨灾保险赔付的可行性，是巨灾保险承保风险控制的重要手段。由于巨灾损失的重大性与不可预测性，对赔付总额予以限制，可以有效避免单次巨灾赔付对巨灾保险市场秩序的冲击，保证巨灾保险偿付能力，从而实现对被保险人利益的保障。

我国灾情复杂，巨灾种类较多，发生频次较高，也很容易对整个巨灾保险体系造成巨大冲击，因此，建立综合性巨灾模型，计算出单次巨灾损失所需的最大赔付额，以此为基础，综合各方因素，"对单

---

① 杨芸：《中国巨灾保险制度构建的探析》，硕士学位论文，安徽大学，2010 年，第 36 页。

② 梁昊然：《论我国巨灾保险制度的法律构建》，博士学位论文，吉林大学，2013 年，第 108 页。

次巨灾保险赔付总额予以限制，有利于我国巨灾保险制度的健康发展"①。

（二）给付范围

1. 域外法律制度之考察

（1）直接损失与间接损失。巨灾直接损失是指因巨灾造成的财物被毁损而使财富的减少。"间接损失是指可得利益的丧失"②，即应得利益受影响而未得到，巨灾间接损失是指巨灾事件对处于增值状态中的财产损害的结果。

巨灾保险保险制度中，大多数国家和地区都只承保巨灾事件造成的直接经济损失，对这部分损失予以赔偿。

（2）巨灾损失与巨灾次生灾害损失。巨灾造成的损失又可以分为巨灾事件本身损失和次生灾害损失。目前，日本地震保险、美国洪水保险、新西兰地震保险、英国洪水保险、法国巨灾保险、挪威巨灾保险、西班牙巨灾保险、土耳其地震保险等都将巨灾次生灾害损失纳入承保范围；美国加州地震保险承保范围不包括地震引发的火灾和海啸风险，将次生灾害予以排除。

2. 我国巨灾保险给付范围之选择

实践中，我国政策性农房保险、巨灾保险地方试点、城乡居民住宅地震巨灾保险均以巨灾及次生灾害造成的直接损失为给付范围，在我国巨灾保险法律制度设计中，宜将巨灾及其次生灾害对居民住宅所造成的直接损失作为赔付对象。

仅限于直接损失，这是为国情所决定。我国巨灾频发，损失重大，加之国家财政投入有限，风险分散转移还不完善，因此，对巨灾损失的赔付只能限定于直接损害。

包括次生灾害造成的直接损失，是为灾情所影响。巨灾往往带来很多次生灾害，且交叉影响，如地震加上暴雨，往往出现山体滑坡、泥石流等地质灾害，台风带来暴雨，造成洪涝灾害，催生地质灾害，

---

① 宗宁：《我国巨灾保险法律制度研究》，博士学位论文，西南政法大学，2013年，第53页。

② 孙波：《产品责任法原则论》，《国家检察官学院学报》2004年第3期。

等等。因此，有必要将次生灾害所造成的直接损失纳入赔付范围。

（三）给付标准

1. 域外法律制度之考察

（1）分档定损支付。日本地震保险：住宅和家庭财产的损害认定都分三个档次：全损、半损、部分损失，并依此分别支付保险金额的全额、50%、5%的赔款，且各档次赔款不能超过其保险标的价值的相应比例。加勒比海地区巨灾保险基金承担部分损失，以损失度划分为四个层次。

（2）按实际损失支付。挪威自然灾害保险赔偿金额为实际损失的85%。

（3）全损理赔。西班牙巨灾保险：全损理赔，损失认定依据全损证明。

2. 我国相关保险实践

（1）政策性农房保险。我国政策性农房保险主要依据损害程度分级定损。如浙江省农房保险，将房屋倒塌程度按每间自然间进行界定，分为一般倒塌、较严重倒塌、严重倒塌三级，分别确定赔偿金额。福建农房保险根据房屋损失数量和程度，分为全部倒塌和严重损害、部分受损，设置有5项赔付标准。海南省农房保险依据《海南省政策性农村住房倒塌或损毁等级界定标准》，分为5级定损赔付，绝对免赔额为损失金额之10%，不低于100元。

（2）巨灾保险地方试点。我国巨灾保险地方试点中大理、广东、黑龙江试点采用指数保险，灾害客观参数达到设定阈值则执行相应赔付标准，无须查勘定损。其余试点主要采用分级定损。四川试点依据破坏等级，轻微破坏及以下不赔偿，对中等破坏按保额之50%定损，对严重破坏和损坏按保额全额定损。

（3）城乡居民住宅地震巨灾保险制度。其给付标准主要依据保险标的之破坏等级而确定。基本完好和轻微破坏不予赔付，中等破坏据保额之一半定损，严重破坏和毁坏以最高保额定损。其实质为分档定损，不过只对全损和半损予以赔付。

（4）我国台湾地区地震保险制度。我国台湾地区采取全损理赔规则，以重置成本计算，最高不超过新台币150万元。

3. 我国巨灾保险给付标准之选择

（1）分档定损支付之必要性。

1）提高理赔效率

巨灾事件涉及面广、受损面积大，很容易出现大量被保险人同时受损的情况。要在短时期内完成所有受损标的的勘查评估，尽早完成赔偿支付，是一项难度极高、资源耗费极大的工作。在此情况下，摒弃传统定损理赔程序，动用分档定损的理赔评估标准，能够提高查勘评估效率，进而提升理赔效率，使被保险人能及时地收到赔付款。

2）保障民众需求

分档定损，在追求效率价值的同时，又充分保障了被保险人的正当权益，尽可能地满足了被保险人的受偿权。如果实行全损理赔原则，就只有标的物损失程度在50%以上的被保险人会获得赔付，其余被保险人的损失只能自行承担，或是通过购买其他商业巨灾保险来获得补偿。分档定损实现了对免赔额范围之外的所有损失的全面覆盖，充分保障了受灾民众用于住宅重建、维修的基本资金需求。

（2）分档定损支付之内容

被保险居民住宅因巨灾造成的财产损失依据损失级别的不同分为三个支付档次：全损，保险人给付保险金的全额；半损，保险人支付保险金的50%；部分损害，保险人支付保险金的5%。

全损，包括事实全损和推定全损。事实全损是指住宅被完全损毁、掩埋、倒塌。推定全损是指住宅虽未完全损毁，但其修复成本超过住宅重建成本之50%，推定为全损。

半损，是指住宅损失占住宅重建成本之20%—50%。

部分损害，是指住宅损失占住宅重建成本之3%—20%。

当确定居民住宅符合巨灾保险基本保险全损理赔条件时，被保险人除可获得保险金额全额赔偿外，另由保险公司代为支付5000元人民币的临时住宿费用。临时住宿费用列入国家巨灾保险基金开支范围。

（四）给付程序

1. 域外法律制度之考察

日本地震保险：由日本再保险公司建立给付机构，各保险公司负责查勘，并根据受损程度进行理赔。

美国洪水保险计划：评估人员 1 天内赶到现场开展完成评估工作，FIA 直接将赔偿寄给被保险人[①]。

美国佛州飓风保险基金：由商业保险公司负责查勘理赔。

新西兰地震保险：强制地震保险损失由地震保险委员会负责查勘理赔，直接支付给被保险人。保险公司负责家产险中自愿保险的损失赔偿。

英国洪水保险：按普通商业财产保险程序理赔。

法国自然灾害保险：由政府确认为巨灾后进入理赔程序，被保险人通知保险人，保险人应在 3 个月内完成赔付。

西班牙巨灾保险：被保险人可以向保险赔偿联合会（CCS）索赔，也可以向承保公司索赔，由该公司转给 CCS。CCS 组织勘查工作，扣除免赔额后，直接支付给被保险人银行账户。

土耳其地震保险：灾害发生后，商业保险公司按照其市场份额各自承担相应风险，负责理赔并支付赔款。

加勒比海地区巨灾保险基金：采用参数保险机制，具有较高起赔点，"一旦巨灾发生即可触发赔付机制，为受灾国政府提供救灾资金"[②]。

2. 我国相关保险实践

（1）政策性农房保险。我国政策性农房保险基本采取商业运作模式，由保险人直接查勘定损，直接向被保险人支付保险金。

（2）巨灾保险地方试点。我国巨灾保险地方试点中，保险之给付分为几种情况。

一是普通商业保险运作模式，根据保险合同，保险人查勘定损后支付保险金，目前宁波、潍坊、四川、厦门等地试点采用此模式。其中，有的试点为共保模式，共保体成员根据其份额承担各自之给付责任，但承保机构根据其所签保单先行垫付。

二是理赔预付模式。目前深圳试点采用此模式。灾害发生后，保

---

① 曾立新：《美国国家洪水保险计划的评价及启示》，硕士学位论文，对外经济贸易大学，2006 年，第 23 页。

② 任自力：《中国巨灾保险法律制度研究》，中国政法大学出版社 2015 年版，第 121 页。

险公司启动应急机制查勘定损，向政府支付款项，由政府向受灾民众进行救助。对于人员死亡的按限额 10 万元支付，受伤人员按医疗费用评估之 50% 支付预付赔款。

三是指数保险触发模式，无须查勘定损，只要灾害发生触发标准，立即支付保险金。目前大理农房地震保险试点、广东巨灾保险试点、黑龙江农业巨灾保险试点均为指数保险。

（3）城乡居民住宅地震巨灾保险制度。目前城乡居民住宅地震巨灾保险由共保体承担销售、定损、理赔工作，保险公司查勘定损后先行理赔，再由共保体根据份额确定各成员赔付责任。超出共保体之责任的，由巨灾风险专项准备金予以支付。

3. 我国巨灾保险给付之选择

结合我国实际情况，由各商业保险公司对各自承保的保单进行查勘理赔工作，而后国家巨灾保险基金向保险公司支付由其代为赔付之款项的方式较为妥帖。

国家巨灾保险委员会同国务院各部委，建立健全全国巨灾应急联动机制。

巨灾发生，由国家巨灾保险委员会启动应急机制，通知保险机构，即时启动巨灾保险赔付程序。是否达到巨灾保险赔付标准，以国家巨灾保险委员会的认定结果为准。

城市居民委员会和农村村民委员会，应将本区域内住宅受灾情况及时上报。

被保险人也可以将受灾情况通知保险机构，向保险机构申请保险赔偿。

巨灾保险共同体应在巨灾发生后一定期限内，完成赔付额度核算，并根据各保险公司保单的赔付额度，划拨资金，由保险公司代为支付，需要巨灾保险基金支付的保险金，之后再向国家巨灾保险基金报账。

保险机构接到国家巨灾保险委员会、被保险人的通知后，应主动办理理赔事宜。

保险机构在接到通知起一定期限内，书面或电话告知被保险人需提供的相关证明和资料①。

保险机构在接到通知起一定期限内，组织保险公估机构，协同当地民政部门、住建部门及基层自治组织、被保险人进行现场查勘，及时对居民住宅受损情况进行评定或鉴定，并将查勘定损结果通知被保险人。

保险机构应当在结果确认一定期限内，按照巨灾保险合同约定，与被保险人达成赔偿协议并足额支付保险金。

（五）特殊情况

1. 无保单理赔

所谓无保单理赔，是指保险人针对投保人（受偿人）保单丢失的特殊情况，采取特殊理赔流程，为客户提供理赔服务。事实上，保单仅仅是保险合同的证明材料之一，其丢失并不影响合同的存续与履行。②而且，巨灾事件具有特殊性，由于破坏力大，保单很容易丢失，具有一定的普遍性。一般情况下，保险人存有保单详细资料，在投保人（受偿人）确实无法提供相关材料的情况下，可以启动特殊理赔流程，及时予以理赔。从我国保险实践来看，无保单理赔已在历次巨灾中多次运用。2008年汶川地震后，一些保险公司"对于因受灾导致保单丢失的客户，提供无保单理赔服务"③。

无保单理赔还包括无法核实身份的保险赔付。巨灾发生后，极可能出现投保人（受偿人）将保单连同身份证明一并遗失的情况，或者说持有保单但无身份证明。本书将其统一归入无保单理赔范畴。从理论上看，我国公民身份信息在公安系统的户籍数据中均可以查询到，因此，即使出现保险人无法核实投保人（受偿人）身份的情况，在公安部门的协助下，也能够得到妥善解决。从实践来看，2008年汶川地震后，公安部针对受灾民众保单、身份证明遗失的情况，专门启动了抗震救灾身份信息服务专用系统，配合保险公司的理赔工作，

---

① 参见王志勇、王志刚《交强险之后的车险经营》，《中国保险》2006年第7期。

② 梁昊然：《论我国巨灾保险制度的法律构建》，博士学位论文，吉林大学，2013年，第194页。

③ 《无保单理赔服务启动》，2008年5月，新浪新闻中心（http://news.sina.com.cn/c/2008-05-15/150813880075s.shtml）。

收到了较好的效果①。2013 年芦山地震后，多家保险公司"试水无保单理赔，只要验证实名，可快速办理赔付"②。

因此，在我国巨灾保险立法中，有必要对无保单理赔予以明确规定："巨灾发生后，被保险人无法提供相关证明文件和资料时，保险公司应通过身份信息服务系统向被保险人提供无保单理赔服务。"

2. 无受益人赔付

任自力教授对巨灾发生后无保险受益人或受益人死亡的情形下保险金归属问题进行了探讨，认为"当遗产依法可归集体所有制组织时，保险金也应支付给该组织。当遗产依法应收归国家所有时可将之直接划入国家巨灾保险基金"③。本书认为，除去《继承法》第 31 条规定"公民与抚养人或集体所有制组织签订遗赠抚养协议"，遗产当归抚养人或集体所有制组织所有之情形，在无受益人的情况下，亦可将巨灾保险赔付金均划归国家巨灾保险基金。具体而言：

（1）公民与抚养人或集体所有制组织签订有遗赠抚养协议，且其已履行抚养义务的，保险赔付金支付给抚养人或组织。

（2）符合《继承法》第 32 条"无人继承又无人受遗赠的遗产，归国家所有"之规定的，巨灾保险金可划归国家巨灾保险基金。

（3）符合《继承法》第 32 条"死者生前是集体所有制组织成员"之情形的，巨灾保险金仍可划入国家巨灾保险基金。本书认为，其他财产可以归集体组织所有，但保险金实无必要，理应划入国家巨灾保险基金，以壮大巨灾保险基金之规模，造福于他人。

四　风险分担

（一）主要的巨灾风险分担方式

目前，理论界和业界所认可的巨灾风险分担方式大致有政府财政

---

① 仝春建：《保险地震理赔可免费查询公民身份信息》，《中国保险报》2008 年 6 月 6 日第 2 版。

② 《地震灾区无保单可理赔》，2013 年 4 月，新华网（http：//news. xinhuanet. com/fortune/2013 - 04/22/c_ 124615462. htm）。

③ 任自力：《中国巨灾保险法律制度研究》，中国政法大学出版社 2015 年版，第 14—16 页。

支持、保险与再保险、资本市场、国家巨灾基金、国际援助、社会援助等①。

1. 政府财政支持

传统观点认为，政府财政支持主要体现在灾后救济和灾后重建方面，此外，在运用巨灾保险手段进行风险管理时，一些国家政府作为直接保险人或是再保险人参与巨灾保险，以及在保险赔付过程中承担兜底赔付责任等。事实上，向巨灾保险提供财政补贴、为巨灾保险基金提供财政支持作为灾前风险管理手段之一，其作用也不容忽视。

2. 保险

保险是国际上运用较为广泛的巨灾风险分散机制，尽管在欠发达国家由于保险市场和保险意识而受到限制。但在发达国家，其通过保险机制能承担30%以上的巨灾损失，有的国家更高达六七成。也正是基于这些国家的成功经验，不少发展中国家也开始了巨灾保险的探索和实践。

保险方式中值得注意的是共保机制的应用。所谓共保机制，是指"数个保险人就共同承担特定巨灾风险与同一投保人订立巨灾保险合同的承保方式。共保参与人共同分担风险、分配保费收益、承担损失赔偿责任"②。共保机制在域外巨灾保险制度中也有较为广泛的应用，一般适用于保险业较为发达的国家和地区。挪威自然灾害基金就是共保组织，所有承保火险业务的挪威保险企业都强制成为保险共同体的一部分，根据该公司所占市场份额，提供相应份额的巨灾保险赔偿。我国台湾地区地震保险制度中，"台湾住宅地震保险共同体"为共保组织，承担第一层次新台币30亿元的损失赔偿。

3. 再保险

再保险，是指"保险人在原保险合同基础上，通过再保险合同，将其承保的部分或全部风险向其他保险人转嫁的行为"③。就巨灾风险而言，"在国际范围内，通过再保险，将大数定律应用到本国之外

---

① 王和等：《巨灾风险分担机制》，中国金融出版社2013年版，第119页。

② 梁昊然：《论我国巨灾保险制度的法律构建》，博士学位论文，吉林大学，2013年，第157页。

③ 同上文，第160页。

的更广泛的区域，在更大的地域和时间范围内聚集风险单位，实现风险分散的最优化，也就使得在局域内不可保的风险成为可保风险；同时，将巨额风险分散给其他保险人，由众多保险人共同承担风险，避免保险公司自留风险过大，在巨灾来袭时因索赔出现巨额亏损甚至破产"①；通过再保险，可以实现巨灾风险管理国际化，借鉴国外先进的巨灾风险管理理念、技术，迅速与国际水平接轨。随着巨灾风险脆弱性的增加，巨灾损失不断扩大，传统再保险暴露出再保险产品有限、再保险人的信用风险、偿付能力严重不足、市场供需不平衡等方面的局限性②。尽管如此，再保险仍是国际上巨灾保险使用最广泛、效果最好的风险分散机制。

目前，"美国巨灾再保险市场占据了全球约42%的份额，欧洲巨灾再保险市场占据了约28%的份额，日本巨灾再保险市场所占份额也超过10%，其他国家和地区加起来还不足20%"③。

4. 资本市场

巨灾保险承保风险向资本市场的分散、转移，也是国际上通用的手段之一，即"非传统风险转移机制"。巨灾共同保险，其实质都是利用本国保险业来分担风险，巨灾再保险，其实质则是利用国内国际再保险业的自身实力来分担风险，但一国保险业、国际再保险业的经济实力毕竟有限，承保能力和偿付能力也极为有限。如果单单依靠共保机制与再保险机制，面对动辄几十亿、几百亿甚至几千亿元的巨灾损失，保险业、再保险业难免伤筋动骨，损失惨重，继而降低其承保能力和承保力度，形成"巨灾损失大—保险、再保险市场损失大—保险、再保险市场承保力萎缩—巨灾损失无力补偿"的恶性循环，给整个国家的经济秩序和社会秩序带来严重影响。

为此，许多国家和地区积极探索巨灾风险由保险市场向资本市场

---

① 详见左斐《中国财产保险业承保能力研究》，博士学位论文，武汉大学，2009年，第37页；唐小童、马骧：《中国巨灾保险、再保险及巨灾防范体系建立研究》，《现代商业》2009年第12期。

② 梁昊然：《论我国巨灾保险制度的法律构建》，博士学位论文，吉林大学，2013年，第167页。

③ 王和等：《巨灾风险分担机制》，中国金融出版社2013年版，第76页。

的转移机制，从资本市场筹集资金来应对巨灾风险。由于再保险市场供给严重不足，美国保险业早在 1992 年推出巨灾期货，此后，巨灾期权、巨灾债券、巨灾互换等各种巨灾风险证券产品接连出现①。目前，发展最成熟的是巨灾债券，因其高收益率、浮动利率，市场认可度最高。2007 年，全球共发行巨灾债券 27 只，筹资近 70 亿美元；2013 年，全球发行总额接近 200 亿美元。从 1997 年到 2013 年，巨灾债券与保险连接证券总累积发行额达 548.61 亿美元，2014 年总共发行 42 只巨灾债券，年度发行额创历年新高，达 76.43 亿美元，截至"2015 年 5 月，巨灾债券流通在外总额达 226.88 亿美元"②。有分析师认为，"未来十年规模将翻 4 番"③。

从全球市场份额来看，各国通过资本市场对巨灾风险予以分散转移的发展极不平衡。"美国保险连接证券（主要是巨灾债券）占据全球市场份额的 60%，欧洲占据 17%，日本为 11%，其他国家和地区不到 5%。"④

美国加州地震局。"当单次地震累计损失超过 60 亿美元时，加州地震保险局可以发行加州政府盈余公债 10 亿美元。当累计损失超过 70 亿美元时，可以向资本市场发行 15 亿美元的巨灾债券。"⑤

佛罗里达飓风巨灾基金紧急情况下可以发行收入债券募集灾害赔付资金⑥。

王和等对巨灾债券的原理、巨灾债券的属性、巨灾债券的"三性"（风险性、收益性、流动性）、巨灾债券的优势、巨灾债券与巨灾再保险的区别、巨灾债券发行历史和现状、巨灾债券案例进行了详

---

① 由于产品设计缺陷，巨灾期货于 1995 年终止交易，巨灾期权于 2000 年终止交易。

② 刘新立：《多面巨灾债券》，2016 年 1 月，中保网（http：//pl.sinoins.com/2015 - 07/21/content_ 163017.htm）。

③ 《今年巨灾债券发行将创新高》，2013 年 10 月，新浪财经（http：//finance.sina.com.cn/world/mzjj/20131018/171517040051.shtml）。

④ 王和等：《巨灾风险分担机制》，中国金融出版社 2013 年版，第 76 页。

⑤ 姚庆海：《巨灾风险损失补偿机制研究——兼论政府和市场在巨灾风险管理中的作用》，博士学位论文，中国人民银行金融研究所，2006 年，第 57 页。

⑥ 债券包括事后债券和事前债券。事后债券是为了弥补某次巨灾损失而发行，具有免税资格；事前债券则是为了增强未来的赔付能力而发行。

细分析①，本书在此略过。

5. 国家巨灾基金

所谓国家巨灾基金，即由国家层面，主要通过财政预算拨款建立的巨灾风险准备金，设立基金理事会进行运营管理，只能用于巨灾救助，当灾后救济财政预算不足时，巨灾保险体系中国家承担的赔付责任亦可从中支付。值得注意的是，此巨灾基金与巨灾保险基金不可混淆而谈。

6. 国际援助

一国遭受巨灾，其他国家和地区、国际组织向其提供援助，帮助其摆脱困境。主要体现在灾后救助方面。

7. 社会援助

巨灾发生后，社会组织、团体、企业、个人所提供的人道主义救助和支援。

此外，王银成主编《巨灾风险分担机制》一书中，将巨灾风险分担机制划分为政府主导的巨灾风险分担机制、市场主导的巨灾风险分担机制、政府主导市场运作的巨灾风险分担机制三大类②，论述较为详细，本书不再赘述。

巨灾保险是巨灾风险分担机制的重要组成部分，巨灾保险风险分担其实质就是巨灾风险分担机制在保险领域的具体应用，是对巨灾保险承保之风险予以分担，不能完全等同于巨灾风险分担，故有其特殊性。本书主要对域外巨灾保险法律制度中风险分散机制予以考察，结合我国实践，探讨我国巨灾保险风险分散和给付责任分担机制之确立。

（二）域外巨灾保险制度之考察

目前，域外巨灾保险法律制度中，基本上采用多种途径分散巨灾风险，共保机制、再保险、资本市场转移等方式较为常见。

日本地震保险主要使用再保险进行风险转移，积极发挥资本市场作用。日本地震保险法律制度将巨灾损失按比例分为初级、中级、高

---

① 王和等：《巨灾风险分担机制》，中国金融出版社 2013 年版，第 73—78 页。
② 同上书，第 81—107 页。

级、超限损失四类，由商业保险公司、再保险公司、政府分别承担。

美国洪水保险主要通过洪水保险基金独立运行、临时性财政借款、巨灾风险证券化等手段进行风险转移。私营保险公司不承担任何赔付责任，洪水保险基金全额承担，政府作为最终保证人，在洪水保险基金偿付不足时提供有息贷款或特别拨款。

加州地震保险则是共保体、再保险与金融工具相结合。保险赔付分为原始营运资金层级、业界赋课保费层级、第一超额损失再保险层级、收益债券层级、巨灾债券层级、第二再保险层级 6 个层级，分别由共保体、再保险、债券来分担。

佛罗里达飓风保险主要通过共保、资本市场分散风险。直保公司承担自留风险，其余由 FHCF 支付。FHCF 紧急情况下可发行收入债券，当入不敷出时，可通过向保单持有人进行紧急征费来弥补损失。

新西兰地震保险将政府行为与市场行为相结合，通过国际再保险等多渠道分散。责任分担模式分为 4 个层级，地震保险委员会支付约 2 亿新元赔偿；启动再保险、超额再保险方案；由政府承担最终责任。

法国巨灾保险：主要通过中央再保险公司（CCR）进行再保险。直保公司承担自留风险，CCR 自行提取准备金和安排再保险。CCR 准备金耗尽，政府承担其余责任。

挪威自然灾害保险基金（NNPP）为共保体，购买一定再保险。

瑞士巨灾保险：组建共保体，政府为再保险人。

土耳其地震保险：国家建立巨灾准备金；同时，TCIP 资产至少 50% 在国外投资。商业保险公司按照其市场份额各自承担相应风险；由政府提供最终担保。

墨西哥地震保险：保险人承担部分，绝大多数由再保险公司承担。

加勒比海地区巨灾保险基金：主要通过国际再保险市场、世界银行掉期产品分散风险。设置有四层分担体系。第一层 1000 万美元以下损失由巨灾保险基金承担；第二层 1500 万美元内、第三层 2500 万美元内损失由国际再保险市场承担；第四层 7000 万美元损失由国际再保险市场承担 71%（最高 5000 万美元）、世界银行掉期产品承担

29%（最高 2000 万美元）①。

（三）我国相关保险实践之考察

1. 政策性农业保险

当前，我国政策性农业保险主要通过计提大灾风险准备金与再保险共保机制进行风险分散。《农业保险条例》出台之前，我国农业保险主要通过保险人自留与再保险的方式分散风险。2012 年出台的《农业保险条例》明确提出建立多层次的农业保险大灾风险分散机制。2013 年 12 月，财政部出台了《农业保险大灾风险准备金管理办法》，要求保险公司计提大灾风险准备金。2014 年 11 月 21 日，中国农业保险再保险共同体成立，为农业保险提供充足的再保险保障。

2. 政策性农房保险

我国政策性农房保险之风险分散主要由保险人自行通过市场方式予以分散。但在实践中，一些地区如青海尝试建立巨灾风险准备金，以当年保费之 25% 计提。成都农房保险、西藏农房保险则采取"政府 + 市场"联办模式，但各有不同。成都试点："赔付小于或等于保费的 1. 5 倍时，由保险公司承担赔付；超出 1. 5 倍但不足 2. 5 倍的赔付，则由保险公司和成都市财政各承担 50%。"② 西藏政府建立大灾风险基金，基金不足时由保险公司与政府按比例赔付。

3. 巨灾保险地方试点

我国巨灾保险地方试点中，深圳试点设计了"巨灾保险政府统保 + 巨灾保险基金 + 个人商业性巨灾保险"结合的三级巨灾风险分担机制，在政府统保巨灾保险中，主要由直接保险人通过市场运作方式分散风险，超过保险最高限额后，由巨灾保险基金予以赔付，最后启动回调机制实施比例赔付。宁波试点亦是由保险人市场化运作，同时提取巨灾风险准备金。潍坊试点主要通过共保、再保险方式分散，未建立巨灾风险基金。大理试点主要通过组建共保体、再保险和计提风险准备金之方式予以分散。四川试点构建由直接保险、再保险、地震保险基金、政府紧急预案之赔付机制。广东试点主要通过市场化运作，实施商业赔付。黑

---

① 王和等：《巨灾风险分担机制》，中国金融出版社 2013 年版，第 119 页。

② 李唐宁等：《成都试点农村金融改革》，《经济参考报》2015 年 8 月 28 日第 3 版。

龙江试点主要通过再保险，将保费80%分保给瑞士再保。

4. 城乡居民住宅地震巨灾保险制度

《建立城乡居民住宅地震巨灾保险制度实施方案》明确了"由投保人、保险公司、再保险公司、地震巨灾保险专项准备金、财政支持等构成分担主体"。结合人保财险财产保险部总经理贺晨《住宅地震巨灾保险共同体运营机制》中相关数据，大致可以确定，城乡居民住宅地震巨灾保险风险分担机制为：投保人自行承担轻微损失（破坏等级Ⅰ级和Ⅱ级）；直接保险人组成的共保体承担10亿元以内之赔付责任；赔付总额在20亿元以内，再保险承担其余10亿元；超过20亿元，由地震风险专项准备金支付；当专项准备金支付完毕后，由政府安排紧急资金支付。

5. 巨灾债券尝试

2015年7月1日，"我国第一只以地震风险为保障对象的巨灾债券由中再产险在境外市场成功发行。中再产险以再保险转分之方式，将所承保之国内地震风险分保给设在百慕大的SPV机构Panda Re，募得资金5000万美元"①。这是我国巨灾风险证券化的首次尝试，是从理论到实践的重大突破，具有极强的现实意义。

6. 我国台湾地区地震保险制度

我国台湾地区地震保险风险分散方式有：风险共保、向岛内外购买再保险、通过资本市场发行巨灾债券转移等。目前采用5层级责任分担模式。共保体、地震保险基金、岛内外再保险市场和资本市场、政府共同承担，地震保险基金承担其中第二、第四两个层级之赔付责任。在总限额新台币700亿元的赔付中，共保体最多承担新台币30亿元；地震保险基金最多承担新台币530亿元，其中再保险市场最多承担新台币200亿元；政府承担最后一层次的新台币140亿元赔付。超过新台币700亿元则启动回调机制实行比例赔付。

7. 总结

综上所述，我国涉及巨灾风险的政策性保险实践中，主要应用了

---

① 《我国首只巨灾债券境外成功发行》，2015年8月，新华网（http://news.xinhuanet.com/fortune/2015 - 07/02/c_ 1115798349. htm）。

保险业共保机制、国内外再保险、大灾（巨灾）风险准备金、资本市场（巨灾债券的实践）以及政府财政支持等方式对巨灾风险予以分散，从效果来看，基本上达到了有效化解承保风险之目的。但由于投保率较低、覆盖面小，加之保险市场还不够发达，离发达国家较为成熟的巨灾风险分担机制还有较长的一段距离。

（四）我国巨灾保险风险之分担

1. 共保机制

共保机制即保险业的"抱团取暖"，更多地是为了避免因巨灾风险给一家或几家承保机构造成过大损失甚至带来灭顶之灾。目前，由于国内保险市场发展水平不高，保险公司实力有限，共保机制成为商业保险机构开展巨灾保险业务的首要选择。实践中，农房保险和巨灾保险地方试点多采取几家保险公司组建共保体共同承保的模式；而中国农业保险再保险共同体与住宅地震巨灾保险共同体的相继成立，为我国巨灾保险的发展奠定了一定的市场基础。可以预见的是，随着保险市场的发展，商业保险公司将在巨灾保险中承担越来越多的给付份额，共保机制也就能发挥其应有作用。

2. 巨灾保险基金

不同于政府层面以财政资金为主所建立的国家巨灾基金，巨灾保险基金资金来源多元化，其中最重要的来源是从保费收入中计提相应份额。国家巨灾基金不能从巨灾保险保费中计提，但特定条件下巨灾保险基金可以归入国家巨灾基金管理。事实上，我国保险实践中存在着三类灾害风险基金。一是保险人自行建立的巨灾/大灾风险准备金，主要来源于保费收入，往往是从当年利润中计提，以应对大灾时的赔付。二是各级政府建立的大灾风险准备金。三是政府与保险人共同建立的巨灾保险基金，资金主要来源于保费计提和政府财政支持。我国巨灾保险地方试点（深圳、宁波、四川）多有建立巨灾保险基金之举，城乡居民住宅地震巨灾保险制度更是将巨灾保险基金（地震巨灾保险专项准备金）与住宅地震巨灾保险共同体作为其运行之基本保障。

3. 再保险

除了共保机制，保险人利用再保险进一步分散风险是其必然选择。再保险对于巨灾保险的风险转移功效是毋庸置疑的，至少，在我国巨灾保险制度建立之初，在国内商业保险市场发展水平不高、难以发挥其应有的风险分散作用，更多依靠政府财政支持的情况下，建立巨灾保险的再保险体系，充分利用国内、国际再保险市场，尽量提高巨灾风险的可保性、扩大巨灾保险的承保能力，显得十分必要和必然。

我国再保险市场起步较晚，发展相对落后，专业人才匮乏，服务水平滞后。面对巨灾风险，我国再保险市场承保能力较弱，所能发挥的作用有限。对此，我国巨灾风险的转移需要将目光投向国际再保险市场。要进一步开放保险市场，与国际保险市场、再保险市场接轨，在利用国际再保险市场分散风险的同时，"学习他们的经营理念与业务技术，积极培育国内再保险市场"①。

在中国特色巨灾风险分散转移体系构建过程中，再保险市场理应占据一席之地。但我们也应清醒地认识到，国际再保险市场的偿付能力毕竟有限，其能发挥的作用也相当有限。我们既要充分利用国际再保险市场，又要努力壮大本国保险市场和再保险市场，更要探索巨灾风险向国内、国际资本市场的转移渠道。

4. 资本市场

仅仅依靠保险业自身（保险共同体和再保险机制），应对我国数量众多、损失极大的巨灾风险，未免捉襟见肘，最后还是得让政府的财政支持来"唱主角"，要避免这种情况的发生，尽可能地开拓风险转移渠道，尽量将承保之巨灾风险分散给其他主体，是我国巨灾保险法律制度的必然选择。资本市场作为新兴的风险分散主体，近 20 年来得到了广泛关注和快速发展，我国业已开始利用资本市场进行巨灾风险分散转移的尝试，尽管规模较小，但实现了突破。可以预见，未来以巨灾债券为主的通过资本市场分散巨灾风险的应用将更为广泛和规模化。

5. 政府责任

王银成等对巨灾风险分担机制中政府的作用概况为 6 个方面：巨

---

① 黄蓉蓉：《中国巨灾保险体系探析》，硕士学位论文，华东师范大学，2009 年，第 35 页。

灾风险管理（本书以为"灾前风险管理"更为妥帖）、资金支持、制度政策的支持、审计与监督、公众教育和政府补偿。笔者认为，将之称为巨灾保险制度中政府之作用为佳。总的来说，在巨灾保险风险分担机制中，政府应承担以下责任：

（1）制度保障。健全的法律制度是巨灾保险正常运行的保障，政府应该通过对相关法律制度的完善，为巨灾保险制度的建立和稳定运行提供良好的制度环境、法律环境和政策环境。

（2）防灾工作。尽管巨灾风险不可消灭，但可以通过防灾减灾措施将之控制和削弱。在风险分析、风险防范、制定防灾标准与制度、加大防灾工程投入等方面，必须由政府牵头方能高质高效地完成。

（3）财政支持。主要体现在几个方面：一是保费补贴；二是巨灾保险基金的支持；三是国家保险基金的建立；四是最后赔付责任的承担。

（4）管理监督。政策性"巨灾保险制度离不开政府的管理监督，只有对巨灾保险施以严格的监督管理，才能保障其正常运行和健康发展"[1]。

（5）宣传教育。巨灾保险制度的推行，离不开政府的宣传教育，尤其是在我国民众财产保险意识较为薄弱的当下，仅仅依靠保险机构的宣传往往难见成效，只有通过政府层面从上至下的宣传推广，才能更好地强化民众风险意识，刺激其投保积极性。

（五）我国巨灾保险责任之分担

本书参考美国加州地震保险、新西兰地震保险、我国台湾地区地震保险的责任分摊模式，结合我国巨灾保险地方试点尤其是四川城乡居民住房地震保险责任分担实践，在我国城乡居民住宅地震巨灾保险的损失分担机制的基础上，将我国巨灾保险的赔付体系分为 6 个层级。

我们参照 2008 年汶川地震、2013 年芦山地震损失，将单次巨灾保险金支付上限定为 1000 亿元人民币。

---

[1] 赵立戎：《论巨灾保险制度在我国的发展》，《淮南职业技术学院学报》2007 年第 3 期。

第一层级：巨灾保险共保体层级——30亿元人民币。累计损失在30亿元以内的，由该资金予以赔付。

第二层级：巨灾保险基金层级——70亿元人民币。累计损失在100亿元以内的，由该资金赔付共保体所承担30亿元之外，最高不超过70亿元的损失。

第三层级：再保险层级——200亿元人民币。损失超过100亿元时，由巨灾保险基金与再保险共同承担不超过200亿元的损失，其中，再保险人承担40%，巨灾保险基金承担60%。

第四层级：超额损失再保险层级——200亿元人民币。当累计损失超过300亿元时，启动超额损失保险合约程序，进行赔款摊回。巨灾保险基金有权向保单持有人课征保险总额不超过200亿元的额外附加保险费。

第五层级：政府债券、巨灾债券层级——200亿元人民币。当累计赔付金额超过500亿元时，可以发行200亿元的债券，其中，国债90亿元，巨灾债券10亿元。

第六层级：政府层级——300亿元人民币。当累计损失超过700亿元时，政府承担300亿元的损失赔偿。

如果"该次巨灾损失超过了单次巨灾保险金支付上限1000亿元人民币，巨灾保险则按照总上限与实际应付赔款总额之比进行比例赔付"①。

第三节 巨灾保险基金管理法律制度

在我国巨灾保险制度框架设计中，巨灾保险基金居于中心地位。基于巨灾保险基金的重要地位和关键性作用，以专门的法律法规对之进行规制实属必然。本书从巨灾保险基金之性质、原则、资金归集、管理运营、监督几个方面对巨灾保险基金管理法律制度略作探讨。

---

① 何霖：《我国巨灾保险立法研究》，西南财经大学出版社2014年版，第200页。

一 我国巨灾保险基金主要实践

（一）政策性农业保险与农房保险

《农业保险条例》中提出，国家、地方"建立财政支持的农业保险大灾风险分散机制"，主要是指大灾风险准备金。同时，要求"经营农业保险业务的保险机构有稳健的大灾风险安排"，亦是指的大灾风险准备金或大灾/巨灾保险基金。实践中，一些地区政策性农业保险与农房保险，由政府和保险公司建立有大灾保险基金，并发挥着风险分担的作用。

（二）巨灾保险地方试点

深圳试点作为我国政策性巨灾保险试点"第一枪"，提出并建立了巨灾基金。但此基金应属于我们前文提及的政府专属巨灾风险基金，而非真正意义之"巨灾保险基金"。原因有三：一是资金来源，主要由政府财政资金注入，接受社会捐助；二是由政府单独建立并管理，保险公司既未参与，也未计提保费；三是其功能与政策性巨灾保险、商业性巨灾保险并列，与巨灾保险脱钩，是在巨灾保险顶额赔付之后再行赔付，为巨灾保险之补充。宁波巨灾保险试点中巨灾保险基金与深圳试点类同。大理试点计提有地震风险准备金。四川试点采取由"政府拨款 + 保费计提 + 社会捐助"模式共同组建地震保险基金，首期财政拨付 2000 万元作为启动资金，承保机构按照保费收入的20% 计提转入基金，同时接受社会捐助。潍坊、广东及黑龙江试点未建立巨灾保险基金制度。

（三）城乡居民住宅地震巨灾保险

目前，我国城乡居民住宅地震巨灾保险制度将地震巨灾保险专项准备金确定为两大运行保障之一，主要通过保费计提的方式筹集资金，坚持"政府主导、市场运作"的原则，在地震巨灾保险责任分担机制中，承担着投保人自留风险、共保体赔付责任之外的第三层损失赔付。由于《地震巨灾保险条例》尚未出台，地震巨灾保险专项准备金的相关制度安排尚不明朗。

（四）我国台湾地区地震巨灾保险

我国台湾地区地震保险基金成立于 2002 年。当保险赔付超过共同体所承担的新台币 30 亿元内即第一层的赔付责任时，地震保险基金与政府将承担之后的赔付责任。

二　我国巨灾保险基金功能界定

（一）巨灾保险基金之功能界定

从域外巨灾保险基金的功能来看，无外乎共保机构、再保险机构、保险机构、风险分担机构四类①。

此外，任自力教授根据政府是否承担风险，将巨灾保险基金划分为"政府提供担保（如新西兰的地震委员会）、部分担保（如日本的JER）和不提供担保（如美国加州的地震局）等不同类型"②。

（二）我国巨灾保险基金之功能

我国巨灾保险基金当为风险分担机构，承担风险分担职能。

将我国巨灾保险基金界定为风险分担机构，符合我国国情，是我国财产保险市场发展水平的客观要求。

如前文所述，我国商业保险市场发展水平还不高，抗风险能力较低，偿付能力不强，在此情形下，商业保险公司所承担的给付责任须量力而行，由其承担部分风险。为保障巨灾保险的偿付能力，提振投保人的投保信心，我们有必要通过设置巨灾保险共同体和巨灾保险基金的制度安排，既通过共保将单个保险公司所承担风险缩小化，又通过保费计提、财政注入等方式建立巨灾保险基金，由巨灾保险基金承担更多的赔付责任，进一步缓解商业保险公司的风险压力，确保巨灾保险制度的正常运行。

那么，能否将我国巨灾保险基金界定为提供巨灾保险的保险机构，使之直接承担保险人之责呢？在以前的研究尤其是中前期研究成

---

① 其实这种划分并不严谨，尤其是将风险分担机构单列，因为前面的共保机构、再保险机构都承担有风险分担职能。本书对巨灾保险基金的区分，只是基于其性质的侧重点，作粗略划分。

② 笔者认为某些观点值得商榷，如 JER，为日本地震再保险公司，其性质与运行规则均与巨灾保险基金大有不同。因此，将此处的巨灾保险基金换作巨灾保险核心机构更为妥当。详见任自力《中国巨灾保险法律制度研究》，中国政法大学出版社 2015 年版，第 165页。

果中，笔者曾经出于我国保险市场抗风险能力较弱、保障巨灾保险偿付能力的考量，将巨灾保险基金"界定为专营保险机构，由其提供巨灾保险，且承担赔付责任，各商业保险公司只是代为经营巨灾保险业务，而后将保单、保费转交给巨灾保险基金，由基金统一管理、开支"①，但在此后的研究过程中，笔者认为将之作为专营保险机构将不利于我国保险市场的发展，商业保险公司的风险也可以通过组建共保体等方式予以分散转移，这也与我国城乡居民住宅地震巨灾保险的实践相吻合。

三 我国巨灾保险基金基本原则

从国内外巨灾保险基金运行现状来看，根据政府是否承担出资义务和担保义务，大致可以分为市场化（如挪威自然灾害基金、土耳其巨灾保险基金、我国大理地震风险准备金）、半市场化（如新西兰地震保险基金，我国台湾地区地震保险基金、四川地震保险基金、厦门巨灾保险基金）与行政化（如美国洪水保险基金，我国深圳、宁波巨灾保险基金）三大类。总的来说，只要是政策性巨灾保险制度中的巨灾保险基金，政府都不同程度地参与进去，至少承担有监督管理职责。

在我国巨灾保险法律制度设计中，巨灾保险基金当坚持"政府主导、市场运作"之原则。

依据任自力教授之论述，"所谓政府主导，当是体现在其组建与管理层面，一是其管理应由政府主导，如其管理层应由政府选任并依法接受政府主管部门的监督管理，基金财产的收付、划拨、统计等由该管理机构统一调配。所谓市场运作，是指巨灾保险基金投资业务的开展与基金资产的保增值应坚持市场化运作方式，借助于再保险、巨灾风险证券化等市场化途径，分散巨灾风险，确保基金的持续运营"②。

---

① 何霖：《我国巨灾保险立法研究》，西南财经大学出版社 2014 年版，第 176 页。
② 任自力：《中国巨灾保险法律制度研究》，中国政法大学出版社 2015 年版，第 165 页。

我国巨灾保险法律法规应对巨灾保险基金的运行原则予以明确："政府主导、市场运作。"巨灾保险基金由财政划拨初始资金，接收直接保险公司依法定比例转移来的巨灾保险保费及其他社会捐助；坚持市场化运作，开展保增值业务；按照风险分散原则，在国内外再保险市场进行分保；通过保险风险证券化，实现巨灾风险向资本市场转移；接受政府部门及委托机构之监督管理；在法律法规确定之责任分担机制中承担其赔付责任[①]。

四　我国巨灾保险基金资金归集

（一）域外巨灾保险基金制度

美国洪水保险基金：NFIP 的资金来源于保单收入、政府拨款、投资红利以及必要时期的临时性财政借贷[②]。佛罗里达飓风巨灾基金：该基金的资金主要来源是保险公司在留足自留额后向其支付的分保费、紧急征费、基金的投资收益等，在资金不足时经过批准还可以发债，特殊情况下还可以向保单持有人紧急征集 10% 上限的资金。新西兰地震保险基金：保险费在扣除必要的费用。另外还有政府拨款、国外再保险赔付等。挪威自然灾害基金：保费收入、投资收入等。土耳其巨灾保险基金：TCIP 的资金来源于保费收入、基金投资所得以及世界银行的资助，并无政府补贴或拨款[③]。

（二）我国巨灾保险基金实践

1. 政策性农业保险、农房保险实践

政策性农业保险与农房保险已建有的大灾风险准备金主要源于政府财政支持和保费计提两方面。有的只有保费计提这一来源。

2. 巨灾保险地方试点

从现有情况来看，深圳巨灾基金资金来源为政府划拨，但目前只有首期资金注入。宁波巨灾保险基金由政府划拨初始资金，另外计提部分保费，目前宁波市政府已再次划拨资金注入。大理、厦门巨灾风

---

① 杨芸：《中国巨灾保险制度构建的探析》，硕士学位论文，安徽大学，2010 年，第 32—33 页。

② 引自何霖《美国洪水保险之进程及启示》，《四川文理学院学报》2015 年第 6 期。

③ 何霖：《我国巨灾保险立法研究》，西南财经大学出版社 2014 年版，第 163 页。

险准备金主要是保费计提。四川地震保险基金除财政拨款与保费计提外还接受社会捐助。

3. 城乡居民住宅地震巨灾保险

目前，城乡居民住宅地震巨灾保险制度对地震专项风险准备金的资金归集设计为保费计提，巨灾保险保费按 20% 的比例提取。

4. 我国台湾地区地震巨灾保险

我国台湾地区地震保险基金资金来源于：先期捐助经费；住宅地震保险保费；资金运用收益；贷款；其他收入。政府不提供年度融资、补贴，但要提供担保。

（三）我国巨灾保险基金来源

我国巨灾保险基金的来源应当包括：

1. 国家财政划拨初始资金

之所以由国家财政划拨初始资金，既是基于巨灾保险之政策性，又是基于保费计提之有限性。我国巨灾保险制度为政策性巨灾保险，坚持"政府主导、市场运作"之原则，需要政府提供财政支持，对巨灾保险基金初始资金的支持就是很重要的一个方面。而且巨灾保险制度刚刚起步，暂时采取自愿投保模式，投保率在一定时期内都不能提升上来，保费总额较小，计提部分也很有限。即使采取半强制手段或强制投保模式，在缺乏时间积累的情况下，仅仅依靠计提保费来满足巨灾保险基金的偿付能力不太现实，财政支持必要且必然。

2. 巨灾保险共同体所收取巨灾保险保费按比例提取

在由财政划拨初始资金后，通过每年固定比例（提取比例可能变动），从巨灾保险保费中提取，注入巨灾保险基金，成为基金资金最稳定的来源。

3. 各级人民政府提存的巨灾保险责任准备金

各级政府均应在每年财政预算中提存一定数额的巨灾保险责任准备金，注入巨灾保险基金，以保证基金的偿付能力。

4. 巨灾保险基金孳息

即巨灾保险基金保值增值过程中之获利。

5. 国家临时性财政拨款

当巨灾保险基金出现偿付危机时，须由国家提供临时性财政拨款。

6. 社会捐助

巨灾保险基金接受社会组织、企业、个人等所捐助的资金。

7. 其他资金

如巨灾发生后，无保险受益人或受益人死亡时，无人继承又无人受遗赠的，巨灾保险金可划归国家巨灾保险基金，等等。

五　巨灾保险基金之监管

（一）域外巨灾保险基金监管

美国洪水保险基金：由"联邦保险管理局"（FIA）和"减灾理事会"进行管理。

加州地震保险局：由加州地震局委员会监管。

佛罗里达飓风巨灾基金：由佛州管理委员会（SBA）管理。

挪威自然灾害基金：有 8 位董事会人员，设有 5 个委员会，负责具体工作。政府进行一些必要性管理。

西班牙保险赔偿联合会：是隶属于西班牙经济部的独立法人，保险监管机关、国家审计机关对其业务进行审计。

土耳其巨灾保险基金：管理委员会是 TCIP 的直接管理机构。财政部负责 TCIP 的领导及监管。

（二）我国巨灾保险基金监管

1. 管理机构

我国巨灾保险基金管理法律制度设计中，须设立巨灾保险基金理事会，负责巨灾保险基金的具体管理工作。

我国巨灾保险基金法律制度应明确巨灾保险基金之独立法人地位，设立由政府相关部门（财政部、民政部、住建部、农业部、国土资源部、林业局、地震局、气象局等）、保险行业（保险公司、保险公估机构、保险精算机构等）、社会人士（专家学者、民意代表等）等组成的巨灾保险基金理事会，负责"制定基金章程，制定基金管理运营的重大方针战略、年度运营计划和中长期发展战略，审定基金风险管理制度、投资管理制度、信息披露制度等重大管理制度，对基金的管理和运营情况进行检查，并就基金运营中的情况和问题向政府主管部门报告等"①。

2. 监管机构

本书认为，应加强中央人民政府的领导作用，强化巨灾风险管理功能，设置专门机构负责巨灾保险工作的监督管理。

政府监管机构："设置巨灾保险委员会，对巨灾保险业务、巨灾保险基金的运营实施监督管理。保监会、财政、民政、住建、农业、发展改革、税务等有关部门按照各自的职责，负责巨灾保险监督、管理的具体工作。"②

社会监督机构："巨灾保险委员会成立由保险机构代表、投保人代表，以及专家学者等组成的巨灾保险监督委员会，对巨灾保险工作提出咨询意见和建议，实施社会监督。"③

3. 制度安排

"巨灾保险基金设立理事会，负责基金资产的管理运营。"④

"巨灾保险基金应当在确保安全的前提下实现保值增值。"⑤

巨灾保险监督委员会依法对巨灾保险基金的收支、管理、投资运营进行监督检查。⑥

财政部门、审计机关按照各自职责，对巨灾保险基金的收支、管理和投资运营情况实施监督。⑦

巨灾保险基金理事会应当定期向巨灾保险监督委员会汇报巨灾保险基金的收支、管理和投资运营情况。国务院可以责成国家审计署对巨灾保险基金的收支、管理和投资运营情况进行年度审计和专项审计。审计结果应当向社会公开⑧。

---

① 任自力：《中国巨灾保险法律制度研究》，中国政法大学出版社 2015 年版，第 171页。

② 何霖：《我国巨灾保险立法研究》，西南财经大学出版社 2014 年版，第 166 页。

③ 同上。

④ 任自力：《中国巨灾保险法律制度研究》，中国政法大学出版社 2015 年版，第 221页。

⑤ 同上书，第 222 页。

⑥ 参照《中华人民共和国社会保险法》，《山东人力资源和社会保障》2011 年第 11期。

⑦ 黎建飞：《〈社会保险法〉的立法亮点》，《中国发展观察》2010 年第 12 期。

⑧ 何霖：《我国巨灾保险立法研究》，西南财经大学出版社 2014 年版，第 166 页。

　　巨灾保险监督委员会发现巨灾保险基金收支、管理和投资运营中存在问题的,有权提出改正建议;对国家巨灾保险委员会及其工作人员的违法行为,有权向有关部门提出依法处理建议①。

①　《中华人民共和国社会保险法》,《山东人力资源和社会保障》2011 年第 11 期。

第五章　中华人民共和国巨灾保险法（建议稿）[*]

第一章　总则

第一条　为了规范巨灾保险活动，保护巨灾保险活动当事人的合法权益，提高巨灾风险抵御能力，加强巨灾保险业的监督管理，维护社会经济秩序和社会公共利益，促进巨灾保险事业健康发展，制定本法。

第二条　中华人民共和国境内所有处于巨灾风险区的居民住宅，应当投保政策性巨灾保险①。居民其他财产、企业财产可以投保商业保险。

国家鼓励保险公司组建巨灾保险共同体，整合保险行业能力。

巨灾风险区根据全国巨灾风险区划图确定。

国家鼓励保险公司开发政策性巨灾保险之外的其他巨灾产品。

第三条　巨灾保险制度应当坚持政府主导、市场运作的原则。

巨灾保险制度应当坚持限额给付、风险控制的原则。

巨灾保险制度应当坚持保障民生与公共利益相结合的原则。

第四条　国家支持发展多种形式的巨灾保险，健全政策性巨灾保险制度。

省、自治区、直辖市人民政府根据本地巨灾风险状况，可以确定

---

*　本章主要参考了《农业保险条例》《社会保险法》中的相关条文设计。

①　我们将政策性巨灾保险界定为半强制型保险，主要通过对共保体成员的制约及以先决条件模式对投保人施以一定强制手段来实现。

适合本地区实际的巨灾保险经营模式，制定相关条例及实施细则，报国务院审批。

第五条　国家建立财政支持的巨灾保险基金。鼓励地方建立巨灾保险基金。

巨灾保险基金享受税收优惠。

第六条　国务院下设国家巨灾保险委员会，对政策性巨灾保险业务、巨灾保险基金的运营实施管理、监督。

国家巨灾保险委员会由保监会牵头，国务院财政、民政、住建、农业、国土资源、林业、地震局、气象局、发展改革、税务等有关部门人员组成。保监会、财政、民政、住建、农业、发展改革、税务等有关部门按照各自的职责，负责巨灾保险管理、监督的具体工作。

国家巨灾保险委员会依法执行巨灾保险的总体运营计划，对参与巨灾保险的各部委工作进行统筹协调，对巨灾保险基金的运营实施管理、监督，负责灾后巨灾保险的损失赔偿。

国家巨灾保险委员会负责全国巨灾风险区划图的制定。

第七条　县级以上人民政府将巨灾保险事业纳入国民经济和社会发展规划，给予必要的经费支持。

省级人民政府统一组织本行政区域内的巨灾保险具体规划与实施，建立健全推进巨灾保险发展的工作机制，市、县两级地方人民政府协调本地的巨灾保险工作①。基层政府、群众性自治组织接受保险机构委托，协助办理巨灾保险业务。

本法所称基层群众性自治组织，是指城市居民委员会和农村村民委员会。

第八条　国家通过优惠政策支持巨灾保险事业。

保险机构经营巨灾保险业务依法享受税收优惠。

国家支持保险机构建立适应巨灾保险业务发展需要的基层服务体系。

国家鼓励金融机构对投保巨灾保险的居民加大信贷支持力度。

第九条　国务院有关部门、机构和地方各级人民政府及其有关部

---

①　《农业保险条例》，《辽宁省人民政府公报》2012 年 12 月 23 日。

门应当采取多种形式，加强对巨灾保险的宣传，提高居民的保险意识，组织引导居民积极参加巨灾保险。

第十条　居民投保的住宅建筑属于财政给予保险费补贴范围的，由财政部门按照规定给予保险费补贴，具体办法由国务院财政部门商国务院民政主管部门和保险监督管理机构制定。

国家鼓励地方人民政府采取由地方财政给予保险费补贴等措施，支持发展巨灾保险。

第十一条　国家建立财政支持的巨灾风险分散机制，具体办法由国务院财政部门会同国务院有关部门制定。

国家鼓励地方人民政府建立地方财政支持的巨灾风险分散机制。

第十二条　国务院听取并审议国家巨灾保险委员会对巨灾保险基金的收支、管理、投资运营进行监督检查情况的专项工作报告，组织对本法实施情况的执法检查等，依法行使监督职权。

第十三条　国务院成立由保险机构代表、投保人代表、专家学者等组成的巨灾保险监督委员会，对巨灾保险工作提出咨询意见和建议，实施社会监督。

第十四条　地方人民政府相关部门应当加强对本行政区划内居民遵守巨灾保险法律、法规情况的监督检查。

第二章　巨灾保险基金

第十五条　国家巨灾保险基金为独立法人，提供巨灾保险，承担赔付责任。

第十六条　巨灾保险基金的来源包括：

（一）国家财政划拨初始资金；

（二）巨灾保险共同体按比例转交的巨灾保险的保费收入；

（三）各级人民政府提存的巨灾保险责任准备金；

（四）巨灾保险基金孳息；

（五）国家临时性财政拨款；

（六）社会捐助；

（七）其他资金。

第十七条　巨灾保险基金设立理事会，依法对巨灾保险基金进行管理，负责基金资产的管理运营。

第十八条　巨灾保险基金应单独建账，独立核算，专款专用。

第十九条　巨灾保险基金为非营利机构，通过预算实现收支平衡。

第二十条　巨灾保险基金按照统筹层次设立预算。巨灾保险基金预算按照巨灾保险项目分别编制。巨灾保险基金预算、决算草案的编制、审核和批准，依照法律和国务院规定执行。

第二十一条　巨灾保险基金应当购买一定比例的再保险。

第二十二条　巨灾保险基金在保证安全的前提下，按照国务院规定投资运营实现保值增值。

巨灾保险基金不得违规投资运营，不得用于平衡其他政府预算，不得用于兴建、改建办公场所和支付人员经费、运行费用、管理费用，或者违反法律、行政法规规定挪作其他用途。

第二十三条　巨灾保险基金理事会应当定期向社会公布参加巨灾保险情况以及巨灾保险基金的收入、支出、结余和收益情况。

第二十四条　巨灾保险委员会成立由保险机构代表、投保人代表，以及专家学者等组成的巨灾保险监督委员会，对巨灾保险工作提出咨询意见和建议，实施社会监督。巨灾保险监督委员会依法对巨灾保险基金的收支、管理、投资运营进行监督检查。

财政部门、审计机关按照各自职责，对巨灾保险基金的收支、管理和投资运营情况实施监督。

第二十五条　巨灾保险基金理事会应当定期向巨灾保险监督委员会汇报巨灾保险基金的收支、管理和投资运营情况。国务院可以责成国家审计署对巨灾保险基金的收支、管理和投资运营情况进行年度审计和专项审计。审计结果应当向社会公开。

第二十六条　巨灾保险监督委员会发现巨灾保险基金收支、管理和投资运营中存在问题的，有权提出改正建议；对国家巨灾保险基金理事会及其工作人员的违法行为，有权向有关部门提出依法处理建议。

第三章　巨灾保险经营规则

第二十七条　保险公司经营巨灾保险业务，应当符合下列条件，并经国家巨灾保险委员会依法批准：

（一）有完善的基层服务网络；

（二）有专门的巨灾保险经营部门并配备相应的专业人员；

（三）有完善的巨灾保险内控制度；

（四）有稳健的巨灾再保险和大灾风险安排以及风险应对预案；

（五）偿付能力符合国务院保险监督管理机构的规定；

（六）自愿加入巨灾保险共同体；

（七）国务院保险监督管理机构规定的其他条件。

第二十八条　保险公司的巨灾保险业务，应当与其他保险业务分开管理，单独立账、单独核算。并应依照法律规定，在扣除手续费后，将保费全部转入巨灾保险共同体账户。

第二十九条　国家巨灾保险委员会应当每年对巨灾保险业务情况进行核查，并向社会公布；根据保险公司巨灾保险业务与国家巨灾保险基金的总体盈利或者亏损情况，可以要求或者允许保险公司相应调整保险费率。

调整保险费率的幅度较大的，国家巨灾保险委员会应当进行听证。

第三十条　保险机构经营巨灾保险业务的准备金评估和偿付能力报告的编制，应当符合国家巨灾保险委员会的规定。

巨灾保险业务的财务管理和会计核算需要采取特殊原则和方法的，由国务院财政部门制定具体办法。

第三十一条　保险机构可以委托基层群众性治组织协助办理巨灾保险业务。保险机构应当与被委托协助办理巨灾保险业务的机构签订书面合同，明确双方权利义务，约定费用支付，并对协助办理巨灾保险业务的机构进行业务指导。

第三十二条　保险机构应当按照国家巨灾保险委员会的规定妥善保存巨灾保险查勘定损的原始资料。

禁止任何单位和个人涂改、伪造、隐匿或者违反规定销毁查勘定损的原始资料。

第三十三条　保险费补贴的取得和使用，应当遵守依照本法第七条制定的具体办法的规定。

禁止以下列方式或者其他任何方式骗取巨灾保险的保险费补贴：

（一）虚构或者虚增保险标的或者以同一保险标的进行多次投保；

（二）以虚假理赔、虚列费用、虚假退保或者截留、挪用保险金、挪用经营费用等方式冲销投保人应缴的保险费或者财政给予的保险费补贴。

第三十四条　禁止任何单位和个人挪用、截留、侵占保险机构应当赔偿被保险人的保险金。

第三十五条　本法对巨灾保险经营规则未作规定的，适用《中华人民共和国保险法》中保险经营规则及监督管理的有关规定。

第四章　巨灾保险合同

第三十六条　中华人民共和国境内的财产保险公司（以下简称保险公司）须经国家巨灾保险委员会批准，方可从事巨灾保险业务。

为了保证巨灾保险制度的实行，国家巨灾保险委员会有权要求境内财产保险公司从事巨灾保险业务。

未经国家巨灾保险委员会批准，任何单位或者个人不得从事巨灾保险业务。

第三十七条　巨灾保险实行统一的保险单和保险条款。巨灾保险可单独作为主险，也可作为普通家财险的附加险。

保险单由巨灾保险委员会监制。任何单位或者个人不得伪造、变造或者使用伪造、变造的保险单。

保险条款由巨灾保险委员会在充分听取省、自治区、直辖市人民政府保监、财政、民政、住建、农业部门和居民代表意见的基础上拟订。

各省、自治区、直辖市人民政府根据本地巨灾风险状况，可以确定适合本地区实际的巨灾保险经营模式，其差别仅限于承保风险类别，保险单和保险条款不得擅作修改。

第三十八条 巨灾保险执行差别费率。

巨灾保险基础费率由巨灾保险委员会按照巨灾保险业务总体上不盈利不亏损的原则，依照巨灾风险区划图及建筑物构造类别、使用年限厘定。

巨灾风险区划图由巨灾保险委员会、保监会、建设部、国家地震局、气象局以及其他有关部门参考《中华人民共和国防震减灾法》《中华人民共和国防洪法》《中华人民共和国水法》《地质灾害防治条例》等法律法规所依据的全国地震烈度区划图、地震动参数区划图、全国洪水区划图、全国洪水灾害危险程度区划图、暴雨巨灾风险区划图、江河湖泊流域区划、台风灾害风险区划图、地质灾害防治规划等绘制。

在绘制出全国巨灾风险区划图的基础上，对建筑物土质、构造类别、使用年限、建筑质量、防灾加固措施等抗风险因素进行分析归类，综合地区风险区划与建筑物抗风险能力，参考经济发展水平，制定出全国巨灾保险费率图，作为我国巨灾保险费率的执行标准。

巨灾保险委员会在厘定保险费率时，应当聘请专业机构进行评估，并举行听证会听取公众意见。

第三十九条 保险公司不得私自调整保险费率。

如因风险变化或出现其他影响保险公司经营安全因素，确需调整的，须报国家巨灾保险委员会，由国家巨灾保险委员会议定调整。

第四十条 居民住宅结构类型或社区布局符合住建部规定的防灾减灾标准的或投保住宅进行了抗灾加固的，保险费率应当依巨灾保险委员会的相关规定降低。

第四十一条 保险标的的保险价值为出险时的重置价值。

保险金额由投保人参照保险价值，与保险人协商确定。

巨灾保险的保险上限由巨灾保险委员会会同相关部门、地方政府设计制定。全国执行统一标准。

第四十二条 巨灾保险委员会应当将获准开展巨灾保险业务的保险公司向社会公示。

投保人在投保时应当选择获准开展巨灾保险业务的保险公司，被选择的保险公司不得拒绝或者拖延承保。

第四十三条 投保人投保时，应当向保险公司如实告知重要事项。

重要事项包括建筑物结构类型、详细地址、购房合同（或房产登记证、房屋出租合同）、建筑物所有人的姓名（名称）、性别、年龄、住所、身份证或者驾驶证号码（组织机构代码）以及国家巨灾保险委员会规定的其他事项。

第四十四条 保险机构应当在订立巨灾保险合同时，制定投保清单，详细列明被保险人的投保信息，并由被保险人签字确认。保险机构应当将承保情况予以公示。

第四十五条 签订巨灾保险合同时，投保人应当一次性支付全部保险费；保险公司应当向投保人签发保险单。保险单应当注明保险单号码、建筑物地址、保险期限、保险公司的名称、地址和理赔电话号码等。

第四十六条 签订巨灾保险合同时，投保人不得在保险条款和保险费率之外，向保险公司提出附加其他条件的要求。

签订巨灾保险合同时，保险公司不得强制投保人订立商业保险合同以及提出附加其他条件的要求。

第四十七条 在巨灾保险合同有效期内，合同当事人不得因保险标的的危险程度发生变化增加保险费或者解除巨灾保险合同。但是，投保人对重要事项未履行如实告知义务、保险标的灭失的除外。

投保人对重要事项未履行如实告知义务，保险公司解除合同前，应当书面通知投保人，投保人应当自收到通知之日起5日内履行如实告知义务；投保人在上述期限内履行如实告知义务的，保险公司不得解除合同。

保险标的灭失的，投保人应及时通知保险人解除合同，保险人应当在接到通知之日起10日内予以核实，并解除合同。

第四十八条 保险公司解除巨灾保险合同的，应当收回保险单，并书面通知房屋登记管理部门。

第四十九条 投保人不得解除巨灾保险合同，但房屋被依法注销登记情形除外。

第五十条　巨灾保险合同解除前，保险公司应当按照合同承担保险责任。

合同解除时，保险公司可以收取自保险责任开始之日起至合同解除之日止的巨灾保险费，将剩余部分的保险费退还投保人。

第五十一条　被保险居民住宅所有权转移的，应当办理巨灾保险合同变更手续。

第五十二条　巨灾保险合同期满，投保人应当及时续保，并提供上一承保周期的巨灾保险单。

第五十三条　巨灾保险的保险期间为 3 年①，但有巨灾保险委员会规定的特殊情形，投保人可以投保短期巨灾保险。

第五十四条　本法对巨灾保险合同未作规定的，参照适用《中华人民共和国保险法》中保险合同的有关规定。

第五章　巨灾保险查勘赔付

第五十五条　国家巨灾保险委员会同国务院各部委，建立健全全国巨灾应急联动机制。

巨灾发生后，国家巨灾保险委员会启动应急机制，通知保险机构即时启动巨灾保险赔付程序。是否达到巨灾保险赔付标准，以国家巨灾保险委员会的认定结果为准。

城市居民委员会和农村村民委员会，应将本区域内住宅受灾情况及时上报。

被保险人也可以将受灾情况通知保险机构，向保险机构申请保险赔偿。

第五十六条　巨灾保险共同体应在巨灾发生后 3 日内，完成赔付额度核算，并根据各保险公司保单的赔付额度，划拨资金，由保险公司代为支付，需要巨灾保险基金支付的保险金，之后再向国家巨灾保险基金报账。

---

① 笔者认为，巨灾保险的保险期间当以 3 年为宜。目前城乡居民住宅地震巨灾保险为 1 年，时限较短，实践中推广效果并不明显。

第五十七条　保险机构接到国家巨灾保险委员会、被保险人的通知后，应主动办理理赔事宜。

保险机构在接到通知起 3 日内，书面告知被保险人需要向保险公司提供的与赔偿有关的证明和资料。

保险机构在接到通知起 3 日内，组织保险公估机构，协同当地民政部门、住建部门及基层自治组织、被保险人进行现场查勘，及时对居民住宅受损情况进行评定或鉴定，并将查勘定损结果通知被保险人。

第五十八条　保险机构应当在结果确认 10 日内，按照巨灾保险合同约定，与被保险人达成赔偿协议并足额支付保险金。

任何单位和个人不得非法干预保险机构履行赔偿保险金的义务，不得限制被保险人取得保险金的权利。

第五十九条　法律、行政法规对受损的巨灾保险标的的处理有规定的，理赔时应当取得受损保险标的已依法处理的证据或者证明材料。

保险机构不得主张对受损的保险标的的残余价值的权利，巨灾保险合同另有约定的除外。

第六十条　被保险居民住宅因巨灾造成的财产损失依据损失级别的不同分为三个支付档次：全损，保险人给付保险金的全额；半损，保险人支付保险金的 50%；部分损害，保险人支付保险金的 5%。

本法所称全损，包括事实全损和推定全损。事实全损是指住宅被完全损毁、掩埋、倒塌。推定全损是指住宅虽未完全损毁，但其修复成本超过住宅重建成本之 50%，推定为全损。

本法所称半损，是指住宅损失占住宅重建成本之 20%—50%。

本法所称部分损害，是指住宅损失占住宅重建成本之 3%—20%。

第六十一条　巨灾保险在全国范围内实行统一的免赔额及给付限额。

巨灾保险的免赔额及给付限额由国家巨灾保险委员会会同保监会、民政部、国家地震局、气象局、住建部共同规定。

第六十二条　当确定居民住宅符合巨灾保险基本保险全损理赔条件时，被保险人除可获得保险金额赔偿外，另由保险公司代为支付

5000 元的临时住宿费用。临时住宿费用列入国家巨灾保险基金开支范围。

第六十三条 巨灾发生后，被保险人无法提供相关证明文件和资料时，保险公司应通过身份信息服务系统向被保险人提供无保单理赔服务。

第六十四条 巨灾发生后，无保险受益人或受益人死亡时，公民与抚养人或集体所有制组织签订有遗赠抚养协议，且其已履行抚养义务的，保险赔付金支付给抚养人或组织。无人继承又无人受遗赠的，巨灾保险金可划归国家巨灾保险基金。

第六章 法律责任

第六十五条 保险机构未经批准经营巨灾保险业务的，由国家巨灾保险委员会责令改正，没收违法所得，并处违法所得 1 倍以上 5 倍以下的罚款；没有违法所得或者违法所得不足 × 万元的，处 × 万元以上 × 万元以下的罚款；逾期不改正或者造成严重后果的，责令停业整顿或者吊销经营保险业务许可证。

保险机构以外的其他组织或者个人非法经营巨灾保险业务的，由国家巨灾保险委员会予以取缔，没收违法所得，并处违法所得 1 倍以上 5 倍以下的罚款；没有违法所得或者违法所得不足 × 万元的，处 × 万元以上 × 万元以下的罚款。

第六十六条 保险机构经营巨灾保险业务，有下列行为之一的，由国家巨灾保险委员会责令改正，处 × 万元以上 × 万元以下的罚款；情节严重的，可以限制其业务范围、责令停止接受新业务或者取消经营巨灾保险业务资格：

（一）拒绝或者拖延承保巨灾保险的；

（二）未按照规定使用统一的保险单，未按照法定基础保险费率经营巨灾保险业务的；

（三）未按照规定将巨灾保险业务与其他保险业务分开管理，单独核算损益的；

（四）强制投保人订立商业保险合同的；

（五）违反规定解除巨灾保险合同的；

（六）拒不履行法定或约定的赔偿保险金义务的；

（七）未按照规定及时支付保险金的；

（八）利用开展巨灾保险业务为其他机构或者个人牟取不正当利益的；

（九）编制或者提供虚假的报告、报表、文件、资料的；

（十）拒绝或者妨碍依法监督检查的。

第六十七条　居民住宅的所有人未按法律规定投保巨灾保险期间发生地震、洪水、台风等保险事故，保险人不承担赔偿责任，政府亦不对其住宅重建提供财政援助①。

第六十八条　保险机构违反本法规定，保险监督管理机构除依照本法的规定给予处罚外，对其直接负责的主管人员和其他直接责任人员给予警告，并处×万元以上×万元以下的罚款；情节严重的，对取得任职资格或者从业资格的人员撤销其相应资格。

第六十九条　违反本法第二十三条规定，骗取保险费补贴的，由财政部门依照《财政违法行为处罚处分法》的有关规定予以处理；构成犯罪的，依法追究刑事责任。

违反本法第二十四条规定，挪用、截留、侵占保险金的，由有关部门依法处理；构成犯罪的，依法追究刑事责任。

第七十条　保险机构擅自更改巨灾保险费缴费基数、费率，导致少收或者多收巨灾保险费的，由有关行政部门责令其追缴应当缴纳的巨灾保险费或者退还不应当缴纳的巨灾保险费；对直接负责的主管人员和其他直接责任人员依法给予处分。

第七十一条　违反本法规定，隐匿、转移、侵占、挪用巨灾保险基金或者违规投资运营的，由巨灾保险管理部门、财政部门、审计机关责令追回；有违法所得的，没收违法所得；对直接负责的主管人员和其他直接责任人员依法给予处分。

第七十二条　巨灾保险管理部门和其他有关行政部门、保险机构及其工作人员泄露投保人信息的，对直接负责的主管人员和其他直接

---

① 梁昊然等尝试以供电合同为强制性手段，其合法性、合理性、可行性还有待探讨。

责任人员依法给予处分；给用人单位或者个人造成损失的，应当承担赔偿责任。

第七十三条　国家工作人员在巨灾保险管理、监督工作中滥用职权、玩忽职守、徇私舞弊的，依法给予处分。

第七十四条　保险机构违反本法规定的法律责任，本法未作规定的，适用《中华人民共和国保险法》的有关规定。

第七章　附则

第七十五条　保险机构经营有政策支持的其他巨灾保险，参照适用本法有关规定。

其他巨灾保险是指巨灾保险以外、为民众在生产生活中提供巨灾风险保障的保险，如农业巨灾保险、农房保险等。

第七十六条　居民住宅所有人应自本法施行之日起×月内投保巨灾保险；本条例施行前已经投保农房保险、商业性巨灾保险的，保险期满，应当投保巨灾保险。

第七十七条　外国公民在中国境内置业的，参照本法规定参加巨灾保险。

第七十八条　中外合资保险公司、外资独资保险公司、外国保险公司分公司适用本法规定；法律、行政法规另有规定的，适用其规定。

第七十九条　本法所称巨灾保险，是指投保人根据巨灾保险合同约定，向保险机构支付保险费，保险机构根据合同，对投保人住宅因遭受约定的巨型自然灾害所造成的损失，承担赔偿保险金责任的保险活动。

本法所称保险机构，是指保险公司以及依法设立的巨灾保险基金等保险组织。

本法所称住宅，包括中华人民共和国境内的所有城镇居民住宅和农村居民住宅，是指全部或部分用于居住的建筑物，包括门、锁，车库、仓库等附属建筑物除外。部分用于营业部分用于居住的建筑物，仅用于居住的部分作为巨灾保险的标的①。

　　本法所称巨型自然灾害所造成的损失，是指因地震、洪水、台风、飓风等巨型自然灾害及由此引发的地质灾害、海啸对居民住宅造成的火灾、损坏、掩埋及流失。巨型自然灾害所造成的损失以灾害发生后十日内的损失为限。

　　第八十条　本法自××××年×月×日起施行。

---

　　①　梁昊然认为，保险标的包括仓库、车库、附属建筑物，部分用于营业部分用于居住的建筑，可全部作为保险标的。梁昊然：《论我国巨灾保险制度的法律构建》，博士学位论文，吉林大学，2013年，第206页。本书基于政策性巨灾保险保障民众基本生活之目的，将这部分建筑物排除在巨灾保险标的之外。

参考文献

一　学术著作

[1] 付子堂:《法理学进阶》(第四版),法律出版社 2013 年版。

[2] 何霖:《我国巨灾保险立法研究》,西南财经大学出版社 2014 年版。

[3] 任自力:《中国巨灾保险法律制度研究》,中国政法大学出版社 2015 年版。

[4] 石兴:《巨灾风险可保性与巨灾保险研究》,中国金融出版社 2010 年版。

[5] 王和等:《中国农业保险巨灾风险管理体系研究》,中国金融出版社 2013 年版。

[6] 王和等:《巨灾风险分担机制》,中国金融出版社 2013 年版。

[7] 王显勇:《社会保险基金法律制度研究》,中国政法大学出版社 2012 年版。

[8] 王银成编:《中国巨灾保险制度丛书》(共 6 册),中国金融出版社 2013 年版。

[9] 谢世清:《巨灾保险连接证券》,经济科学出版社 2011 年版。

[10] 徐卫东:《保险法论》,吉林大学出版社 2000 年版。

[11] 周旺生:《立法学》,法律出版社 2009 年版。

[12] 卓志:《巨灾风险管理与保险制度创新研究》,西南财经大学出版社 2011 年版。

[13] 左斐:《中国巨灾保险供给能力研究》,中国金融出版社 2011 年版。

[14] 埃瑞克·班克斯(Erik Banks):《巨灾保险》,杜墨、任建畅

译，中国金融出版社 2011 年版。

［15］罗斯科·庞德：《法理学》，邓正来译，中国政法大学出版社
2004 年版。

二　学位论文

［1］蔡梦阳：《农业巨灾风险基金法律制度构建研究》，硕士学位论
文，中央民族大学，2012 年。

［2］陈少平：《洪灾保险的经济学分析与中国洪灾保险模式探讨》，
博士学位论文，南昌大学，2008 年。

［3］陈海生：《巨灾风险分散机制研究》，硕士学位论文，苏州大学，
2008 年。

［4］丁元昊：《巨灾保险需求研究》，博士学位论文，西南财经大学，
2012 年。

［5］胡代忍：《构建云南政策性地震保险机制问题研究》，硕士学位
论文，云南师范大学，2014 年。

［6］黄蓉蓉：《中国巨灾保险体系探析》，硕士学位论文，华东师范
大学，2009 年。

［7］黄敏莎：《极值理论在巨灾保险中的应用》，硕士学位论文，中
山大学，2009 年。

［8］焦清平：《中国商业保险业的风险管理研究》，博士学位论文，
武汉理工大学，2008 年。

［9］雷静：《平衡函数下信度保费的相合性研究》，硕士学位论文，
吉林大学，2011 年。

［10］李圆：《多普勒雷达资料在天气预报中的应用》，硕士学位论
文，电子科技大学，2008 年。

［11］李瑾：《巨灾保险制度国际比较：理论困境、政策突破及中国
启示》，硕士学位论文，南京大学，2011 年。

［12］李军：《论我国巨灾保险制度的建立与完善》，硕士学位论文，
西南财经大学，2006 年。

［13］梁艳慧：《基于合作博弈的大连市水资源配置研究》，硕士学位
论文，大连理工大学，2011 年。

［14］梁昊然:《论我国巨灾保险制度的法律构建》,博士学位论文,吉林大学,2013 年。

［15］林宇鹏:《巨灾保险制度研究》,硕士学位论文,华中科技大学,2012 年。

［16］刘彧:《美国国家洪水保险计划的评价及启示》,硕士学位论文,对外经济贸易大学,2006 年。

［17］刘文可:《巨灾债券及其在我国的应用研究》,硕士学位论文,复旦大学,2009 年。

［18］刘春华:《巨灾保险制度国际比较及对我国的启示》,硕士学位论文,厦门大学,2009 年。

［19］刘国庆:《基于 GIS 和模糊数学的重庆市洪水灾害风险评价研究》,硕士学位论文,西南大学,2010 年。

［20］刘丽:《工伤保险基金中的预防费用管理研究》,硕士学位论文,首都经济贸易大学,2012 年。

［21］马菲菲:《中国适应气候变化保险制度研究》,硕士学位论文,清华大学,2015 年。

［22］穆琳:《构建与完善我国巨灾风险分散机制研究》,硕士学位论文,天津财经大学,2009 年。

［23］宁晨:《构建我国巨灾保险法律制度研究》,硕士学位论文,华中师范大学,2009 年。

［24］潘玲:《我国住宅地震保险经营模式研究》,硕士学位论文,西南财经大学,2009 年。

［25］隋祎宁:《日本地震保险法律制度研究》,博士学位论文,吉林大学,2010 年。

［26］王振兴:《大风浪天气滚装船航行安全预警系统的研究》,硕士学位论文,大连海事大学,2010 年。

［27］王普:《我国证券投资基金的理论和实证研究》,硕士学位论文,复旦大学,2003 年。

［28］魏宏:《地震保险基金运作模式的国际比较及对我国的启示》,硕士学位论文,对外经济贸易大学,2009 年。

［29］吴惠灵:《我国巨灾保险体系构建研究》,硕士学位论文,西南

政法大学，2010 年。

［30］肖婵：《借鉴国际经验论我国巨灾保险机制的设计》，硕士学位论文，复旦大学，2010 年。

［31］许均：《我国巨灾保险法律制度研究》，硕士学位论文，华东政法大学，2008 年。

［32］杨松俊：《中国寿险公司 X - 效率实证研究》，硕士学位论文，湖南大学，2010 年。

［33］杨芸：《中国巨灾保险制度构建的探析》，硕士学位论文，安徽大学，2010 年。

［34］姚庆海：《巨灾风险损失补偿机制研究——兼论政府和市场在巨灾风险管理中的作用》，博士学位论文，中国人民银行金融研究所，2006 年。

［35］于斌：《青藏铁路沿线地震灾害风险区划》，硕士学位论文，青海师范大学，2010 年。

［36］于珍：《低碳经济下我国中小型电动机生产企业风险识别研究——以 A 电机公司为例》，硕士学位论文，中央财经大学，2011 年。

［37］张萌：《我国巨灾风险的补偿机制研究》，硕士学位论文，天津财经大学，2010 年。

［38］张琴琴：《基于高分辨率遥感影像震害信息提取》，硕士学位论文，山东科技大学，2012 年。

［39］张翔：《辽宁省旱灾风险评价》，硕士学位论文，辽宁师范大学，2009 年。

［40］张晓飞：《我国海洋灾害债券研究》，硕士学位论文，中国海洋大学，2008 年。

［41］周振：《我国农业巨灾风险管理有效性评价与机制设计》，硕士学位论文，西南大学，2011 年。

［42］周志刚：《风险可保性理论与巨灾风险的国家管理》，博士学位论文，复旦大学，2005 年。

［43］宗宁：《我国巨灾保险法律制度研究》，博士学位论文，西南政法大学，2013 年。

［44］ 左斐：《中国财产保险业承保能力研究》，博士学位论文，武汉大学，2009 年。

三 期刊论文

［1］《保监会财政部印发〈建立城乡居民住宅地震巨灾保险制度实施方案〉》，《应急管理》2016 年第 5 期。

［2］ 曹海菁：《法国与新西兰巨灾保险制度及其借鉴意义》，《保险研究》2007 年第 3 期。

［3］《成都三农民营银行呼之欲出》，《领导决策信息》2015 年第 36 期。

［4］ 陈忠海：《档案立法原则体系及其表述》，《档案管理》2009 年第 1 期。

［5］ 陈信勇、陆跃：《社会保险法基本原则研究》，《浙江工商大学学报》2006 年第 5 期。

［6］ 陈运平等：《海南省南海地震监测和海啸预警服务》，《华南地震》2006 年第 1 期。

［7］ 程晓陶、苑希民：《江西省洪水保险的调查与思考》，《中国水利水电科学研究院学报》1999 年第 2 期。

［8］ 董刚：《我国台湾地区住宅地震保险制度研究》，《兰州学刊》2013 年第 6 期。

［9］ 冯卫东：《人和地球或来自黑洞》，《科学与文化》2010 年第 6 期。

［10］ 冯文丽、王梅欣：《我国建立农业巨灾保险基金的对策》，《河北金融》2011 年第 4 期。

［11］ 高博：《浅析存货增值税的保险》，《中国保险》2011 年第 5 期。

［12］ 高瑞鹏：《罗尔斯正义原则解读》，《东岳论丛》2009 年第 4 期。

［13］ 顾春慧、郭文娟：《洪灾保险探讨》，《湖南水利水电》2009 年第 4 期。

［14］ 韩雪：《论我国巨灾保险体系的构建》，《学术交流》2012 年第

7 期。

[15] 何霖、李红梅：《我国构建巨灾保险法律制度的必要性探讨》，《四川文理学院学报》2009 年第 6 期。

[16] 何霖：《我国构建巨灾保险法律制度的可行性分析》，《四川文理学院学报》2010 年第 6 期。

[17] 何霖：《我国巨灾保险法律制度构建初探》，《南方论刊》2010 年第 12 期。

[18] 何霖：《试析公平责任之理论基础》，《四川警察学院学报》2012 年第 1 期。

[19] 何霖：《我国巨灾保险法律制度研究现状及展望》，《四川文理学院学报》2012 年第 4 期。

[20] 何霖：《我国巨灾保险制度构建之方向——以新西兰、日本两国为参照》，《价值工程》2012 年第 25 期。

[21] 何霖：《日本巨灾保险之进程与启示》，《灾害学》2013 年第 2 期。

[22] 何霖：《美国洪水保险之进程及启示》，《四川文理学院学报》2015 年第 6 期。

[23] 何霖：《我国巨灾保险立法模式研究》，《四川师范大学学报》（社会科学版）2017 年第 2 期。

[24] 何霖：《我国农房保险与巨灾保险衔接问题研究》，《西北农林科技大学学报》（社会科学版）2017 年第 4 期。

[25] 何睿、孙宏涛：《超额保险的法律规制》，《金陵科技学院学报》（社会科学版）2006 年第 2 期。

[26] 胡晓娅：《试析法治对构建和谐社会的基本价值》，《重庆社会主义学院学报》2006 年第 4 期。

[27] 黄兴伟：《新西兰的地震保险制度》，《金融博览》2008 年第 6 期。

[28]《机动车交通事故责任强制保险条例》，《新法规月刊》2006 年第 6 期。

[29] 蒋恂：《云南省保险公司蒋恂同志在论文中提出建立巨灾保险基金的设想》，《西南金融》1986 年增刊。

［30］《巨灾保险：建公共救助新体系》，《宁波经济》2016 年第 9 期。

［31］粮文仲：《保险金给付的有关问题》，《中国保险》2003 年第 6 期。

［32］李军：《农业保险的性质、立法原则及发展思路》，《中国农村经济》1996 年第 1 期。

［33］李蕾、占红沣：《幸福指数：评价权利与法律制度的新标准》，《法学家》2009 年第 3 期。

［34］李平：《建立家庭财产地震保险制度的思考》，《城市与减灾》2009 年第 5 期。

［35］李俊峰：《我国保险市场现状及对策分析》，《今日财富》2009 年第 7 期。

［36］李喜梅：《中国巨灾保险制度探讨》，《山东社会科学》2009 年第 9 期。

［37］李坤等：《谈旱涝对黄河流量的影响》，《中国新技术新产品》2010 年第 4 期。

［38］李巍：《浅析企业加强风险管理的应用对策》，《商业文化》2012 年第 9 期。

［39］李用昌：《浅谈滑坡泥石流对公路使用的危害和处治措施》，《商品与质量·建筑与发展》2013 年第 7 期。

［40］梁慧星：《从近代民法到现代民法》，《中外法学》1997 年第 2 期。

［41］梁正国：《脱贫攻坚是中国特色社会主义的本质要求》，《黔西南论坛》2016 年第 2 期。

［42］刘玉平：《关于构建我国地震保险法律制度的研究》，《行政与法》2011 年第 10 期。

［43］刘喜梅：《试论山体滑坡的成因及预防》，《科技致富向导》2012 年第 14 期。

［44］刘禹彤：《从公共危机管理视角看巨灾风险管理》，《中国集体经济》2013 年第 10 期。

［45］陆柏、陈培：《我国巨灾保险的现状与对策》，《中国减灾》

2009 年第 5 期。

[46] 陆建长：《试论合宪性原则是我国立法体制的根本原则——对〈立法〉第 3 至 6 条之思考》，《黑龙江省政法管理干部学院学报》2012 年第 6 期。

[47] 民政部国家减灾中心：《2012 年全国自然灾害基本情况分析》，《中国减灾》2013 年第 2 期。

[48] 冉圣宏：《我国面临的主要风险辨识及其管理》，《未来与发展》2006 年第 9 期。

[49] 任自力：《美国洪水保险法律制度的变革及其启示》，《金融服务法评论》2012 年第 1 期。

[50] 任自立：《美国洪水保险法律制度研究——兼论其变革对中国的启示》，《清华法学》2012 年第 1 期。

[51] 孙波：《产品责任法原则论》，《国家检察官学院学报》2004 年第 3 期。

[52] 石兴：《自然灾害风险可保性研究》，《保险研究》2008 年第 1 期。

[53] 谭岳奇：《从形式正义到实质正义》，《法制与社会发展》1999 年第 3 期。

[54] 汪全胜：《试论公民直接参与立法的制度及其发展》，《杭州商学院学报》2002 年第 1 期。

[55] 王和：《对建立我国巨灾保险制度的思考》，《中国金融》2005 年第 7 期。

[56] 王志勇、王志刚：《交强险之后的车险经营》，《中国保险》2006 年第 7 期。

[57] 王新新：《以保险为重要内容的我国巨灾风险管理体系探讨》，《灾害学》2009 年第 4 期。

[58] 王显勇：《社会保障国家：法治国家的新蓝图》，《现代法学》2011 年第 1 期。

[59] 王和：《推动巨灾保险制度全面落地》，《中国减灾》2016 年第 13 期。

[60] 乌格：《建立巨灾保险制度极为重要》，《中国减灾》2008 年第

5 期。

[61] 吴祥佑：《可保性边界拓展与保险业发展》，《西南科技大学学报》（哲学社会科学版）2012 年第 6 期。

[62] 夏益国：《美国洪水保险计划的运行及特征研究》，《上海保险》2007 年第 2 期。

[63] 谢世清：《佛罗里达飓风巨灾基金的运作与启示》，《中央财经大学学报》2010 年第 12 期。

[64] 谢家智、陈利：《我国巨灾风险可保性的理性思考》，《保险研究》2011 年第 11 期。

[65] 项俊波：《做好新时期保险监管工作实现"十三五"保险业发展的良好开局》，《保险研究》2016 年第 2 期。

[66] 《新政》，《农村经营管理》2013 年第 1 期。

[67] 《"新国十条"勾勒出巨灾保险发展空间》，《时代金融》2014 年第 25 期。

[68] 许均：《国外巨灾保险制度及其对我国的启示》，《海南金融》2009 年第 1 期。

[69] 徐璨：《坚持问题导向，进一步推进完善农房灾害保险制度——民政部救灾司司长庞陈敏就农房灾害保险制度答记者问》，《中国减灾》2015 年第 7 期。

[70] 杨爱军、李云仙：《国外巨灾风险管理制度分析及启示》，《上海保险》2011 年第 6 期。

[71] 姚晗：《加快构建我国巨灾保险体系的思考》，《金融会计》2012 年第 7 期。

[72] 亦波：《趟出新路探经验——我国各地巨灾保险试点工作初显成效》，《中国减灾》2016 年第 13 期。

[73] 袁序成、吴成明：《建立我国地震保险制度的几点思考》，《区域金融研究》2008 年第 9 期。

[74] 曾文革、张琳：《我国巨灾保险立法模式探讨》，《西华大学学报》（哲学社会科学版）2009 年第 4 期。

[75] 曾文革、张琳：《对我国制定地震保险法的思考》，《云南师范大学学报》（哲学社会科学版）2009 年第 6 期。

［76］ 张庆洪、葛凉骥：《巨灾保险市场失灵原因及巨灾的公共管理模式分析》，《保险研究》2008 年第 5 期。

［77］ 张翰华：《水文水资源环境管理与防洪减灾》，《管理观察》2013 年第 3 期。

［78］ 张森：《建立民生保险制度 提升灾害救助能力》，《中国减灾》2016 年第 13 期。

［79］《中国减灾》编辑部：《应对巨灾风险需要制度创新》，《中国减灾》2008 年第 10 期。

［80］《中国民政》编辑部，孙玉琴：《适应新常态 迈上新台阶——2014 年减灾救灾工作大盘点》，《中国民政》2015 年第 4 期。

［81］《中华人民共和国社会保险法》，《山东人力资源和社会保障》2011 年第 11 期。

［82］ 周旺生：《论中国立法原则的法律化、制度化》，《法学论坛》2003 年第 3 期。

［83］ 周旺生：《论法律的秩序价值》，《法学家》2003 年第 5 期。

［84］ 周建瑜：《汶川地震理赔考量中国震灾保险制度》，《中共四川省委党校学报》2009 年第 4 期。

［85］ 卓志、丁元昊：《巨灾风险：可保性与可负担性》，《统计研究》2011 年第 9 期。

四　报纸文献

［1］ 陈永强：《"三步走"勾勒巨灾保险路线图》，《云南经济日报》2014 年 10 月 23 日第 1 版。

［2］ 陈兴鑫：《城乡居民住房地震保险试点在川启动》，《乐山日报》2015 年 10 月 13 日第 6 版。

［3］ 董树勋：《大理州成为全国首个政策性农房地震保险试点》，《大理日报（汉）》2015 年 8 月 28 日第 1 版。

［4］ 付秋实：《农房有了更大更强的"保护伞"》，《金融时报》2013 年 1 月 23 日第 11 版。

［5］ 高嵩：《福建政府买单搭建自然灾害防护网》，《中国保险报》2013 年 6 月 25 日第 1 版。

［6］宫伟瑶：《农房保险争取纳入农险保费补贴范围》，《中国保险报》2015 年 8 月 20 日第 1 版。

［7］胡苏：《福建农房保险惠及近十万农户 民心工程仍需进一步完善》，《经济参考报》2012 年 11 月 30 日第 18 版。

［8］胡佩霞：《来深出差旅游务工均可享受巨灾保险》，《深圳商报》2014 年 1 月 2 日第 2 版。

［9］黄穗诚：《保险金额：每户每年 10000 元》，《广东建设报》2009 年 4 月 24 日第 2 版。

［10］黄泽敏：《财政扶持西藏政策性涉农保险事业发展》，《中国财经报》2012 年 2 月 9 日第 3 版。

［11］《加州海岸 6.5 级地震 数万居民断电》，《华西都市报》2010 年 1 月 11 日第 13 版。

［12］蒋哲等：《学者称新西兰地震保险模式值得中国借鉴》，《南方日报》2011 年 2 月 24 日第 2 版。

［13］蒋秋、朱永：《农房政策性保险有四大变化》，《广西日报》2015 年 6 月 21 日第 5 版。

［14］江帆、姚进：《云南启动我国首个地震保险试点》，《经济日报》2015 年 9 月 18 日第 14 版。

［15］《金融时报》评论员：《保险业叩开参与国家巨灾风险管理之门》，《金融时报》2015 年 11 月 16 日第 1 版。

［16］李画：《巨灾保险制度率先在深圳建立》，《中国保险报》2014 年 1 月 6 日第 1 版。

［17］李唐宁等：《成都试点农村金融改革》，《经济参考报》2015 年 8 月 28 日第 3 版。

［18］李谦：《剑河受灾农房投有保险 每户保额 3.5 万元》，《贵州商报》2016 年 2 月 22 日第 2 版。

［19］刘锋：《汶川地震保险赔付总额不到 20 亿 拉法基独得 1/3》，《成都商报》2009 年 8 月 24 日第 2 版。

［20］刘欣：《国内农房保险保费保额偏低 业内呼吁"纳入国家财政补贴"》，《东方早报》2013 年 1 月 25 日第 3 版。

［21］刘玮：《2014 年全球灾害风险与巨灾保险发展（七）》，《中国

保险报》2015 年 4 月 9 日第 1 版。

[22] 刘操：《备战台风 5 道考题的海南答案》，《海南日报》2015 年 6 月 25 日第 A5 版。

[23] 罗建平：《厦门自然灾害公责险与农房险"两险合一"》，《中国保险报》2013 年 2 月 6 日第 2 版。

[24] 马昌博：《众多记者无心理防护 在灾区精神崩溃无法报道》，《南方周末》2008 年 5 月 18 日第 2 版。

[25] 马广媚、赵修彬：《黑龙江启动农业财政巨灾指数保险试点》，《中国保险报》2016 年 8 月 1 日第 16 版。

[26] 民政部：《农房保险试点 年内全国推开》，《中国保险报》2013 年 2 月 22 日第 2 版。

[27] 《农业保险条例》，《人民日报》2012 年 12 月 7 日第 16 版。

[28] 潘玉蓉：《芦山地震保险预计赔付 4000 万—9000 万》，《证券时报》2013 年 4 月 23 日第 1 版。

[29] 《2013 年我国自然灾害较上年明显偏重》，《中国保险报》2014 年 1 月 9 日第 1 版。

[30] 欧阳晓红：《保监会正积极推动巨灾保险条例出台 两地已试点》，《经济观察报》2013 年 10 月 12 日第 1 版。

[31] 曲哲涵：《农房保险突破行规》，《人民日报》2013 年 1 月 18 日第 2 版。

[32] 《瑞再：2015 年全球灾害保险损失 370 亿美元》，《国际金融报》2016 年 3 月 31 日第 1 版。

[33] 沈民憨：《贵州实施政策性农房灾害保险》，《中国社会报》2014 年 8 月 12 日第 1 版。

[34] 石兴：《深圳巨灾保险试点启示》，《21 世纪经济报道》2014 年 10 月 13 日第 31 版。

[35] 舒迪：《灾后 12 小时内将确保灾民基本生活》，《人民政协报》2011 年 12 月 13 日第 C1 版。

[36] 仝春建：《保险地震理赔可免费查询公民身份信息》，《中国保险报》2008 年 6 月 6 日第 1 版。

[37] 庹国柱：《巨灾保险不妨从农业保险起步》，《中国保险报》

2013 年 5 月 13 日第 9 版。

[38] 汪建军、王铮、葛俊松、仝春建：《浙江政策性农房保险超额完成目标》，《中国保险报》2007 年 5 月 14 日第 3 版。

[39] 王涛：《英国：形成合力 推进洪水保险》，《经济日报》2008 年 11 月 19 日第 3 版。

[40] 汪国梁：《27 个山区库区县试点农村住房保险》，《安徽日报》2014 年 2 月 18 日第 1 版。

[41] 吴越：《洪涝地灾频发 风雹灾害突出》，《中国气象报》2016 年 7 月 14 日第 1 版。

[42] 谢苗枫等：《学者称新西兰地震保险模式值得我国借鉴》，《南方日报》2011 年 2 月 24 日第 3 版。

[43] 许均：《日本地震保险：法律先行 三方分担》，《中国保险报》2008 年 6 月 3 日海外版第 5 版。

[44] 杨益波：《"宁波版"巨灾保险制度落地》，《中国经济时报》2014 年 11 月 15 日第 7 版。

[45] 倪铭娅：《谁能坦然面对突降的灾害》，《中国财经报》2010 年 4 月 8 日第 4 版。

[46] 姚进：《巨灾险"硬骨头"终于啃动了》，《经济日报》2017 年 3 月 22 日第 8 版。

[47] 曾炎鑫：《全国首个巨灾保险制度在深出炉》，《证券时报》2014 年 1 月 2 日第 A14 版。

[48] 张兰：《三部门联合推进农村住房保险工作》，《金融时报》2013 年 1 月 15 日第 1 版。

[49] 张小菊：《甘肃 11 县区启动农房保险》，《中国城乡金融报》2013 年 1 月 30 日第 B1 版。

[50] 《中华人民共和国社会保险法》，《人民日报》2011 年 2 月 11 日第 16 版。

[51] 周亮：《民政部国家减灾办发布 2013 年全国自然灾害基本情况》，《中国社会报》2014 年 1 月 8 日第 7 版。

五 网络文献

[1] 保监会：《2013 年保险统计数据报告》，2014 年 3 月，中国保险监督管理委员会网站（http：//www. circ. gov. cn/web/site0/tab5257/info3901864. htm）。

[2] 陈绍国：《瑞士再保险初步估计新西兰地震理赔成本约为 8 亿美元》，2011 年 3 月，中国光大银行网站（http：//www. cebbank. com/Info/57363446）。

[3] 《地震附加险：汶川地震后首现 2013 年现身厦门》，2014 年 3 月，厦门福房网（http：//www. ffw. com. cn/1/84/890/194636_2. html）。

[4] 《地震灾区无保单可理赔》，2014 年 4 月，新华网（http：//news. xinhuanet. com/fortune/2013 - 04/22/c_ 124615462. htm）。

[5] 《风险融资 - 百度百科》，2014 年 3 月，http：//baike. baidu. com/view/1119197. htm。

[6] 《甘肃省首次将地震责任纳入农房保险试点范围》，2016 年 3 月，甘肃新闻网（http：//www. gs. chinanews. com/news/2015/11 - 20/266121. shtml）。

[7] 《加州大地震 - 百度百科》，2014 年 3 月，http：//baike. baidu. com/view/4997449. htm#3。

[8] 金磊：《涵盖地震责任：华安保险"福满堂"家财险热销》，2008 年 9 月，搜狐理财（http：//money. sohu. com/20080909/n259456469. shtml）。

[9] 《今年巨灾债券发行将创新高》，2013 年 10 月，新浪财经（http：//finance. sina. com. cn/world/mzjj/20131018/171517040051. shtml）。

[10] 《近期南方强降水过程造成 9 省 37 人死亡 6 人失踪》，2014 年 5 月，人民网（http：//society. people. com. cn/n/2014/0526/c1008 - 25066377. html）。

[11] 《今年政策性农村住房保险及扩面工作全面开展》，2015 年 3 月，苍南新闻网（http：//www. cnxw. com. cn/system/2012/01/12/010939556. shtml）。

［12］《卡特里娜－百度百科》，2014 年 1 月，http：//baike. baidu.
com/link？url = orp1WzRTNOdysc3xZdXT6bV0e5jreUgHI6GB-Fhk-
GAril54y2tbnFp38rgr7a9j0jhYf7uRdHtiCOj＿nL＿92QDsiFUj1sj
FzJrBVcJl8jZG。

［13］刘萌萌：《地震保险模式值得中国借鉴 可有助于政府理财》，
2011 年 2 月，http：//www. chinavalue. net/Story/2011－2－25/
13820. html。

［14］刘新立：《多面巨灾债券》，2016 年 1 月，中保网（http：//
pl. sinoins. com/2015－07/21/content＿163017. htm）。

［15］《民政部国家减灾办发布 2014 年全国自然灾害基本情况》，
2016 年 6 月，民政部门户网站（http：//www. mca. gov. cn/arti-
cle/zwgk/mzyw/201501/20150100754906. shtml）。

［16］《民政部国家减灾办发布 2015 年全国自然灾害基本情况》，2016 年
3 月，宁夏国土资源厅（http：//www. nxgtt. gov. cn/Content. jsp？
urltype = news. NewsContentUrl&wbnewsid = 227580&wbtreeid =
1082）。

［17］《2013 年保险业保费增长 11.2% 利润总和达 991.4 亿元》，
2014 年 1 月，新华网（http：//news. xinhuanet. com/fortune/
2014－01/21/c＿119062131. htm）。

［18］《2013 年芦山地震－维基百科》，2014 年 3 月，http：//
zh. wikipedia. org/wiki/2013 年雅安地震。

［19］《农村住房保险受灾农户受惠》，2016 年 5 月，和讯网·房产频
道（http：//house. hexun. com/2013－08－21/157273392. html）。

［20］《农业保险拟出新政促发展 财政补贴政策需完善》，2016 年 6
月，财经网易（http：//money. 163. com/14/0911/08/A5RNOFR
A00253B0H. html）。

［21］《2013 年各类自然灾害造成全国 1851 人死亡》，2016 年 7 月，
新华网（http：//news. xinhuanet. com/local/2014－01/06/c＿
118848961. htm）。

［22］苏赢：《洪水造成巨额损失 保险却无半分介入——访中国防洪
减灾研究所所长程晓陶》，2014 年 3 月，人民网（http：//

www. people. com. cn/GB/paper2515/10121/927239. html）。

[23] 《人保向德阳受灾农户一次性支付 1600 万元农房地震险赔款》，
2008 年 6 月，新华网（http：//news. xinhuanet. com/newscenter/
2008 - 06/05/content_ 8317731. htm）。

[24] 世界银行数据库，http：//databank. worldbank. org/databank/down-
load/CNIPC. pdf。转引自《我国人均国民收入的变化及展望》，
2014 年 4 月，全球政务网（http：//www. govinfo. so/news_ in-
fo. php？id = 32166）。

[25] 王东城：《厦门签订巨灾保险协议惠及我市所有人 最高赔 20
万/人》，2017 年 5 月，厦门新闻网（http：//news. xmnn. cn/
xmnn/2017/05/12/100199589. shtml）。

[26] 《潍坊市民生综合保险方案详情》，2016 年 3 月，潍坊民生综合
保险网（http：//www. wfmsbx. com/content_ 32. html）。

[27] 《潍坊市民生综合险实施细则日前出台 明年全覆盖》，2016 年 6
月，齐鲁网（http：//weifang. iqilu. com/wfminsheng/2015/1107/
2596423. shtml）。

[28] 《我国首只巨灾债券境外成功发行》，2015 年 8 月，新华网（http：//
news. xinhuanet. com/fortune/2015 - 07/02/c_ 1115798349. htm）。

[29] 卫敏丽：《我国将完善防灾减灾社会动员机制 倡导全社会参
与》，2011 年 12 月，新华网（http：//news. xinhuanet. com/so-
ciety/2011 - 12/08/c_ 111228555. htm）。

[30] 《无保单理赔服务启动》，2008 年 5 月，新浪新闻中心（http：//
news. sina. com. cn/c/2008 - 05 - 15/150813880075s. shtml）。

[31] 吴邦国：《坚持正确指导思想是民主建设根本前提》，2011 年 3
月，网易新闻（http：//news. 163. com/11/0310/10/6UPCDHN
J0001124J. html）。

[32] 《英国五十多万家庭遭洪水淹没 新洪水保险引争议》，2013 年 12
月，http：//news. china. com. cn/world/2013 - 12/09/content_
30844055. htm。

[33] 闫秀娥：《巨灾保险云南试点》，2014 年 3 月，云南经济网（ht-
tp：//ynjjrb. yunnan. cn/html/2014 - 03/13/content_ 3123016.

htm）。

［34］张家口市民政局：《张家口城乡居民住宅地震巨灾保险试点工作公告》，2017 年 5 月，张家口新闻网（http：//www. zjknews. com/nenes/minsheng/201705/12/175909. html）。

［35］张琳：《天安保险推出巨灾产品》，2008 年 6 月，中证网（ht-tp：//www. cs. com. cn/bxtd/02/200806/t20080621 ＿ 1500754. htm）。

［36］张利、丁元昊：《浅析巨灾模型混合技术的国际经验》，2014 年 3 月，http：//www. cpcr. com. cn/zbxfw/zbxjs/201403/t20140314 ＿ 29580. shtml。

［37］《中华人民共和国社会保险法 － 百度文库》，2013 年 8 月，ht-tp：//wenku. baidu. com。

［38］中国保监会统计信息部：《中国保险市场 2012 年经营状况分析》，2014 年 2 月，百度文库（http：//wenku. baidu. com/link？url ＝ GtrATZBy7Sb9DWNgrUMC0kDBdbyN ＿ gWFx8XjNMT2FA7j Mm5SdK8Ofz5nVvXgxzKgiMVAM8jUBb0jpulYgee5VO6R27h3M2Ba uUdBBiOQU － S）。

［39］《中华人民共和国社会保险法（全文）》，2016 年 2 月，百度文库（http：//wenku. baidu. com/view/db3c5cd480eb6294dd886c 30. html）。

六　其他文献

［1］何霖：《我国巨灾保险可保性及巨灾保险立法之可行性》，"Pro-ceedings of the Third Symposium of Risk Analysis and Risk Manage-ment in Western China"，2013 年 6 月。

［2］何霖：《我国巨灾保险立法困境及原因分析》，《风险分析和危机反应中的信息技术——中国灾害防御协会风险分析专业委员会第六届年会论文集》，2014 年 8 月。

［3］《湖北省人民政府办公厅关于做好全省政策性"三农"保险试点工作的通知》，《湖北省人民政府公报》2008 年第 11 期。

［4］毛大春：《论保险条款费率管理制度的完善——从〈反垄断法〉

的视角》,《中国保险学会首届学术年会论文集》,2009 年。

[5]《农业保险条例》,《辽宁省人民政府公报》2012 年 12 月 23 日。

[6]《省人民政府办公厅关于开展政策性农房灾害保险工作的通知》,《贵州省人民政府公报》2014 年第 8 期。

[7] 夏益国:《佛罗里达飓风巨灾基金的运营及启示》,《金融危机:监管与发展——北大赛瑟(CCISSR)论坛文集》,2009 年。

[8]《中华人民共和国立法法》,《中华人民共和国国务院公报》2000 年 5 月 10 日。

后　记

本书系国家社科基金西部项目"我国巨灾保险法律制度研究"之最终成果。

"国家不幸诗家幸，赋到沧桑句始工。"我对巨灾保险法的研究缘于汶川大地震。2008年接踵而至的南方冰雪灾害与"5·12"大地震，让社会各界聚焦于此，巨灾风险管理研究亦呈井喷之势。应该说，是汶川大地震所暴露出的我国防灾减灾机制上的不成熟，成就了我的学术之路，让我相继承担了教育部人文社科基金项目、国家社科基金项目，先后完成两本著述。

做学术难，在西部偏远地区的地方高校做法学研究尤其难。简言之，一缺少学科支持；二缺乏团队协作；三困于资料获取；四难言成果转化。有过壮志雄心，有过热血沸腾，也有过迷茫，有过无奈，但在师长、朋友和家人的支持下，最终坚持到了今天，并将继续走下去。

感谢西南政法大学张力教授、张建文教授的悉心指导。西政求学的三年，老师的渊博学识、言传身教，带我真正迈入法学的大门。离校十年，两位老师仍时时提点，一如既往地给予关心和帮助，让我铭记在心。

感谢四川文理学院给予我的培养。在校十四年，王成端教授、刁永锋教授、孟兆怀教授、张志远教授、侯忠明教授、雷超书记、李壮成教授、徐晓宗教授、王洪辉教授、李万斌教授、成良臣教授等诸位领导的谆谆教导，亲切关怀，让我顺利成长。感谢王道坤教授、刘长江教授、汤勇教授、陈仲教授、孙杰副教授多年来的关心和支持。感谢四川文理学院科技处处长程碧英教授及周颐、李杰、李瑞杰、宋涛等诸位老师的帮助。

感谢《四川文理学院学报》历任领导的关心帮助,感谢编辑部各位同事的大力支持。唐华生教授引我入门,关怀备至;邓杰教授精心指导,严格要求;范藻教授亲切鼓励,大力支持。叶怀凡、曾晓雄、张埂、李若熙、姜智枭、马璐瑶诸位同事在工作中助益不少,让我轻装上阵。

再次感谢张力教授、张建文教授对本课题研究的悉心指导;感谢岳臣忠副教授、王秀珍副教授、丁竹副研究员、朱方彬博士、万娟娟博士等课题组成员为本课题研究开展和完成所作出的努力和贡献;感谢《灾害学》袁志祥主编、《西北农林科技大学学报》王倩主编、《四川师范大学学报》苏雪梅老师为项目成果发表提供的帮助;感谢四川师范大学唐普编审、四川警察学院赖方忠编审、贵州财经大学覃远春教授、四川师范大学雷勇副教授、四川传媒学院陈锦宣副教授在本书写作过程中提供的帮助。

感谢中国社会科学出版社刘艳博士所付出的大量心力,使得本书得以顺利出版。特别需要感谢的是,本书的撰写,在未征得诸位作者同意的情况下,引用了不少学界已有的成果,在此谨向他们表示最诚挚的歉意和感谢!

尤其要感谢亲人一直以来的默默支持。年过古稀的父母对我的无限包容,岳父岳母的理解支持,兄弟姐妹的鼓励帮助,妻子的宽容和付出,儿子的调皮可爱,让我不甚感激又愧疚万分。

此外,本书多有疏漏与谬误之处,恳请专家与读者批评指正!

何霖

2017 年 5 月于达州